Thomas O. Höllmann

Das alte China
Eine Kulturgeschichte

C. H. Beck

Inhalt

Vorwort 9

Einführung
Der Raum 15
Die Menschen 19
Die Zeit 27
Die Quellen 33

Statuszuweisungen
1. Der Kaiser und das Mandat des Himmels 41
2. Kultiviert und käuflich: die Beamten 45
3. Karrieren in der Armee 49
4. Verachtet und gefürchtet: die Eunuchen 53
5. Kaufleute und Krämer 57
6. Zwischen Kreativität und Massenproduktion: die Handwerker 61
7. Gutsherren, Bauern und Pächter 65
8. Diener und Sklaven 69
9. Die Wahrnehmung von Fremden 73

Lebenswege
10. Die Familie als Spiegel der kosmischen Ordnung 79
11. Frauenträume 83
12. Männersorgen 87
13. Sittenstrenge und Sinnenlust 91
14. Kindheit und Jugend 95
15. Die Last des Alters 99
16. Einer stirbt mit zehn, ein anderer mit hundert Jahren 103

Konturen
17. Stadt und Urbanität   109
18. Abschottung und Kontrolle   113
19. Haus und Hof   117
20. Mobiliar und Raumgestaltung   121
21. Bollwerke gegen den Hunger   125
22. Ein Blick in die Speisekammer   129
23. Himmelstau und Jadetrank: der Tee   133
24. Vom Schäfchenbier und anderen alkoholischen Getränken   137
25. Die Macht der Mode   141

Konventionen
26. Natur und Umwelt   147
27. Wege zur Wissenschaft   151
28. Der rechte Augenblick: Überlegungen zur Zeit   155
29. Maß und Macht   159
30. Recht und Gnade   163
31. Allerlei Mittelchen, um dem Tod zu entfliehen   167
32. Vom Zähneputzen und vom Lesen auf dem Klo   171

Transaktionen
33. Reise und Transport   177
34. Nautik und Navigation   181
35. Käufliche Freuden: das Treiben auf dem Markt   185
36. Geld und Glück   189
37. Tribut und Titel   193
38. Von Ambra bis Zobelfell: exotische Importgüter   197
39. Exportschlager Seide   201

Verstetigungen
40. Die chinesische Schrift   207
41. Die Herstellung und der Vertrieb von Büchern   211
42. Zwei bahnbrechende Erfindungen: Papiererzeugung und Drucktechnik   215
43. Meister Tusche und Professor Pinsel   219
44. Gemalte Unendlichkeit   223
45. Literatur zwischen ästhetischem Anspruch und moralischer Verpflichtung   227

Überzeugungen
46. Die Sphären der Lebenden und der Toten   233
47. Zwischen Spontaneität und Reglementierungswut: der Daoismus   237
48. Konfuzianische Normen   241
49. Buddhas und Bodhisattvas   245
50. Klöster, Tempel und Pagoden   249
51. Reliquienverehrung und Selbstopferung   253
52. Rituale am Feueraltar: der Zoroastrismus   257
53. Manichäismus und Nestorianismus   261

Passionen
54. Sittsame und frivole Klänge   267
55. Zwischen Exotik und Erotik: der Tanz   271
56. Narren und Akrobaten   275
57. Roß und Reiter   279
58. Herr und Hund   283
59. Kampf und Konzentration im Sport   287
60. Den ganzen Tag lang wird gezockt   291

Nachweise und weiterführende Literatur   295
Personenregister   325

Vorwort

«Ich bin Chinese, und unsere Speisen, Getränke und Gewänder unterscheiden sich in jeder Hinsicht von dem, was hier [geboten wird]. So leben [zu müssen] ist schlimmer als tot zu sein.»[1] Mit diesen markigen Worten soll Zhang Li im 10. Jahrhundert den Kaiser des nördlichen Nachbarstaats Liao angeblafft haben. Auch wenn nicht auszuschließen ist, daß die Chronisten mit Hilfe der kernigen Formulierung in erster Linie ihre eigene Weltsicht festhielten, bringt das Zitat doch recht überzeugend das Selbstverständnis zum Ausdruck, mit dem Angehörige der chinesischen Eliten vielfach fremden Kulturen begegneten.

Trotz Fastfood und Jeans läßt sich manche Ausformung dieser Hybris auch heute noch wahrnehmen. Ohnedies ist im Grunde jeder Versuch, die gegenwärtige Situation in ihren Zusammenhängen darzustellen, zum Scheitern verurteilt, solange dabei nicht der historische Hintergrund ausreichend beleuchtet wird. Erfolgreich kann der Versuch, die Vergangenheit zu rekonstruieren, aber nur unter einer Voraussetzung sein: der umfassenden Einbeziehung von archäologischen Zeugnissen und Schriftquellen.

Andererseits korrespondieren Umfang und Dichte des überlieferten Materials mit der Größe des Landes und seiner langen Geschichte. Um trotzdem möglichst viele Themenkomplexe ansprechen zu können, wurde daher für dieses Buch eine exemplarische Darstellungsweise gewählt, die es erlaubt, von einzelnen Facetten auf grundlegende Wesenszüge der chinesischen Kultur zu schließen.

Ausgehend von sechzig Objekten, die mehrheitlich in den letzten Jahrzehnten bei Ausgrabungen zutage gefördert wurden, soll der Band einen Einblick in die verschiedensten Lebensbereiche vermitteln. Die Zahl dieser «Annäherungen» ist im übrigen nicht willkürlich gewählt, sondern entspricht genau jenem Zyklus, der vor allem für die Einteilung des Kalenders und die Divination verwendet wurde. Dessen Abfolge wird durch ein kompliziertes System von sechzig Doppelzeichen zum Ausdruck gebracht, die – neben den arabischen Ziffern – den einzelnen Kapiteln vorangestellt werden.

Um eine möglichst authentische Atmosphäre zu vermitteln, sind in die einzelnen Beiträge kurze Passagen aus antiken Schriften einbezogen, die fast durchweg eigens für dieses Buch übersetzt wurden. Die Belegstellen der Abbildungen und Zitate sowie ausführliche Hinweise auf weiterführende Literatur finden sich im Anhang; regelmäßige Querverweise sollen zudem sicherstellen, daß sich die unterschiedlichen Teilaspekte zu einem Gesamtbild zusammenfügen lassen.

Den Anspruch auf Vollständigkeit erhebt die Darstellung indes nicht: zum einen wegen der riesigen Dimensionen des durch Raum und Zeit abgesteckten Rahmens, zum anderen aber auch wegen der begrenzten Aussagefähigkeit der Quellen; denn archäologische wie schriftliche Zeugnisse gewähren in erster Linie einen Einblick in das Leben der Oberschicht. Es ist also keineswegs Zufall, daß rund ein Drittel der Beiträge Funde an den Anfang stellt, die aus der in imperialem Glanz schwelgenden Hauptstadt oder ihrer unmittelbaren Umgebung stammen. Aber selbst innerhalb des höfischen Kontextes müssen weite Bereiche ausgeblendet bleiben, und wichtige Themenkomplexe, die – wie Medizin, Recht, Philosophie, Literatur, Kunst und Musik – höchst differenzierte eigene Forschungsfelder darstellen, können lediglich angedeutet werden.

Unvermeidbar war überdies eine chronologische Eingrenzung, wobei nach einem langen Abwägungsprozeß ein Betrachtungszeitraum von 1500 Jahren verblieb: von der Gründung des Kaiserreichs durch Qin Shihuangdi (221 v. Chr.) bis zum Verlust der Souveränität (1279) und der Eingliederung in das mongolische Imperium. Aufgrund der häufigen Zersplitterung des Landes und der nicht immer mit dem jeweiligen Staatsterritorium kongruenten Ausstrahlung der chinesischen Kultur wurden auch Fremddynastien einbezogen: zumindest dann, wenn sich ihr Machtzentrum innerhalb der heutigen Grenzen der Volksrepublik befand.

Viele Personen haben dazu beigetragen, daß dieses Buch zustande kam. Besonders danken möchte ich in diesem Zusammenhang: Oliver Dauberschmidt, Waltraud Gerstendörfer, Sabine Höllmann, Shing Müller, Armin Sorge, Renate Stephan und Christiane Tholen für die kritische Durchsicht des Manuskripts; Maria M. Kennerknecht-Hirth, Raimund Theodor Kolb und Helga Rebhan für einzelne Hinweise; Marc Nürnberger und Rebecca Ehrenwirth für technische Unterstützung; Christine Zeile, Heiko Hortsch und Constanze Hub für die Betreuung auf seiten des Verlags.

Besonders verbunden fühle ich mich Lao Zhu (Zhu Qingsheng), von dem die Kalligraphie auf dem Frontispiz stammt. Die beiden von oben nach unten zu lesenden Zeichen *Hua* und *Xia* sind – einzeln oder als Kombination – traditionelle Bezeichnungen für China und spielen auf die «Pracht» und die «Ausdehnung» des Landes an.

München im Oktober 2007   *Thomas O. Höllmann*

引

Einführung

China heute

Der Raum

Mit 9,6 Millionen Quadratkilometern erstreckt sich China heute über ein Gebiet, das mehr als doppelt so groß ist wie die Gesamtfläche der 27 Staaten der Europäischen Union. Entsprechend vielfältig sind die Landschaftstypen, Klimabereiche und Vegetationszonen, was nicht ohne Folgen für die Herausbildung spezifischer Kulturausprägungen bleiben konnte.

Nach Westen hin wird das Land durch hochaufragende Gebirge abgeschirmt: darunter Tianshan, Kunlun, Karakorum und Himalaya mit einer ganzen Reihe von Sieben- und Achttausendern. Unbezwingbare Barrieren sind die Höhenzüge jedoch nicht, auch wenn die Pässe über viele Monate im Jahr mit Eis und Schnee bedeckt sind. Daß trotzdem ein intensiver Austausch von Gütern und Ideen möglich war, zeigt nicht zuletzt die weit zurückreichende Erfolgsgeschichte der Seidenstraße.

Zwar liegt ein Teil des Turfan-Beckens 154 Meter unter dem Meeresspiegel, doch ist Tiefland ansonsten eher rar. Nur 14 Prozent der Gesamtfläche befinden sich in Zonen, die weniger als 500 Meter über dem Meeresspiegel liegen, während sich 33 Prozent über das Hochland (mit mehr als 2000 Metern) erstrecken. Mindestens ein Drittel des Landes wird durch Bergketten strukturiert, die eine Höhe von 1000 bis 2000 Metern aufweisen.

Ähnlich unwegsam wie die Hochgebirge sind jene Gebiete, in denen Dürre und Desertifikation zu einer dramatischen Verknappung des Wasserhaushalts und einer dauerhaften Schädigung der Vegetationsdecke führten. Viele Plateaus, Becken und Senken weisen einen ariden oder semiariden Charakter auf und sind Bestandteile eines Trockengürtels, der bis nach Nordafrika reicht; dazu zählt mit der Gobi auch die zweitgrößte Wüste der Erde. Das Überleben ist hier – ebenso wie in der Taklamakan – nur innerhalb eines Netzwerks von Oasen möglich.

In der Steppenregion wachsen hingegen zumindest Trockengras und Buschwerk, so daß eine weiträumige Viehwirtschaft betrieben werden kann. Bei den verschiedenen Formen der Tierhaltung – von Transhumanz bis Nomadismus – hat der Wechsel der Weideplätze in einem festen saisonalen Rhythmus zu erfolgen, der nicht nur den Jahreslauf bestimmt, sondern auch die politischen und sozialen Strukturen beeinflußt.

		Temperaturen	Niederschläge	Vegetationsperiode
Tiefebene	① Nordchinesische Tiefebene (Henan u.a.)	Winter kalt Sommer heiß	große Schwankungen	bis zu 240 Tagen
	② Yangzi-Ebene (Jiangsu u.a.)	Winter mild Sommer warm	hoch, ausgeglichen	bis zu 270 Tagen
	③ Perlfluß-Ebene (Guangdong)	Winter mild Sommer heiß	hoch, ausgeglichen	bis zu 360 Tagen
Becken	④ Tarim-Becken (Xinjiang)	Winter sehr kalt Sommer heiß	extrem gering	in Oasen bis zu 200 Tagen
	⑤ Shaanxi-Becken (Shaanxi)	Winter kalt Sommer warm	große Schwankungen	bis zu 200 Tagen
	⑥ Sichuan-Becken (Sichuan)	Winter mild Sommer heiß	hoch, ausgeglichen	bis zu 360 Tagen
Hochebene	⑦ Mongolisches Plateau (Innere Mongolei)	Winter sehr kalt Sommer warm	gering, unausgeglichen	bis zu 100 Tagen
	⑧ Südwest-Plateau (Yunnan u.a.)	Winter mild Sommer warm	hoch, ausgeglichen	bis zu 300 Tagen
Mittelgebirge	⑨ Shandong-Gebirge (Shandong)	Winter kalt Sommer warm	mäßig, ausgeglichen	bis zu 210 Tagen
	⑩ Südöstliches Küstengebirge (Fujian)	Winter mild Sommer heiß	hoch, ausgeglichen	bis zu 360 Tagen

Landschaftsräume (Auswahl)

Zahlreiche Flüsse durchziehen wie Lebensadern das Land. Von besonderer Bedeutung sind dabei der Yangzi und der Huanghe (der «Gelbe Fluß») mit einer Länge von 5530 bzw. 4672 Kilometern. Diese und viele weitere Ströme bilden freilich keine unüberwindbaren Hindernisse, sondern Verbindungsstränge, die Menschen und Kulturen einander näherbringen. Abgesehen davon sind sie essentiell für die Bewässerung, aber auch eine enorme Gefahrenquelle, da sie regelmäßig über die Ufer treten und dabei verheerende Schäden anrichten.

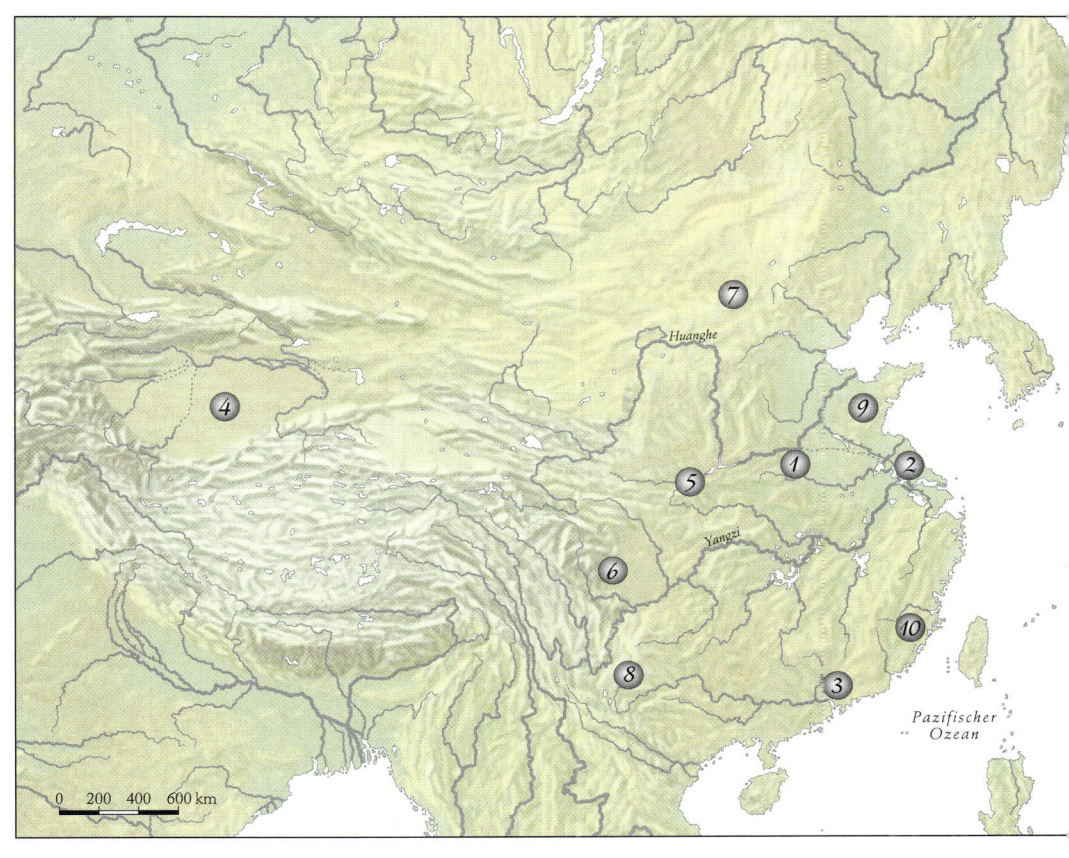

Landschaftsräume
(die Zahlen beziehen sich auf die gegenüberliegende Tabelle)

Insbesondere in seinen nördlich der Yangzi-Mündung befindlichen Abschnitten bildet der schwer zugängliche Küstenstreifen, der das Land im Osten säumt, eine deutliche Begrenzung, welche sich auch im Bewußtsein der Bevölkerung festgesetzt hat, und die im Süden anschließende Inselwelt scheint die Wahrnehmung erst relativ spät beeinflußt zu haben. Zwar lassen sich maritime Kontakte mit unterschiedlichen Regionen Asiens schon relativ früh ausmachen, doch muß man zunächst wohl vor allem ausländische Seefahrer für das Entstehen geregelter Handelsbeziehungen verantwortlich machen. Zu einer ernstzunehmenden Seemacht entwickelte sich China nur für kurze Zeit im 15. Jahrhundert: also nach dem Ende des in diesem Buch behandelten Zeitraums.

Der Vielfalt der Landschaftstypen entsprechen die klimatischen Gegensätze. Während der Küstenbereich dem jahreszeitlichen Rhythmus der Monsunwinde unterworfen ist, werden Teile des Landesinneren durch kontinentale Luftmassen aus dem Westen beherrscht. In einer Grobklassifikation lassen sich mindestens drei größere Zonen identifizieren, die – von Süden nach Norden – durch tropische, subtropische und gemäßigte Klimata gekennzeichnet sind. Entsprechend groß sind die regionalen Unterschiede bei den Temperaturen und Niederschlägen.

Zusammen mit den naturräumlichen Besonderheiten bestimmt dies ganz entscheidend die Produktivität der Landwirtschaft. Seriöse Schätzungen gehen davon aus, daß maximal zwölf bis dreizehn Prozent der Gesamtfläche Chinas als Ackerland genutzt werden können und daß davon wiederum nur ein kleiner Teil Spitzenerträge gewährleistet. Besonders reich fallen die Ernten im Sichuan-Becken sowie in den Tiefebenen aus, die durch die Unterläufe von Huanghe und Yangzi geprägt sind. Zwischen den beiden Flüssen verläuft eine horizontale Trennlinie, welche die Gebiete, in denen primär Weizen angebaut wird, von jenen scheidet, in denen die Kultivierung von Reis im Vordergrund steht.

Da mäßig fruchtbare Böden häufig mit dünner Besiedelung einhergehen, sind die Produktionszahlen natürlich nur bedingt aussagefähig. Dennoch läßt sich erahnen, wie limitiert die agrarischen Ressourcen und wie dramatisch die Folgen von Dürren und Überflutungen sind. So konnte selbst die eher zur Beschönigung neigende offizielle Geschichtsschreibung einst nicht umhin, Jahr für Jahr Naturkatastrophen, Hungersnöte und Epidemien zu vermelden.

Als kulturelle Keimzelle wird traditionell das Lößgebiet am Unterlauf des Huanghe betrachtet. Diese Deutung ist jedoch heute nicht mehr haltbar. Archäologische Funde aus vermeintlich peripheren Gebieten belegen nämlich, daß in weiten Teilen des Landes höchst eigenständige Traditionen gepflegt wurden, deren materielle und geistige Impulse langfristig ebenfalls zur Herausbildung jener Charakteristika beitrugen, die wir heute mit dem Land und seinen Bewohnern verbinden.

Die Menschen

China ist bis heute ein Vielvölkerstaat. Allerdings werden mehr als neunzig Prozent der Gesamtbevölkerung den Han zugerechnet: einer primär kulturell definierten Gruppe, die das politische Leben dominiert und deren Angehörige von Außenstehenden als typische Repräsentanten des Landes wahrgenommen werden. Diese «Chinesen» bilden indes keineswegs jene bruchlos bis in mythische Zeiten zurückreichende «Nation», die von einer auf Kontinuität bedachten Geschichtsschreibung immer wieder propagiert wird. Noch in den letzten beiden Jahrtausenden kam es zu intensiven Assimilierungsprozessen, in deren Verlauf nicht nur die jeweiligen Nachbarn beeinflußt wurden; denn umgekehrt profitierten auch die Han von den Impulsen fremder Traditionen.

Die daraus resultierenden Regionalismen wirken bis in die Gegenwart. Der kulturellen Heterogenität entspricht die sprachliche Vielfalt, und neben verschiedenen Ausformungen des Mandarin sind heute noch eine ganze Reihe von Dialekten in Gebrauch: insbesondere Kantonesisch, Wu, Minbei, Minnan, Gan, Xiang und Hakka. Untereinander sind diese Mundarten jedoch kaum verständlich, weshalb der Schrift eine besondere Rolle zukommt. Deren Zeichen können nämlich trotz unterschiedlicher Aussprache im ganzen Lande verstanden werden und bilden dadurch ein wichtiges Element – wenn nicht sogar das wichtigste Element – der Han-Identität. Allerdings setzt die Beherrschung dieses Mediums einen mehrjährigen Unterricht voraus, den in der Kaiserzeit nur eine kleine Minderheit genoß.

Ein weiterer einender Faktor war die seßhafte Lebensweise und die Konzentration auf den Ackerbau. Reis spielte dabei eine wesentliche Rolle, war aber ursprünglich nicht das wichtigste Produkt. Zwar wurde er entgegen einer weitverbreiteten Annahme bereits relativ früh auch im Norden kultiviert, doch überwogen auf den dort angelegten Trockenfeldern andere Getreidearten: insbesondere Hirse und Weizen. Die Anpflanzung auf bewässerten Terrassen erwies sich indes nur im Süden als praktikabel. Anders als die mobile Herdenhaltung, die bei den Han verpönt war und schlichtweg als «barbarisch» galt, stand die Landwirtschaft stets in hohem Ansehen. Auch wurden fast im ganzen Land Maulbeerbäume gesetzt, um den domestizierten Insekten, aus deren Drüsensekret die Seide gewonnen wurde, eine Nahrungsquelle zu geben.

Glaubt man den Quellen, dann war die Textilherstellung eigentlich die einzige ernstzunehmende Tätigkeit, die sich für Frauen aller sozialen Schichten schickte. Jede andere Beschäftigung, die mit gesellschaftlichem Ansehen verbunden war und über die Sphäre des eigenen Haushalts hinausreichte, wurde hingegen – ebenso wie die Regelung sämtlicher politischer und rechtlicher Angelegenheiten – von Männern dominiert. Obschon im Prinzip auch die Aufgabenzuweisung innerhalb der Familie dem Diktat des Hausherrn unterlag, entsprachen die tatsächlichen Binnenstrukturen wohl nicht immer den ideologischen Vorgaben. Vor allem die starke Position der Schwiegermütter sollte nicht unterschätzt werden: freilich nur in der Oberschicht; denn bei der Bevölkerungsmehrheit waren die sozialen Einheiten meist sehr klein und bestanden lediglich aus den Eltern und ihren unverheirateten Kindern.

Unabhängig von der Haushaltsgröße war das Verwandtschaftssystem der Han, soweit sich dies zurückverfolgen läßt, durch die Weiterführung der väterlichen Linie geprägt. Dabei wurde die Deszendenz durch Genealogien bestimmt, die sich über erstaunlich viele Generationen erstrecken konnten. Die Erstellung möglichst langer Listen war allerdings nicht nur auf den Wunsch zurückzuführen, das eigene Ansehen durch eine weit zurückreichende Abstammungsrechnung zu erhöhen, sondern auch auf das Bestreben, soziale Verknüpfungen mit Hilfe von fiktiven Vorfahren zu konstruieren.

Die Verpflichtung zur Fortführung der Patrilinie und zur daran gebundenen Verehrung der Ahnen war verantwortlich dafür, daß Söhne geschätzt, Töchter dagegen nicht selten nach der Geburt getötet wurden. Die Kommunikation mit den Vorfahren diente einerseits zum Brückenschlag mit dem Jenseits, andererseits förderte sie aber auch den Zusammenhalt unter den Nachfahren und die Weitergabe jener ethischen Normen, die den Respekt gegenüber vorangegangenen Generationen einforderten: vor allem mit Hilfe heute weltfremd anmutender Ritenkompendien, deren Autoren sich bevorzugt auf Konfuzius beriefen. Allerdings fanden sich wesentliche Aspekte dieser Auffassung auch im Daoismus, der in seiner religiösen Ausformung relativ hierarchisch organisiert war, und sogar im Buddhismus, der nach seiner Einführung in China viele Elemente aufnahm, die seiner asketischen Grundhaltung eigentlich widersprachen.

Die politische Ordnung wurde gerne als Abbild der Verwandtschaftsstruktur betrachtet. Mit einer Einschränkung: Der Kaiser war von seinen

Untertanen weitaus deutlicher abgehoben als das Familienoberhaupt von seinen Angehörigen. Schließlich verstand er sich nicht nur als Gebieter über das Reich, sondern auch als Mittler zwischen Menschheit und Kosmos. So wollte es zumindest die Staatsdoktrin, welche überdies die Bevölkerung – genauso apodiktisch – in vier Schichten untergliederte: (von oben nach unten) Gelehrte, Bauern, Handwerker und Kaufleute.

Erdacht wurde dieses Gesellschaftsmodell offenkundig von den Angehörigen der Bildungselite, die sich von Zeit zu Zeit genötigt sahen ihre eigene Stellung in den Vordergrund zu rücken. In Wirklichkeit waren die gesellschaftlichen Trennlinien hingegen selten so scharf, und Beamte, Offiziere, Großgrundbesitzer und Unternehmer bildeten oft genug Allianzen. Noch einflußreicher waren in manchen Epochen jedoch die Eunuchen und die affinalen Verwandten des Kaisers. Die aufgrund von Kompetenz, Reichtum oder Familienzugehörigkeit zur Oberschicht gerechneten Gruppierungen besaßen zwar nicht die Exklusivität und Kontinuität des europäischen Adels, hatten aber zumindest in einigen Epochen ähnliche Funktionen inne, weswegen sie in diesem Buch bisweilen unter dem Begriff Nobilität zusammengefasst werden.

Die Privilegierten bildeten eine winzige Minderheit. Das zeigt zum Beispiel schon die Tatsache, daß die Zahl der Beamten stets weit unter einem Prozent der Gesamtbevölkerung lag. Umgekehrt war das Heer der Analphabeten riesig. Die ältesten demographischen Daten, denen man ein Mindestmaß an Zuverlässigkeit beimessen kann, gehen auf das Jahr 2 zurück, als man etwas weniger als sechzig Millionen Einwohner zählte. Für die folgenden Jahrhunderte zeigen die Statistiken dann einen deutlichen Schwund an, doch ist nicht immer klar, ob dies auf einen tatsächlichen Rückgang oder unzulängliche Erhebungen zurückzuführen ist. Ein massiver Anstieg läßt sich erst von den Melderegistern des 11. Jahrhunderts ableiten.

Auch die Schätzungen der Bevölkerungszahlen in den Städten sind nicht frei von Unwägbarkeiten, doch kann man wohl davon ausgehen, daß in den Metropolen Xi'an, Kaifeng und Hangzhou, in denen vom 7. bis zum 13. Jahrhundert die Kaiser residierten, jeweils über eine Million Menschen lebte. Parallel zur Urbanisierung verschoben sich die demographischen und ökonomischen Zentren des Landes: Kriege, Naturkatastrophen und Hungersnöte führten mehrfach zur Massenmigration in die Regionen südlich des Yangzi, wodurch die Wirtschaft in den einstigen Randgebieten einen ungeheuren Aufschwung erhielt.

Der autochthonen Bevölkerung, die bis dahin relativ unbehelligt ihre eigenen Traditionen pflegen konnte, blieben in der Folge nur zwei Alternativen: die Assimilation oder der Rückzug in immer entlegenere Gegenden. Ganz konnte sie sich der «Umarmung» durch die Han aber gewöhnlich nicht entziehen, und nur den Herrscherhäusern von Nanzhao (738–902) und Dali (937–1253) gelang es in der heutigen Provinz Yunnan über längere Zeit, ihre Selbständigkeit zu wahren. Zwar kam es durchaus vor, daß die Zuwanderer in das ganz anders geartete Sozialgefüge der Einheimischen integriert wurden, doch setzten sich weit häufiger die Immigranten durch und pfropften den «Barbaren» ihre patrilineare Deszendenz auf.

Zunächst kamen die Händler, dann die Bauern. Eine staatliche Intervention erfolgte in der Regel erst dann, wenn an der Peripherie zu Wohlstand und Einfluß gelangte Han zur Absicherung ihrer Stellung ein Nachrücken der Administration forderten oder wenn das fiskalische Interesse der Zentralregierung erwachte. Mitunter sorgte die Errichtung von Militärkolonien für einschüchternde Präsenz, doch erwies sich eine andere Strategie als weitaus erfolgreicher: die Einsetzung oder Bestätigung von einheimischen Führungskräften, denen innerhalb ihres Territoriums freie Hand gelassen wurde, solange sie den Hegemonieanspruch des Kaisers in Form von Tributleistungen anerkannten.

Die dadurch legitimierte Elite nutzte jedoch häufig den Rückhalt bei der Zentralregierung zum Ausbau der eigenen, in dieser Form in der überkommenen Gesellschaftsordnung nicht verankerten Macht, häufte Landbesitz an, scharte Verwandte und Freunde um sich und verlieh ihrem Klientel Boden und Titel, so daß sich neue Schichten herausbildeten. Für den Tausende von Kilometern entfernten Hof war die Politik indirekter Herrschaft auch ökonomisch von Vorteil: Eine direkte Verwaltung wäre nämlich weitaus kostspieliger gewesen. Ganz abgesehen davon, daß die Mehrzahl der chinesischen Beamten viel zu selbstgefällig war, um freiwillig die Sprachen und Gebräuche der «Barbaren» zu erlernen, paktierten die oft strafversetzten Han allzu leicht mit den Fremden.

Im Grunde war die Einstellung gegenüber den ethnischen Minderheiten innerhalb der Reichsgrenzen nicht sehr viel anders als der Umgang mit jenen Nachbarstaaten, in denen eine durch chinesische Konventionen geprägte Oberschicht an der Macht war, die unter Umständen sogar nachhaltiges Interesse an einer Legitimation durch den Kaiser hatte. So wirkten die Normen, die in den Jahrhunderten vermittelt wurden, in denen Teile Vietnams eine chinesische Provinz bildeten, auch nach der Unabhängigkeit weiter, und die dort ansässigen Eliten griffen gerne auf die importierte Staatsdoktrin zurück, wenn es darum ging, die eigenen Privilegien zu schützen.

Während der Süden als geradezu «natürliches» Expansionsgebiet betrachtet wurde, überwog gegenüber dem Norden eine defensive Einstellung. Am Rande der Steppenzone trafen denn auch zwei Welten aufeinander. Das äußerte sich weniger in den Gesellschaftsordnungen – hier wie dort pflegte man ein System patrilinearer Deszendenz, patrilokaler Wohnordnung und starker sozialer Stratifikation – als in den Wirtschaftsformen. Die Völker der Steppe konzentrierten sich nämlich auf die Viehzucht und wechselten mehrfach im Jahr die Weideplätze: ein Beweis für deren Rückständigkeit aus Sicht der agrarisch orientierten seßhaften Han.

Veranschaulicht wurde dieser Gegensatz nicht zuletzt durch die «Große Mauer», die allerdings erst im 16. Jahrhundert ihr lückenloses Aussehen erhielt. Bis dahin bestand sie in erster Linie aus einem System von Wach- und Signaltürmen, war also keine unüberwindbare Barriere, sondern eher eine Anlage, welche die Kontrolle von Grenzgängern, Händlern und Marodeuren erleichtern sollte. Implizit wollte man damit wohl auch die Weitergabe von Knowhow verhindern: vergeblich, wie die Geschichte gezeigt hat. Daß der Wall militärisch nur von eingeschränktem Nutzen war, zeigen die zahlreichen «Barbareneinfälle», die das Land mit steter Regelmäßigkeit bedrohten.

Manchen Steppenvölkern gelang es zudem, ihre Reiche weit nach China auszudehnen; am erfolgreichsten dabei waren die Konföderationen der Tuoba (Nördliche Wei-Dynastie: 386–534), Kitan (Liao-Dynastie: 916-1125), Tanguten (Westliche Xia-Dynastie: 1032–1227) und Dschurdschen (Jin-Dynastie: 1115–1235). Den Mongolen (Yuan-Dynastie: 1279–1368) blieb es freilich vorbehalten, erstmals das gesamte Reich – und überdies das bis dahin unabhängige Tibet – unter ihre Herrschaft zu bringen.

Militärische Präsenz und politische Autorität mündeten jedoch nicht zwangsläufig in kulturelle Dominanz, und üblicherweise paßten sich die fremden Machthaber in vielen Lebensbereichen an die Konventionen der von ihnen überwachten Bevölkerung an. Eine völlige Sinisierung, wie sie chinesische Quellen zuweilen nahelegen, blieb allerdings ebenso aus wie eine völlige Anpassung an die Gebräuche der «Barbaren».

Der für solche Epochen gerne unterstellte Verfall stellte keineswegs die Regel dar; schließlich war die kulturelle Blüte allenfalls bedingt an die nationale Einheit gebunden. Überdies gab es Regionen, die auf Dauer ohnehin schwer zu kontrollieren waren: so zum Beispiel die Oasen am Rande des Tarim-Beckens, in denen Menschen unterschiedlicher Herkunft aufeinandertrafen und ihre jeweiligen Sprachen, Schriften und Traditionen an die folgenden Generationen weitergaben.

Sprache	Sprachzweig	Sprachfamilie	Schrift
Tocharisch A	Tocharisch	Indoeuropäisch	Brahmi
Tocharisch B	Tocharisch	Indoeuropäisch	Brahmi; Manichäisch
Sogdisch	Iranisch	Indoeuropäisch	Brahmi; Nestorianisch Manichäisch; Sogdisch
Parthisch	Iranisch	Indoeuropäisch	Runen Manichäisch; Sogdisch
Baktrisch	Iranisch	Indoeuropäisch	Hephtalitisch; Manichäisch
Khotan-Sakisch	Iranisch	Indoeuropäisch	Brahmi
Tumshuk-Sakisch	Iranisch	Indoeuropäisch	Brahmi Kharoshti
Mittelpersisch	Iranisch	Indoeuropäisch	Pahlavi; Runen; Manichäisch; Sogdisch
Neupersisch	Iranisch	Indoeuropäisch	Arabisch; Nestorianisch Manichäisch; Hebräisch
Sanskrit	Indoarisch	Indoeuropäisch	Brahmi; Pala; Chinesisch
Prakrit	Indoarisch	Indoeuropäisch	Brahmi; Kharoshti
Griechisch	Griechisch	Indoeuropäisch	Griechisch
Syrisch	Semitisch	Afroasiatisch	Nestorianisch
Hebräisch	Semitisch	Afroasiatisch	Hebräisch
Alttürkisch	Türkisch	Altaisch	Runen; Brahmi; Phagspa; Tibetisch; Arabisch; Pahlavi; Uigurisch; Manichäisch; Sogdisch
Mongolisch	Mongolisch	Altaisch	Brahmi; Mongolisch Phagspa
Kitan	Mongolisch	Altaisch	Kitan
Tibetisch	Tibeto-birmanisch	Sinotibetisch	Sogdisch; Uigurisch; Tibetisch
Tangutisch	Tibeto-birmanisch	Sinotibetisch	Tangutisch
Chinesisch	Sinitisch	Sinotibetisch	Chinesisch; Brahmi; Sogdisch; Manichäisch

Sprachen und Schriften in antiken Textfunden aus den Randzonen von Taklamakan und Gobi (Nordwestchina)

Am anderen Ende der Seidenstraße lag während der Han-Zeit (207 v. Chr. – 220 n. Chr.) das römische Imperium, von dem sich die offizielle Historiographie so beeindruckt zeigte, daß sie diesem zugestand, «auf derselben Stufe wie China» [1] zu stehen. Die damit verbundene Wertschätzung kam aber wohl nur dadurch zustande, daß damals keine direkten Kontakte zwischen den Zentren der beiden Reiche bestanden und die Schaffung einer positiv besetzten Gegenwelt frei von größeren Risiken war. Ganz anders verfuhr man mit den Xiongnu und Wusun, den mächtigen Nachbarn im Norden. Diese wurden zwar von der Geschichtsschreibung mit Abscheu bestraft, doch sahen sich die Herrscher immerhin genötigt, sie durch Seidenlieferungen und die Zuführung von Prinzessinnen zu beschwichtigen. Leicht waren die Lebensbedingungen in der Steppe nicht, und Xijun, die Enkelin des Kaisers Wu, klagte darob an der Schwelle zum 1. Jahrhundert v. Chr. bitterlich:

> *Dorthin, wo der Himmel endet,*
> *wurde ich vermählt. [...]*
> *Als Unterkunft dient nun*
> *ein filzbespanntes Zelt,*
> *als Nahrung rohes Fleisch*
> *und Stutenmilch.*
> *Das Herz wird mir schwer,*
> *so sehn' ich mich zurück!*
> *Wär' ich ein gelber Kranich bloß*
> *flög ich nach Haus' sogleich.* [2]

Dynastienübersicht

Xia		21. Jh.–16. Jh. v. Chr.	
Shang		16. Jh.–11. Jh. v. Chr.	
Zhou	Westliche Zhou	11. Jh.–771 v. Chr.	
	Östliche Zhou	771–221 v. Chr.	
Qin		221–207 v. Chr.	
Han	Frühere Han	207 v. Chr.–9 n. Chr.	9–23 Interregnum des
	Spätere Han	24–220	Wang Mang: Xin
Drei Reiche	Wei	220–265	
	Shu	221–263	
	Wu	222–280	
Jin	Frühere Jin	265–316	304–433 Verschiedene Fremd-
	Spätere Jin	317–420	dynastien im Norden
Südliche und nördliche Dynastien	*Südliche Dynastien:*		
	Song	420–479	
	Qi	479–502	
	Liang	502–557	
	Chen	557–589	
	Nördliche Dynastien:		
	Nördliche Wei	386–534	
	Östliche Wei	534–550	
	Westliche Wei	535–557	
	Nördliche Qi	550–577	
	Nördliche Zhou	557–580	
Sui		581–618	
Tang		618–906	690–705 Interregnum der Wu Zetian: Zhou
Fünf Dynastien	Spätere Liang	907–923	904–979 Zehn Reiche im Süden
	Spätere Tang	923–936	
	Spätere Jin	936–947	
	Spätere Han	947–950	
	Spätere Zhou	950–960	
Song	Nördliche Song	960–1126	Fremddynastien Liao (916–1125), Westliche Xia (1032–1227) und Jin (1115–1234) im Norden
	Südliche Song	1127–1279	
Yuan (Mongolen)		1280–1368	
Ming		1368–1644	
Qing (Mandschuren)		1644–1911	

Die Zeit

Als die Hauptstadt des seit dem 11. Jahrhundert v. Chr. regierenden Königreichs Zhou nach mehreren Niederlagen gegen benachbarte «Barbarengruppen» 771 v. Chr. nach Osten verlegt werden mußte, verlor die Dynastie den größten Teil ihrer Kronlande und damit das Fundament ihrer politischen Macht. Die Folge war eine durch die Etikette nur notdürftig vertuschte Zersplitterung Chinas in zahlreiche aus den einstigen Lehensterritorien hervorgegangene Einzelstaaten, zu denen sich an der Peripherie eine Reihe neu formierter Fürstentümer gesellte. Das anschließende Wechselspiel zwischen Krieg und Frieden, Annexion und Allianz endete mit einem Sieg des Herrscherhauses von Qin, dessen Oberhaupt die Konkurrenten um die Hegemonie nacheinander besiegte und die von ihnen regierten Staaten 221 v. Chr. zu einem Imperium einte, dem er den Namen seiner Herkunftsregion gab.

Um seinen umfassenden Machtanspruch zu unterstreichen, nahm der Reichsgründer den neugeschaffenen Titel Kaiser *(huangdi:* «Göttlich Erhabener») an. Zudem begab er sich zwei Jahre später auf eine Inspektionstour in die eroberten Gebiete, bei der er mehrere Berge bestieg und Steinstelen errichten ließ, die den Anbruch eines neuen Zeitalters verkündeten:

«Als der Kaiser sein Amt antrat, erließ er Vorschriften und Gesetze, und die Beamten erhielten ihre Insignien und Befehle. Im 26. Jahr [seiner Herrschaft über das ursprüngliche Territorium von Qin] einte er [die Gebiete] unter dem Himmel, und alle erwiesen ihm Respekt und Gehorsam. [...] Seine brillanten Vorgaben [setzen den Maßstab für] kommende Generationen, welche diese gehorsam und unverändert zu übernehmen haben. Der Kaiser, ein wahrer Weiser, hat seine Regierungspflichten nie vernachlässigt, seit er [die Gebiete] unter dem Himmel einte. [...] Seine Weisungen erreichen jeden, so daß Nah und Fern gleichermaßen wohlgeordnet sind.» [3]

Qin Shihuangdi (dem «Ersten Kaiser der Qin») verblieb nur ein gutes Jahrzehnt, um seine Vorstellungen vom Einheitsstaat umzusetzen. Viele Reformen kamen daher über den Ansatz kaum hinaus. Obgleich die Dynastie schon kurz nach seinem Tod zusammenbrach, war es ihm aber gelungen, politische Grundlagen zu hinterlassen, von denen sich – entgegen der offiziellen Sprachregelung – auch das Herrscherhaus der Han nicht lösen konnte, das in den folgenden vier Jahrhunderten die Geschicke des Landes bestimmen sollte.

Einen ähnlich bedeutsamen Einschnitt in die Geschichte stellt die Eroberung durch die Mongolen dar, in deren Verlauf erstmals das gesamte Land unter die Herrschaft von Fremden gelangte. Die damit markierte Zäsur wurde nicht zuletzt durch die Namenswahl der ab 1280 regierenden Dynastie Yuan («Anfang») unterstrichen. Ihr Begründer, Kublai Khan, hatte allerdings schon zwei Jahrzehnte zuvor den Willen bekundet, eine neue Ära einzuleiten:

«Einst eroberten unsere Ahnen durch Überlegenheit und Tapferkeit die Welt. Zwar regierten sie mit Aufrichtigkeit und Tugend über ihre Untertanen, doch fanden sie zunächst keine Muße für eine verfeinerte Kultur. Im Zuge der politischen Veränderungen sind nunmehr freilich geregelte Beziehungen entstanden, so daß wir nicht nur die Tradition fortführen, sondern auch neue Pläne vorantreiben können. [...] Daher werden unsere erhabenen Ziele in hellem Glanz erstrahlen und sich die Segnungen einer geordneten Regierung entsprechend manifestieren. Es wird eine neue Ära anbrechen.» [4]

Dieses Edikt wurde – das zeigt schon die Rhetorik – von chinesischen Beratern entworfen, und die darin enthaltenen Versprechungen ließen sich nur sehr bedingt einhalten. Auch läßt sich trefflich darüber streiten, welcher Aspekt in der Folgezeit stärker zum Tragen kam: die Einverleibung in das mongolische Weltreich oder die Sinisierung der Fremdherrscher? Somit brachte das Ende der Song-Dynastie im Jahre 1279 zwar keinen völligen Bruch mit der Tradition, aber doch einen wichtigen Wendepunkt, der von einer ganzen Reihe von Historikern zur Epochenabgrenzung herangezogen wurde. Im übrigen kam es auch erst danach zur direkten Begegnung mit Europäern, von denen manche – wie Marco Polo (1251–1324) – ihre Reiseeindrücke einer erstaunten Öffentlichkeit präsentierten.

Zwischen der Gründung des Kaiserreichs und dem Verlust des Imperiums lagen 1500 Jahre, in denen nicht nur Giganten an der Macht waren. Mindestens die Hälfte dieser Zeitspanne ist durch die Aufsplitterung in kleinere Staatswesen gekennzeichnet. Kurzlebige Dynastien lösten einander oft in rascher Folge ab, und die «Einheit unter dem Himmel» geriet zur Fiktion. Auch die von den Historiographen postulierte Kontinuität hatte nur begrenzten Realitätsbezug. Das gilt sogar für die mehrere Jahrhunderte währenden Dynastien Han, Tang und Song, deren Endphasen durch einen rapiden Autoritätsverlust gekennzeichnet waren. Aber nicht nur das. So-

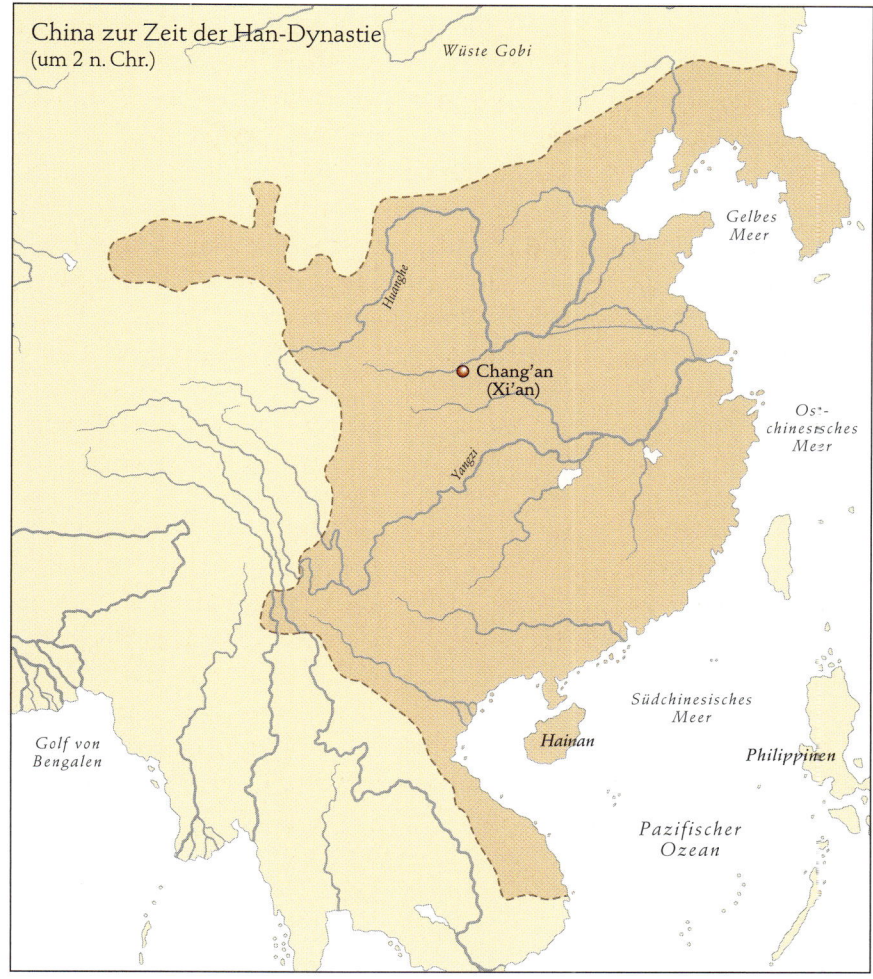

wohl die Han-Zeit als auch die Tang-Zeit wurden zudem durch ein Interregnum unterbrochen: durch die Dynastie Xin (9–23) des reformorientierten Usurpators Wang Mang und die Dynastie Zhou (690–705) der Wu Zetian, der einzigen Kaiserin in der chinesischen Geschichte. Beiden Regenten entzogen die Chronisten jedoch im nachhinein ebenso die Legitimation wie manchem fremdstämmigen Herrscherhaus.

Um dem Dilemma zu entgehen, das eine ideologisch befangene Historiographie mit sich bringt, schlugen Sinologen alternative Periodisierungsschemata vor, die sich in erster Linie auf ökonomische, sozialwissenschaftliche oder ideengeschichtliche Kriterien stützten. Auf Dauer erwiesen sich diese Versuche, die sich vielfach mit kaum definierbaren Anhaltspunkten wie «Dynamik», «Erstarrung» und «Verfall» behalfen, aber als ebensowenig tragfähig wie die Übernahme einer am europäischen Vorbild orientierten Einteilung in Altertum, Mittelalter und Neuzeit.

Daß die dafür herangezogenen Faktoren nicht gerade zwingend waren, zeigt sich schon an der höchst unterschiedlichen Datierung der Epochengrenzen. So wurde das Ende des «Mittelalters» nicht nur im 6. und 13. Jahrhundert angesetzt, sondern gelegentlich sogar noch im 19. Jahrhun-

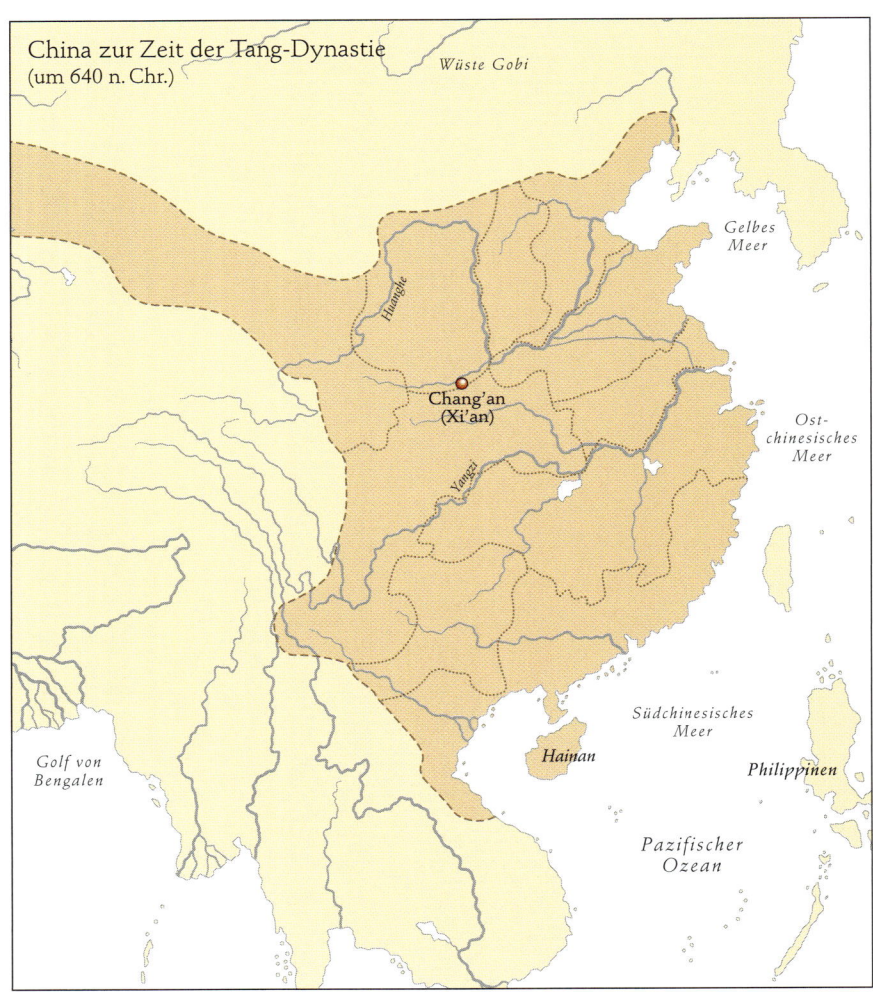

dert. Noch weniger stimmig ist aber wohl das von der offiziellen chinesischen Geschichtsschreibung propagierte unilineare Entwicklungsmodell, das – unter Berufung auf Karl Marx – eine gesetzmäßige Abfolge von Urgemeinschaft, Sklavenhaltergesellschaft, Feudalismus, Kapitalismus, Sozialismus und Kommunismus vorsieht.

Wenn es darum geht, größere Zeitspannen zu benennen, wird daher in diesem Band trotz der genannten Ungereimtheiten auf die traditionelle Dynastienabfolge zurückgegriffen. Ansonsten sollen, wann immer dies machbar ist, konkrete Zahlen (Jahre, Jahrzehnte, Jahrhunderte) die chronologische Anbindung ermöglichen. Um die älteren Phasen des Kaiserreichs zu erfassen, wird jedoch zuweilen – eher unspezifisch – auch der Begriff «Antike» eingeflochten.

Seit dem 2. Jahrhundert v. Chr. ging der Beginn einer neuen Jahreszählung nicht nur mit dem Amtsantritt des Kaisers einher, sondern auch mit dem Erlaß einer Regierungsdevise (z. B. «Ewiger Friede» oder «Himmlische Kostbarkeit»). Manche Herrscher machten in relativ kurzen Abständen sogar mehrfach von der Möglichkeit Gebrauch, ein wohlklingendes Motto zu verkünden, unter das sie die folgende Ägide stellten: insbesondere dann, wenn es galt, in Krisenzeiten einen Umschwung zu markieren.

Das half bekanntermaßen nicht immer, und jede Dynastie verfügte nicht nur über eine erfolgreiche Gründerfigur, sondern auch über einen letzten Repräsentanten, dem von der Geschichtsschreibung regelmäßig klägliches Versagen unterstellt wurde. Um den Verlust der Legitimation und die Rechtmäßigkeit des darauffolgenden Neubeginns zu begründen, bedurfte es nämlich persönlicher Unzulänglichkeiten – bevorzugt charakterlicher Deformationen und sexueller Eskapaden –, ganz gleich, ob die damit verbundenen Schilderungen der historischen Realität entsprachen oder nicht.

Daneben gab es eine Zählung, die – völlig unabhängig vom politischen Geschehen – aus aufeinanderfolgenden Sechzigerzyklen bestand. Da sich die mit Hilfe von Doppelzeichen ausgedrückten Angaben in einem festen Abstand wiederholen (die gleiche Kombination kann sich auf die Jahre 758, 818 oder 878 beziehen), ist eine sichere Datierung nur dann möglich, wenn zusätzliche Informationen über den historischen Kontext vorliegen. Zwar gab es ein System, in dem auch die Zyklen durchnumeriert wurden, doch hatte das daraus hervorgegangene Kontinuum, welches einen willkürlich gewählten Zeitpunkt im 3. Jahrtausend v. Chr. zum Ausgangspunkt nahm, keine nennenswerten Konsequenzen für die Kalenderpraxis. Nicht zu Unrecht merkte schon ein Werk des 2. Jahrhunderts an: «Die Zeit ist schwer zu fassen, aber leicht zu verlieren.» [5]

Die Quellen

Die offizielle Überlieferung oblag den Historiographen: einer Gruppe von Spezialisten, die in der Tradition der Schreiber stand, welche im ausgehenden 2. Jahrtausend v. Chr. die Orakelbefragungen dokumentiert hatten. Eine leichte Affinität zur Wahrsagung läßt sich aber auch noch in der Kaiserzeit konstatieren, bestand die Aufgabe der Chronisten doch nicht unbedingt darin, den Lauf der Ereignisse korrekt festzuhalten. Vielmehr hatten sie – gegebenenfalls unter Ausklammerung oder Verbiegung der Realität – Paradigmen zu formulieren, an denen sich folgende Generationen orientieren sollten.

Die früheste Universalgeschichte, das um 90 v. Chr. abgeschlossene *Shiji* des Sima Qian, war indes kein in Demut ausgeführtes Auftragswerk, sondern das Ergebnis eigenständiger Recherchen und ein Text, dessen kritischer Unterton oft nur notdürftig durch detailfreudig kolportierte Nebensächlichkeiten überdeckt wurde. Dennoch setzte das vielbändige Buch den formalen Standard, an dem sich von nun an die Historiographie auszurichten hatte. Den an der Palastbibliothek und später an einem eigens dafür eingerichteten Amt beschäftigten Gelehrten kamen insbesondere zwei Aufgaben zu: die archivalische Erfassung zeitgenössischer Akten und die verbindliche Darstellung einer vorangegangenen Dynastie.

Zwar stritt man regelmäßig darüber, ob diese Tätigkeit in erster Linie dem moralischen Anspruch oder der literarischen Qualität verpflichtet sei, doch wurde die historische Wahrhaftigkeit nur selten hinterfragt. Bis zu einem gewissen Grad gilt dieser Vorbehalt auch für viele Enzyklopädien, die zwar den Bildungshorizont einer Epoche ausleuchteten, nicht aber dessen politische und soziale Verankerung; dafür eigneten sich diese Handbücher meist hervorragend zur Vorbereitung für die Beamtenprüfungen, welche die Aufnahme in den Staatsdienst regelten.

Jenseits des vom Hof proklamierten Geschichtsbildes gab es jedoch zumindest innerhalb des Rahmens, den die Zensur gestattete, durchaus Schriften, denen weniger an wohlformulierter ethischer Orientierungshilfe denn an nüchterner Informationsvermittlung gelegen war: darunter namentlich Lokalchroniken, Statutensammlungen, Rechtskodizes und Bau-

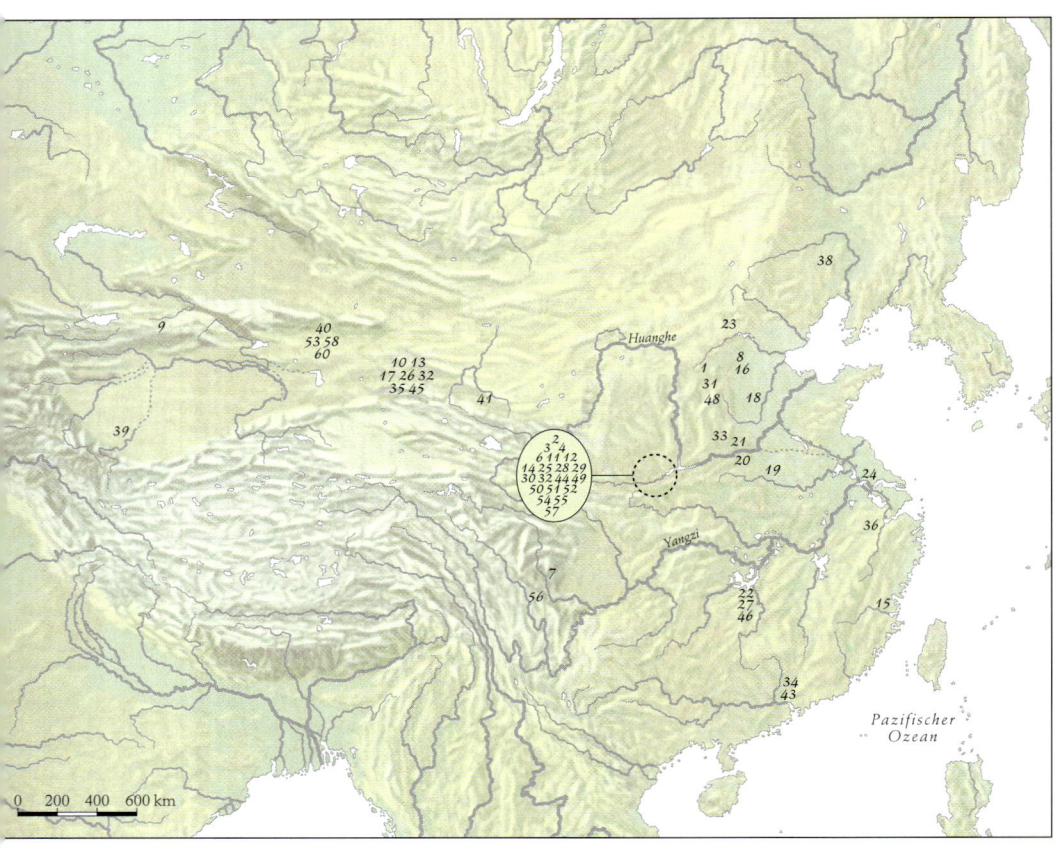

Archäologische Fundstätten
(die Zahlen beziehen sich auf die einzelnen Beiträge in diesem Band)

ernkalender. Besonders instruktiv sind aber auch Gedichte, durch deren Lektüre sich – trotz einer gelegentlichen Neigung zur subjektiven Überhöhung – zahllose Aspekte des Alltagslebens erschließen lassen.

Erschwert wird der Umgang mit den Quellen indes durch die Tatsache, daß diese fast durchweg nur in Fassungen überliefert sind, die am Ende einer langen Überlieferungskette stehen. Archive, die eine Kontinuität aufweisen, die bis zur Reichseinigung zurückgeht, existieren nämlich nicht. Eine Ausnahme bilden allerdings Texte, die einstmals in Stein gemeißelt wurden, um ihre dauerhafte Verbindlichkeit zu gewährleisten. Neben epigraphischen Zeugnissen kommt aber seit einiger Zeit auch einer beträchtlichen Anzahl von Schriften wachsende Bedeutung zu, die sich unter den Beigaben in Gräbern aus der frühen Kaiserzeit finden: darunter viele historische, religiöse, philosophische und medizinische Abhandlungen, die einen Abgleich mit den bislang bekannten Versionen erlauben.

Darüber hinaus haben sich in den nordwestlichen Grenzgarnisonen und in buddhistischen Klosteranlagen allerlei Aufzeichnungen erhalten, die Einsichten in das Leben der Bevölkerung vermitteln. Noch instruktiver sind freilich die Wandmalereien in den mehrheitlich während der Tang-Zeit (618–906) in den Randzonen von Gobi und Taklamakan errichteten Höhlenkomplexen, die nicht nur religiöse Themen aufgriffen, sondern auch den Alltag von Mönchen und Laien. Vereinzelt verfügten die Klöster über regelrechte Schatzkammern; so entdeckte man im Fundament einer zum Famensi (Prov. Shaanxi) gehörenden Pagode einen «unterirdischen Palast», der zahllose Kostbarkeiten barg, die zum großen Teil vom Kaiserhaus gestiftet worden waren. Hortfunde sind in China eher selten. Entweder vertraute man das Familienvermögen in Krisenzeiten nicht gerne einem Versteck im Erdboden an oder die Findungsquote war vergleichsweise hoch: sei es durch die Besitzer, sei es durch Diebe.

Die meisten Anhaltspunkte zur Rekonstruktion der Lebensumstände finden sich in Gräbern, die häufig mit einer Verkleidung aus Reliefziegeln oder gravierten Steinplatten versehen waren oder großflächig ausgemalt wurden. Abgesehen von mythologischen Motiven lassen sich darauf unter anderem Wohnhäuser, Stallungen, Küchenszenen, Konzertaufführungen, artistische Darbietungen, Paraden, Wagengespanne und Jagdausflüge erkennen. In manchen Epochen wurden derartige Bildnisse nicht nur in der Sargkammer und deren Vor- und Nebenräumen angebracht, sondern auch am Dromos (der nach unten führenden Zugangsrampe).

Hinzu kommen zumeist aus Ton, seltener aus Holz oder Bronze gefertigte Plastiken, die man in den Gräbern hinterlegte: darunter Menschen- und Tierfiguren sowie Miniaturen von Speicherbauten, Aborten, Pferchen, Brunnen und Mühlen. Schließlich sind die vielfältigen Beigaben hervorzuheben, die in der Nähe des Toten deponiert wurden und aus Objekten bestanden, die teils aus den Hinterlassenschaften des Verstorbenen, teils aus Gaben der Trauernden und teils aus eigens für den Sepulkralkult hergestellten Objekten bestanden. Die Wertschätzung gegenüber den Toten, die der Oberschicht angehörten, kam nicht zuletzt in der Verwendung edler Materialien zum Ausdruck, von denen hier nur einige «klassische» chinesische Werkstoffe erwähnt werden sollen: Jade (ein wegen seines Härtegrads als unvergänglich gerühmtes Mineral), Lack (meist als mehrschichtiger Auftrag auf einem Holzkern), Seide (in verschiedenen hochentwickelten Webtechniken) und Keramik (die ihre Vollendung im Porzellan erlebte). Die stärkere Einbeziehung von Gold, Silber und Glas ging hingegen auf fremde Einflüsse zurück und erlebte erst unter der Tang-Dynastie ihre Blüte. Daneben zählten aber auch Nahrungsmittel zu den Funden, und bisweilen wurde sogar eine komplette «Speisekammer» im Grab angetroffen.

Wie die meisten Texte ist auch die Mehrzahl antiker Bildrollen und Albumblätter nur durch spätere Kopien überliefert. Trotz unsicherer Authentizität sollte man die Werke aber nicht von vornherein als Informationsquelle ausklammern; denn der Umgang mit dem Original war in China vergleichsweise unverkrampft, und die Fähigkeit zur einfühlsamen Nachahmung zählte zu den Anforderungen an einen Künstler von Rang.

Die Errichtung von massiven Wänden aus Steinquadern und Ziegeln war reglementiert und im wesentlichen Pagoden vorbehalten. Ansonsten dominierten vergängliche Materialien die Architektur, so daß heute nur selten die ursprüngliche Bausubstanz erhalten ist. Lediglich Fundamente und Dachziegel überdauerten den programmierten Verfall, doch läßt sich daraus kaum Aufschluß über die Höhe und Ausstattung der Häuser gewinnen. Zahlreiche Tonmodelle, die mehrheitlich aus der Späteren Han-Zeit (25–220) stammen, ermöglichen indes ebenso eine stimmige Rekonstruktion wie Darstellungen auf Wandmalereien, die auch noch in späteren Epochen die Wände der Gräber bedeckten.

Ein Grundproblem ist die Datierung. Die Einteilung in Dynastien ist in China mitverantwortlich dafür, daß man sich allzu oft mit der Zuordnung zu damit gleichgesetzten Epochen (beispielsweise zur Han-Zeit mit mehr als vier Jahrhunderten Dauer) begnügt. Dabei bieten Inschriften, Münzfunde, naturwissenschaftliche Verfahren und Vergleichsobjekte im allgemeinen die Möglichkeit zu einer erheblich präziseren chronologischen Einordnung. Wann immer dies möglich ist, wird daher in diesem Band eine möglichst genaue Datierung vorgenommen und mit einer kurzen Begründung (beispielsweise unter Verweis auf eine erhaltene Grabinschrifttafel) versehen. Einen ähnlichen Anspruch verfolgt das ansonsten in der Sinologie erstaunlich unübliche Bestreben, die zitierten Texte mit einem zumindest annähernd exakten Entstehungszeitpunkt zu versehen.

華
夏

Statuszuweisungen

甲乙丙丁戊己庚辛壬
子丑寅卯辰巳午未申

Der Kaiser und die Konkubine: Szenische Darstellung auf einem Lackschirm aus dem Grab des Sima Jinlong (Datong, Shanxi; 5. Jahrhundert)

Als Kaiser Cheng [reg. 33–7 v. Chr.] der Han-Dynastie sich anschickte, in den Palastpark aufzubrechen, lud er die Hofdame Ban dazu ein, ihn in seiner Sänfte zu begleiten. Diese wies das Ansinnen jedoch mit den Worten zurück: «In alten Darstellungen habe ich gesehen, daß weise Herrscher stets von ihren Ministern eskortiert wurden. Nur jene degenerierten Kaiser, die am Ende der drei Dynastien [Xia, Shang und Zhou] regierten [und durch ihr Handeln für deren Untergang verantwortlich waren], hatten ihre Favoritinnen dabei. Würdet Ihr nicht diesen gleichen, wenn ich Eurem Wunsch nachkäme?» [1]

甲子

1. Der Kaiser und das Mandat des Himmels

Das vermutlich 484 in der Nähe von Datong für Sima Jinlong und seine Frau errichtete Grab zählt zu den bedeutendsten Komplexen, die unter der Nördlichen Wei-Dynastie in der Umgebung der damaligen Hauptstadt angelegt wurden. Der Bestattete entstammte nämlich einer illustren Familie. Sein Vater gehörte der kaiserlichen Linie der Jin an und war nach dem Untergang der Dynastie nach Datong geflohen, wo er sich dem seit 386 über den Nordosten des Landes gebietenden Herrscherhaus unterwarf. Seine Mutter wiederum war eine Wei-Prinzessin aus dem ursprünglich im Steppenraum heimischen Volk der Tuoba.

Unter den 454 Funden des 1965 freigelegten Grabes sticht das Fragment (Höhe 81,5 cm, Breite 40,5 cm) eines bemalten Stellschirms hervor, welches auf Vorder- und Rückseite vorbildhafte Männer und Frauen zeigt. In einer der insgesamt acht erhaltenen Szenen sind die durch ihre Größe hervorgehobenen Personen eindeutig zu identifizieren. Die Aufschriften stellen nämlich klar, daß es sich bei dem Mann, der in einer von vier Dienern getragenen Sänfte sitzt, um Kaiser Cheng handelt und bei der Frau, die rechts davon steht, um die Hofdame Ban: jene hochrangige Konkubine |10| also, die sich einst geweigert haben soll, ihren Gebieter bei einem Ausflug zu begleiten, da dies als Symptom für eine Verrohung der Sitten und als Vorzeichen für den Untergang der Dynastie hätte gedeutet werden können.

Sie verwies damit auf eine Konvention in der chinesischen Geschichtsschreibung, die den Zusammenbruch eines Herrscherhauses nicht zuletzt mit vermeintlichen Ausschweifungen seines letzten Repräsentanten begründete. Zumindest im nachhinein wurde nämlich – oft unabhängig von der historischen Realität – der Legitimationsverlust gerne mit Sexorgien und Drogenexzessen in Verbindung gebracht. Zuvor konnten aber insbesondere Naturkatastrophen, unglückverheißende Vorzeichen, Aufstände und das Ausbleiben von Tribut anzeigen, daß der Kaiser sein Mandat verwirkt hatte. Schließlich oblag ihm, die Harmonie zwischen der Menschheit und dem Kosmos aufrechtzuerhalten, ein Auftrag, den der Himmel ihm – und seiner Dynastie – jederzeit wieder entziehen konnte:

«Von oben empfängt der Herrscher demütig den Willen des Himmels und leistet den Weisungen Folge. Nach unten hin leitet er das Volk an, [bewirkt] dessen Wandel und führt es in seinem Wesen zur Vervollkommnung. [...] Naturkatastrophen sind Vorhaltungen des Himmels, [unglückverheißende] Vorzeichen Ausdruck seiner Macht. [...] Nur [wenn es] Verfehlungen im Reich zu ahnden [gilt], veranlaßt der Himmel Heimsuchungen.»[2]

Zumindest die Kaiser der Han-Zeit verstanden sich nicht nur als symbolische Vermittler zwischen den Sphären, sondern auch als höchste religiöse Instanz. Nur sie waren berechtigt, die Riten zur Verehrung des Himmels zu vollziehen, und als Priester standen sie den Opfern vor, die der Erde, den Bergen und Flüssen sowie verschiedenen Gottheiten dargebracht wurden. Darüber hinaus gehörte zu ihren Aufgaben die Kommunikation mit den Ahnen, deren Meinung sie durch die Befragung des Orakels einholten.

Schließlich waren die Herrscher, die ihre herausgehobene Position durch Titel wie «göttliche Majestät» (*huangdi*) und «Sohn des Himmels» (*tianzi*) veranschaulichten, auch Oberbefehlshaber über die Truppen |3| und höchste Richter |30|; ihr Urteil war, so unangemessen es auch sein mochte, unumstößlich. Im Prinzip kannte ihre Autorität keine Grenzen. Und zwar in zweifacher Hinsicht: Zumindest nominell beanspruchten sie, gegebenenfalls ohne Rücksicht auf staatliche Demarkationslinien, die Unterordnung aller zivilisierten Menschen; durch die Kontrolle des Kalenders vermittelten sie zudem den Eindruck, über die Zeit zu gebieten.

Charakter, Fähigkeiten und Aufgaben eines idealen Herrschers fixierte der 649 verstorbene Tang-Kaiser Taizong kurz vor seinem Tod in einem politischen Testament, welches an den Thronfolger adressiert war und zwölf Punkte umfaßte: 1. die Persönlichkeit des Herrschers; 2. die Einbeziehung von Verwandten; 3. die Suche nach den Würdigsten; 4. die sorgfältige Auswahl der Beamten; 5. das Zulassen von mahnenden Worten; 6. die Distanzierung zu Schmeichlern; 7. das Vermeiden von Ausschweifungen; 8. die Wertschätzung von Bescheidenheit; 9. die Ausgewogenheit von Belohnungen und Strafen; 10. die Förderung der Landwirtschaft; 11. die Wachsamkeit in militärischen Angelegenheiten; 12. die Würdigung des Lernens. Allerdings war er mit seiner eigenen Umsetzung dieser Anforderungsliste keineswegs vollkommen zufrieden:

«Diese zwölf Punkte vermitteln die Grundzüge, an denen sich ein Kaiser oder König [zu orientieren hat]. Sicherheit und Risiko, Erfolg und Untergang sind darauf zurückzuführen. Seit ich an die Macht gelangte, [...]

schwelgte ich stets in prachtvoller Kleidung, Schmuck, Brokat und bestickter [Seide], was zeigt, daß ich meine Wünsche nicht zu zügeln vermochte. Für meine Baumaßnahmen – mit Schnitzwerk versehene Säulen und Dachbalken, hoch aufragende Terrassen und tiefe Teiche – setzte ich Zwangsarbeiter ein; Bescheidenheit war meine Sache also nicht. Auch aus den entlegensten [Regionen] wurden Hunde, Pferde, Falken und Habichte für mich herangeschafft; offenkundig konnte ich meine Neigungen nicht in den Griff bekommen. Wiederholt habe ich die Mühen für die Vervollkommnung des Reichs meinen Untertanen aufgebürdet; das offenbart fehlende Demut. [...] Nur bei der Versorgung der Bevölkerung und der Befriedung der Welt habe ich große Verdienste erworben und Bedeutendes geleistet. Aufgrund der vielen Wohltaten und der geringen Schäden empfindet das Volk jedoch keinen Groll. Da ich Großes erreicht und nur unwesentliche Fehler gemacht habe, ist mein Charisma nicht beeinträchtigt. [...] Dennoch empfinde ich Unzulänglichkeit, wenn ich mein Handeln mit wahrer Tugend vergleiche.»[3]

Das von moralischen Stoßseufzern durchsetzte Vermächtnis sollte freilich nicht irreleiten. Der Lebensweg des Verfassers entsprach nämlich nur begrenzt dem Bild des gleichermaßen umsichtigen wie nachdenklichen Herrschers, das darin entworfen wird. Er hatte auch ganz andere Seiten, die eher dafür gesprochen hätten, Rücksichtslosigkeit und Kaltblütigkeit in den Katalog des «Fürstenspiegels» aufzunehmen. Schließlich war er selbst nur durch den Mord an zwei Brüdern – darunter am Kronprinzen – an die Macht gelangt, und es kann wohl nur bedingt als Fürsorglichkeit betrachtet werden, daß er eine der beiden dadurch zur Witwe gewordenen Schwägerinnen gleich danach zur Frau nahm.

Gefahr drohte den Kaisern nämlich nicht nur von Bauernaufständen, Dürrekatastrophen oder Omina, die das Auslaufen ihres Mandats ankündigten. Der größte Risikofaktor war vielfach die eigene Familie |10|; denn nicht nur Angehörige der mütterlichen Linie und angeheiratete Verwandte strebten nach dem höchsten Amt im Staate, sondern auch – und insbesondere – Söhne, Brüder, Vettern, Onkel und weitere Mitglieder der eigenen Deszendenzgruppe. Wenn also manche Kaiser vorzeitig die Macht an einen Nachfolger abtraten, dann diente dies nicht zwingend nur zur Absicherung der Kontinuität, sondern unter Umständen auch zur Verlängerung der eigenen Lebenserwartung.

Beamter in ehrerbietiger Haltung: figürliche Darstellung
aus Keramik mit Resten von Bemalung
(Grab des Li Xian in Sanhe, Shaanxi; 8. Jahrhundert)

Eine vortreffliche Regentschaft kommt nur dann zustande, wenn die eingestellten Personen über entsprechende Begabungen verfügen… [Andernfalls] gibt es nur Chaos. Da [die Entscheidung über] Autorität und Anarchie von der Auslese [geeigneter Beamter] abhängt, muß diese mit besonderer Gründlichkeit durchgeführt werden. [1]

乙丑

2. Kultiviert und käuflich: die Beamten

Nach seinem Tod im Jahre 741 wurde Li Xian, der ältere Bruder des Kaisers Xuanzong, in einer 140 km nordöstlich der Hauptstadt Chang'an (heute Xi'an) gelegenen Grabanlage bestattet, welcher man – in einem posthumen Akt der Gleichstellung mit den über das Reich gebietenden Herrschern – einen eigenen Namen gab: Huiling. Bei der im Jahre 2000 durchgeführten Freilegung dieses Komplexes stieß man auf mehr als eintausend Objekte, darunter auch die beinahe lebensgroße Figur eines kauernden Mannes (Länge 102 cm; Breite 70 cm; Höhe 43 cm). Die Kappe weist die offenkundig wohlgenährte Person als Beamten aus, und rote Farbreste im Bereich der Kleidung |25| gestatten eine Zuordnung zu einem hohen Rang innerhalb der Ziviladministration. Die unter dem Begriff «Kotau» (von chin. *ketou*) auch in westliche Sprachen eingegangene unterwürfige Körperhaltung des einflußreichen Höflings unterstreicht zumindest indirekt die herausragende soziale Stellung des Bestatteten.

Für eine Karriere am Kaiserhof |1|, in der Zentralverwaltung und bei den Provinzbehörden gab es im Prinzip vier Zugangsmöglichkeiten: die Abstammung von einer einflußreichen Familie |10|, die Hilfe mächtiger Förderer, den Ämterkauf oder das erfolgreiche Abschneiden bei den Staatsprüfungen. Schriftliche Examina wurden im Jahre 132 eingeführt und bildeten unter verschiedenen Dynastien das Kernstück der Beamtenrekrutierung. Zwar waren hierzu im Prinzip fast alle freien Bürger zugelassen, doch wurde dabei eine Gelehrsamkeit vorausgesetzt, die nur durch jahrelange intensive Betreuung – meist durch Privatlehrer – erlangt werden konnte. |14| Sachkenntnisse, die für die Kandidaten bei der Ausübung ihrer späteren Tätigkeit nützlich gewesen wären, wurden dabei im allgemeinen nicht abgefragt; nur unter der Song-Dynastie mußte zeitweilig auch juristisches, ökonomisches und geographisches Fachwissen nachgewiesen werden. Ansonsten kam es fast ausschließlich darauf an, philosophische und literarische Themen nach einem starren Muster aufbereiten zu können. Das setzte ein gutes Gedächtnis, Stilsicherheit und Fleiß voraus, führte aber, da kreative Elemente weitgehend ausgeblendet wurden, oftmals zu intellektueller Verkrustung.

Dabei waren die Aufgaben, welche der Aufsicht durch die Beamten oblagen, ausgesprochen vielfältig. Zwar bedingte der regelmäßige Wechsel der Zuständigkeiten den Einsatz von Generalisten, doch wären Vorkenntnisse und Erfahrungen jenseits des elitären Bildungsideals sicherlich hilfreich gewesen: nicht nur bei der Rechtsprechung und in der Finanzverwaltung, sondern auch bei Aufgaben im Bereich von Stadtplanung |17|, Straßenbau, Hochwasserschutz, Rüstungstechnologie |3| oder Katastrophenhilfe |21|.

Im Jahre 657 lag die Zahl der Beamten in China bei 13 465, im Jahre 1064 bei rund 24 000, wobei der Anstieg allerdings niedriger als der Zuwachs der Gesamtbevölkerung ausfiel, die sich im gleichen Zeitraum annähernd verdoppelte. Mit deutlich unter dreihundert Staatsbediensteten auf eine Million Einwohner war der Verwaltungsapparat – ebenso wie der hierfür angesetzte Haushaltsposten – äußerst limitiert. Allerdings zogen die niedrigen Amtsbezüge oft unerfreuliche Konsequenzen nach sich; so beklagte der Staatsmann Wang Anshi 1058 in einem Memorandum:

«Ehrlich zu bleiben ist bei der derzeitigen Höhe der Bezüge unmöglich. [...] Es ist festzuhalten, daß die hohen Beamten durch Geld und Geschenke bestochen werden. [...] Ja, es stört sie nicht einmal, wenn sie als käuflich gelten. [...] Wer aber schon im Ruf der Korruption steht, wird nachlässig und kümmert sich nur noch darum, die eigene Position zu festigen. Wahrhaftigkeit, Ernst und Hingabe an die Anliegen der Öffentlichkeit sind dann nicht mehr die Regel. Wenn die Beamten ihre Pflichten vernachlässigen, kann auch die Regierung keine ernstzunehmenden Erfolge erzielen. Abgesehen von der Korruption verstärken auch die Einschüchterung und Ausbeutung der Bürger diesen Effekt. Wir müssen also die Konsequenzen bedenken, welche eine unzureichende Besoldung der Beamten nach sich zieht.» [2]

Im allgemeinen konnte die latente Unterbezahlung wohl ganz gut ausgeglichen werden; denn für fast alle Dienstleistungen wurden Zuwendungen erwartet – und gegebenenfalls erpreßt –, die den eigenen Lebensstandard sicherten. Dies galt nicht nur für die Beamten, sondern auch für die von ihnen beschäftigten Steuereintreiber, Gerichtshelfer und Polizisten, die ihre Versorgung direkt oder indirekt der Bevölkerung aufbürdeten.

Im übrigen wurden die Beamten in manchen Epochen nicht nur schlecht entlohnt, sondern sogar – bevorzugt bei Amtsantritt – genötigt, durch Sonderzahlungen zur Sanierung des Staatshaushalts beizutragen. Von hier aus war der Schritt zum Ämterverkauf dann nicht mehr weit, der den Zugang nicht mehr an das Talent der Bewerber, sondern an deren finanzielle Potenz band. Neben den Großgrundbesitzern profitierten davon vor allem reiche Kaufleute |5|, die dadurch für sich und ihre Angehörigen den sozialen Aufstieg legitimierten. Es muß sich aber auch gelohnt haben! Nicht umsonst verweisen gleich fünf Artikel des Tang-Kodex auf Straftatbestände |29|, die mit Prüfungsbetrug und Amtsanmaßung zusammenhingen. Immerhin fiel die Bestrafung damals deutlich milder aus als zu Beginn des 2. Jahrhunderts v. Chr., als noch jeder, der sich widerrechtlich «als Beamter ausgab, um einen Diebstahl zu kaschieren, geviertielt»[3] werden sollte. Offenkundig entsprach die Realität nur selten den kosmischen Ordnungsprinzipien, auf denen eine im Jahre 493 formulierte Examensfrage aufbaute:

«Der Beamtenhierarchie entspricht am Firmament die Position der Gestirne, auf Erden der Verlauf von Flüssen und Gebirgen. Die Wahl kann [somit nur] auf Männer fallen, die über himmlische Vollkommenheit verfügen und Einsicht in menschliches Handeln haben. Nur dann wird ihnen auf der Grundlage ihrer Fähigkeiten ein Amt verliehen und ein entsprechender Aufgabenbereich zugewiesen.»[4]

Tonkrieger aus der Grabanlage des Qin Shihuangdi
(Lingtong, Shaanxi; 3. Jahrhundert v. Chr.)

Die Truppen sind von herausragender Bedeutung für den Staat; sie bestimmen über Bestand und Untergang. Sein [wichtigster] Garant ist somit in Krisenzeiten der General. [1]

丙寅

3. Karrieren in der Armee

Die Grabanlage, in welcher der 210 v. Chr. verstorbene Reichseiniger Qin Shihuangdi beigesetzt wurde, ist von zahllosen Beigabengruben umgeben, von denen bislang annähernd zweihundert erschlossen werden konnten. Besondere Aufmerksamkeit fanden seit ihrer Entdeckung Mitte der 1970er Jahre drei östlich des umwallten Grabbezirks angelegte Schächte, in denen neben Pferdefiguren und Streitwagennachbildungen eine ganze Armee lebensgroßer Tonkrieger angetroffen wurde. Ihre Gesamtzahl schätzen Experten auf mindestens siebentausend, doch wird es vermutlich noch Jahrzehnte dauern, bis die Rekonstruktion aller Objekte abgeschlossen sein wird: einerseits aufgrund der langfristig angelegten Grabungsplanung und andererseits wegen der aufwendigen Restaurierungsarbeiten, die nicht zuletzt durch die starke Zerscherbung in durchschnittlich sechzig bis siebzig Fragmente bedingt sind.

Zu den Funden in Schacht 1 zählt die Plastik (Höhe ca. 190 cm) eines unbewaffneten bärtigen Mannes, der wegen seiner Kappe und Bekleidung |25| gemeinhin als General identifiziert wird. Zumindest dürfte er – angetan mit einem zweischichtigen Waffenrock und Lederpanzer – einen höheren Offiziersrang innegehabt haben.

Für die Herstellung des Kriegers war eine ganze Reihe von Arbeitsgängen nötig, in denen man zunächst Kopf, Rumpf, Arme, Hände, Beine und Füße separat fertigte, um dann die zusammengesetzte Figur in einem Stück bei ca. 1000 Grad zu brennen. Anschließend wurden zwei Schichten Lack als Grundierung aufgetragen und mit kräftigen Farben bemalt. Üblich waren damals insbesondere orange (Mennige), rot (Zinnober), violett (Bariumkupfersilikat), blau (Azurit) und grün (Malachit). Ob dies von den Zeitgenossen als schön oder abschreckend empfunden wurde, lässt sich heute nicht mehr mit Sicherheit klären. Auf alle Fälle muß die polychrome Pracht – oder der grelle Terror – imposant gewesen sein: ganz anders als der ebenso schlichte wie gleichförmige Eindruck, der sich einem heute bietet, nachdem sich die Farben beim Öffnen der Schächte abgelöst haben.

Die Mehrzahl der Tonsoldaten war ursprünglich mit gebrauchsfähigen Waffen ausgerüstet, welche – wie Inschriften zeigen – aus den Beständen der Qin-Arsenale stammten: darunter Dolche, Schwerter, Lanzen, Streitkolben und Dolchäxte. Unter den verwendeten Materialien dominierte die Bronze; Eisenobjekte bildeten hingegen die Ausnahme, so daß sich keine technologische Überlegenheit erkennen läßt gegenüber jenen Kontrahenten, mit denen man vor der Errichtung des Kaiserreichs um die Hegemonie gerungen hatte. Das gilt auch für die Schußwaffen, namentlich den Reflexbogen und die Armbrust, die auch noch Jahrhunderte später nahezu unverändert eingesetzt wurden.

Es ist nicht bekannt, bei welcher Gelegenheit im 9. Jahrhundert das Schießpulver entdeckt wurde. Unzweifelhaft ist hingegen, daß die Verbindung von Schwefel, Salpeter und Holzkohle schon bald danach zum militärischen Einsatz gelangte. Nachdem sie zunächst lediglich als Zünder bei Flammenwerfern verwendet worden war, erfolgte ab der Song-Dynastie die Entwicklung von Bomben, Minen, Granaten und Raketen. Die Sprengkörper, die mit Hilfe von Katapulten in die feindlichen Reihen geschleudert wurden, hatten – wie ein Traktat aus der Mitte des 11. Jahrhunderts zeigt – furchteinflößende Namen wie «Eisenschnabelfeuersperber» oder «Giftrauchball».

Die verheerenden Schäden, die das zuletzt genannte Geschoß auslöste, beruhten indes weniger auf einer gewaltigen Detonation denn auf der Wirkung der Ingredienzien, die bei der Explosion freigesetzt wurden. Für die Herstellung dieses Prototyps der chemischen Kriegsführung benötigte man jeweils 30 Unzen Salpeter, 15 Unzen Schwefel, 5 Unzen Holzkohle, 5 Unzen getrockneten Eisenhut, 5 Unzen pulverisierte Krotonölbohnen, 5 Unzen Pflanzenöl, 2 ½ Unzen Wolfsmilch, 2 ½ Unzen Pech, 2 Unzen Arsenoxid, 1 Unze Bambusfasern und 1 Unze Bienenwachs.

Die Erfindung von Schußwaffen geht auf das 12. Jahrhundert zurück, als mit Pulver und Projektilen gefüllte Bambusrohre aufkamen, die man «feuerspeiende Lanzen» nannte, und Eisenkanonen, die bei der Zündung einen «himmelerschütternden Donner» auslösten. Damals müssen auch die Mongolen mit den Errungenschaften chinesischer Geschütztechnik konfrontiert worden sein, und vermutlich ist ihnen – zusammen mit den Arabern – die Vermittlung des Schießpulvers nach Europa zuzuschreiben. Dort wurden die darauf aufbauenden Kenntnisse indes zügig weiterentwickelt, so daß die im Westen konstruierten Kanonen den Vorbildern aus dem Reich der Mitte bald überlegen waren.

Laufbahnen im Militär verliefen oft weniger vorhersehbar als andere Karrieren, und auch aus heutiger Perspektive lassen sich die Kriterien nur schwer rekonstruieren, die bei der Betrauung mit Führungsaufgaben galten.

So gab es Perioden, in denen nach sozialer Herkunft, Körpergröße und Geschicklichkeit gezielt ausgewählt wurde, und es gab Zeiten, in denen Schlüsselstellungen vor allem an affinale Verwandte des Kaisers |7| und an Eunuchen |4| vergeben wurden. Zuweilen spielten persönliche Fähigkeiten und Tapferkeit eine wichtige Rolle bei der Vergabe von Positionen, oft entschied aber ausschließlich die gesellschaftliche Stellung des Elternhauses |10| oder die Zugehörigkeit zu der am Hof gerade dominierenden Clique. Da sich die Befehlshaber in entlegenen Provinzen und Grenzregionen vielfach nicht um die Befehle aus der Hauptstadt scherten, war die strikte Rangordnung gelegentlich ohnehin nur eine Farce. Trotz mancher Vorbehalte wurden auch immer wieder Ausländer |9| in die Reihen der Offiziere aufgenommen: vor allem in jenen Phasen, in denen Söldnerheeren der Vorzug gegenüber zwangsrekrutierten Milizen gegeben wurde.

Neben einer angemessenen Ausrüstung und der strategischen Übersicht der Offiziere war auch die Disziplin der Truppen ein entscheidender Faktor für Sieg und Niederlage. Soweit sich dies zurückverfolgen läßt, war daher das Militärstrafrecht stets strikter gefaßt als jene Gesetze und Verordnungen, die die Zivilbevölkerung betreffen. |30| Geradezu drakonisch war der entsprechende Kodex der Song-Dynastie, der für rund neunzig Prozent aller Verstöße die Todesstrafe vorsah. So wurden nicht nur vermeintliche Verräter und Deserteure enthauptet, sondern auch jeder, der

- ziellos umherschoß,
- vor dem Gefecht eine Krankheit vortäuschte,
- in der Schlacht sein Pferd verlor,
- beim Zapfenstreich zu spät kam,
- Waffen und Gerätschaften nicht in Ordnung hielt,
- [panikartig] herumschrie und umherirrte,
- betrunken randalierte,
- nach dem Kampf [...] nicht die Marschordnung einhielt.

Gingen gar «Standarten, Pauken oder Befehlszeichen verloren», dann waren nicht nur die Schuldigen hinzurichten, sondern gleich «die ganze Abteilung».² Eine hohe Lebenserwartung dürfte die Mehrzahl der Soldaten somit nicht gehabt haben; denn selbst wenn man dem Tod auf dem Schlachtfeld entgangen war, drohten immer noch die Häscher der Militärjustiz.

Zwei Eunuchen: Tonfiguren aus der Grabanlage des Kaisers Jing
(Zhengyang, Shaanxi; 2. Jahrhundert v. Chr.)

Nichts ist schlimmer als die Kastration. Ein Mann, dem diese Strafe widerfuhr, kann von den anderen nicht mehr als gleich[wertig] behandelt werden. [...] Selbst ein Mann von durchschnittlicher Begabung wollte mit den Eunuchen nichts zu tun haben. Um wieviel mehr gilt das erst für den Gelehrten von Rang. [...] Ich habe meinen Ahnen Schande bereitet. Wie könnte ich es jemals wieder wagen, das Grab meiner Eltern aufzusuchen? Selbst hundert Generationen später wird die Schmach [nicht getilgt, sondern sogar noch] größer sein. [...] Jedesmal, wenn ich darüber nachdenke, durchnäßt der Schweiß, der darob den Rücken hinunterläuft, meine Kleidung. Ich bin nur ein Amtsträger in den Frauengemächern. [Wie schön wäre es, wenn] ich mich in die Berge zurückziehen und in einer Höhle verstecken könnte. [1]

丁卯

4. Verachtet und gefürchtet: die Eunuchen

Bereits vier Jahre nach seinem Amtsantritt im Jahre 156 v. Chr. hatte Kaiser Jing mit der Errichtung jenes riesigen Komplexes begonnen, in welchem er nach seinem Tod 141 v. Chr. beigesetzt wurde. Seit den achtziger Jahren des 20. Jahrhunderts untersuchen Archäologen der Provinzhauptstadt Xi'an systematisch die Anlage, wobei sie allerdings bislang darauf verzichteten, das Innere des Mausoleums, welches von einem über dreißig Meter hohen Tumulus bedeckt und einem massiven Wall umgeben ist, freizulegen. Aber schon die Objekte, welche in den zahlreichen zwischen Hügel und Umfriedung angeordneten Beigabengruben geborgen werden konnten, lassen eine eindrucksvolle Demonstration von Macht und Reichtum erahnen.

Unter den Hinterlassenschaften befinden sich auch acht Tonfiguren (Höhe etwa 58 cm), die als Abbilder von Eunuchen gedeutet werden. Einen tragfähigen Beweis für diese Interpretation bildet vor allem die Tatsache, daß der Penis der nackten, armlosen Tonplastiken – im Gegensatz zu dem der anderen Männerdarstellungen – verstümmelt wiedergegeben ist und daß Skrotum und Testikel vollständig fehlen. Zum Zeitpunkt der Bestattung war dieses Manko freilich weniger offensichtlich; Fragmente und Abdrücke von Textilien weisen auf eine ursprüngliche Bekleidung hin. In der Grabanlage zutage geförderte Bronzesiegel bestätigen darüber hinaus die Zuordnung zu den Palastbediensteten, welche die Privatgemächer des Kaisers und den Harem nach außen hin abzuschirmen hatten.

Allerdings war dies nur ein Teil ihrer Aufgaben; denn viele andere Funktionen, die mit Diskretion verbunden waren, kamen hinzu: vom Botendienst bis zur Bespitzelung, vom Protokoll bis zur Postenschieberei, von der musikalischen Darbietung bis zur medizinischen Diagnose; selbst in die Erziehung der Prinzen wurden die zuweilen hochgebildeten Eunuchen einbezogen. Unter manchen Dynastien gelang es ihnen, ein umfassendes Netzwerk zu bilden, das die zentralen politischen Schaltstellen kontrollierte. Vor allem aber hatten sie direkten Zugang zum Kaiser – zuweilen auch höchst persönliche Beziehungen zu einem bisexuellen «Sohn des Himmels» [1, 13] – und konnten alleine schon durch das Filtern und Sortieren von Informationen Einfluß auf dessen Entscheidungen nehmen.

In der Späteren Han-Zeit bildeten sie zeitweilig die mächtigste Gruppierung bei Hofe. Mit großem taktischen Geschick schmiedeten die Eunuchen im 2. Jahrhundert n. Chr. Allianzen, in welche sie abwechselnd die patrilinearen Verwandten des «Himmelssohnes», die Familie der kaiserlichen Gemahlin, die Angehörigen der Konkubinen |10, 11| und Teile der oft uneinigen Beamtenschaft |2| einbezogen:

«Zu jener Zeit umgaben sich die Eunuchen mit Prunk. [Überdies] verschafften sie ihren Protegés und Angehörigen Stellungen im gesamten Reich. Sie übertrafen einander in Gier und Ausschweifungen, so daß die Menschen vor Zorn bebten: nicht nur bei Hofe, sondern im ganzen Land.»[2]

Auch wenn diese Einschätzung eines bis zum Ende der Kaiserzeit immer wieder beklagten Phänomens aus dem Mund eines konfuzianisch argumentierenden Gegners der Eunuchen stammt, so dürfte sie dennoch nicht ganz realitätsfern sein. Zwar wurde Günstlingswirtschaft von allen Einflußgruppen betrieben, die sich im Umfeld des Kaisers festgesetzt hatten, doch erreichte der Machtmißbrauch nur selten derartige Dimensionen.

Es mag zynisch anmuten: Aber in nicht wenigen Fällen wurde das Fehlen der männlichen Reproduktionsorgane durch rasche Karrieren und stattliche Gehälter weitgehend kompensiert. Dies führte zuweilen sogar dazu, daß Eltern ihre Söhne ohne existentielle Not kastrieren ließen, um ihnen – und der ganzen Familie – den sozialen Aufstieg zu sichern. Nur ein entsprechender Erfolg konnte letztlich diese Entscheidung rechtfertigen; denn über die lebenslange physische und psychische Beeinträchtigung hinaus verhinderte die Verstümmelung auch eine ritenkonforme Beisetzung. Die Voraussetzung dafür war nämlich eine körperliche Unversehrtheit, die sich allenfalls dadurch kaschieren ließ, daß die entfernten Genitalien aufbewahrt und nach dem Tod |16| mitbestattet wurden.

Dies konnte aber auch nur dann gelingen, wenn die Mutilation ein im allgemeinen vor der Pubertät vorgenommener Akt der Eunuchenrekrutierung war: ein geplanter chirurgischer Eingriff also, bei dem entsprechend sorgfältig mit den entfernten Körperteilen umgegangen wurde. Andererseits war die Kastration in manchen Epochen aber auch eine Strafe, die bei vermeintlich besonders schlimmen Verbrechen verhängt wurde und oftmals als «Gnadenakt» an Personen vollzogen wurde, die eigentlich zum Tode verurteilt waren. |30| In diesen Fällen ist mit derlei Rücksichtnahme wohl nur dann zu rechnen, wenn es den Angehörigen durch die Überzeugungskraft ihres Geldes gelang, die Henker zur Umsicht zu veranlassen. Ohnehin konnte eine akzeptable Konservierung von Penis, Skrotum und

Testikeln lediglich in jenen Fällen gewährleistet werden, in denen die Strafe durch «Abschneiden» vollzogen wurde und nicht durch das ebenfalls in den Schriftquellen überlieferte «Zerschlagen».

Die Tatsache, daß virile Diener eine sittliche Gefährdung für die im Harem lebenden Frauen |11| darstellen könnten, war im übrigen nur ein Grund für den Einsatz von Eunuchen. Oft genug vergnügten sie sich mit den Damen der «Inneren Gemächer» dennoch beim erotischen Zeitvertreib; wichtig war in erster Linie nämlich nur, daß dabei kein illegitimer Nachwuchs gezeugt werden konnte. Ein mindestens ebenso essentielles Motiv ging von der Überlegung aus, daß die erzwungene Kinderlosigkeit der Domestiken den ansonsten bei Hofe endemischen Nepotismus verhindern sollte. Allerdings sollte sich diese Argumentation schon unter der Han-Dynastie als nicht belastbar herausstellen. Ganz abgesehen davon, daß trotz der Bevorzugung von Söhnen |10, 14| auch andere Angehörige begünstigt werden konnten, bot die Adoption eine vielfach genutzte Möglichkeit, dauerhafte Vermögenswerte zu schaffen und die zusammengerafften Reichtümer zu vererben. Die Gesetzeslage – und die bissige Kritik konfuzianisch geprägter Beamter |2, 48| – standhaft ignorierend, schafften es manche Eunuchen sogar, mit vererbbaren Titeln ausgestattet zu werden.

Albumblatt von Li Song
(Sammlerobjekt; 13. Jahrhundert)

Es gibt auch Straßenhändler [...], die Kappen, Kämme, Halstücher, Haarschmuck und Kleidung sowie [verschiedene] Gebrauchsartikel verkaufen: darunter Geräte aus Bronze und Eisen, Kisten, Porzellan und ähnliche Dinge mehr. [1]

5. Kaufleute und Krämer

Der mit Tusche bemalte und leicht kolorierte Seidenfächer (Höhe 25,8 cm, Breite 27,6 cm) wurde zu einem späteren Zeitpunkt als Albumblatt montiert. Er ist von Li Song (verst. um 1230), einem der vielseitigsten Vertreter der Kaiserlichen Akademie in Hangzhou, signiert und in das Jahr 1210 datiert. Das Werk trägt überdies den Siegelabdruck des Salzkaufmanns und Kunstsammlers An Qi (1683–1744), durch den es in den Besitz des Kaisers Qianlong (reg. 1736–1795) gelangte; heute befindet sich das Objekt im Palastmuseum in Taibei.

Neben einer stillenden Amme, die von mehreren Kindern |4| umgeben ist, erkennt man einen vollbepackten Hausierer, von dem die Aufschrift behauptet, daß er nicht weniger als «fünfhundert Artikel» mit sich führe. Einiges davon läßt sich identifizieren: vor allem Nahrungsmittel, Haushaltswaren und allerlei Krimskrams. Allerdings weist ein Werbespruch darauf hin, daß der bärtige Mann auch «Erfahrung in der medizinischen Behandlung von Rindern, Pferden und Kindern» habe. |34|

Der Krämer, der seine Waren und Dienste an der Haustür feilbot, zählte sicherlich zu den am wenigsten angesehenen Personen innerhalb einer Schicht, die in der Literatur ohnehin meist dem unteren Rand des sozialen Spektrums zugerechnet wurde. Im Prinzip billigten die konfuzianisch geprägten Eliten nämlich selbst dem einfachen Bauern |7| oder Handwerker |6| einen höheren Status zu als dem zu Wohlstand gelangten Kaufmann. Zur Abschätzigkeit kamen oft genug Repressionen:

«Als die Gefilde unter dem Himmel befriedet waren, verbot der Gründer der Han-Dynastie [Gaozu, reg. 206–195 v. Chr.] den Händlern das Tragen von Seidengewändern und das Fahren in Karren; zudem erhöhte er die Steuern, um sie [am wirtschaftlichen Erfolg] zu hindern und zu demütigen.»[2]

Darüber hinaus verstand es der Hof auch auf anderem Wege – durch gelegentliche Konfiszierungen ebenso wie durch Staatsmonopole – die Ambitionen des verachteten Standes zu bremsen. Begründet wurden restriktive Maßnahmen meist mit der Unterstellung, die Kaufleute seien im Grunde nur Schmarotzer, die in erster Linie von der Arbeitskraft der anderen Stände profitierten. Die Produktivität der kaiserlichen Ratgeber stand hingegen nicht in Frage, sahen sich die Wahrer des Bildungsideals doch selbst als Spitzengruppe innerhalb einer viergliedrigen Hierarchie (Beamte, Bauern, Handwerker, Händler), die im Prinzip lediglich vom «Sohn des Himmels» und seinen Angehörigen überragt wurde.

In Wirklichkeit waren die Trennlinien zwischen den verschiedenen Bevölkerungsschichten jedoch nie so starr, wie dies die offiziellen Darstellungen suggerieren. Immer wieder gab es zwischen den Perioden einer strikten Verbotspolitik auch Phasen größerer sozialer Durchlässigkeit, in denen Kaufleute einflußreiche Positionen auf den verschiedenen Ebenen der Bürokratie erlangen konnten. Umgekehrt investierten die Beamten |2| keineswegs nur in die Bildung |14| ihrer männlichen Familienangehörigen, sondern auch in die unterschiedlichsten Geschäftsfelder; manche führten eigene Unternehmungen oder wurden gar als Geldverleiher tätig. Zudem legten die Vertreter beider Berufszweige ihr Kapital bevorzugt in Landbesitz an, der das Ansehen zumindest langfristig erhöhte. Abfällige, nicht selten von Neid geschürte Bemerkungen gehörten aber weiterhin zum Repertoire der Literaten. Selbst Yuan Zhen (779–831), einer der führenden Staatsmänner und Dichter seiner Zeit, war offenkundig nicht frei von Ressentiments, als er die folgenden Zeilen schrieb:

> *Ohne feste Adresse ist der Kaufmann*
> *dort zu Hause, wohin der Profit ihn lockt. [...]*
> *«Streb' nach Gewinn, nicht nach Ruhm, [...]*
> *dann brauchst du keine Rücksicht zu nehmen»,*
> *so raten der Vater und die älteren Brüder*
> *beim Abschiednehmen vom Elternhaus. [...]*
> *Stets proper und geschniegelt,*
> *trinkt er vom Besten, speist er vom Feinsten,*
> *während sich Gewinn und Vermögen vervielfachen*
> *und täglich neue Güter in seinen Besitz gelangen. [...]*
> *Hat sich in Chang'an – auf dem Ostmarkt wie dem Westmarkt –*
> *seine Ankunft herumgesprochen,*
> *begrüßt ihn der eine, beschwatzt ihn der andere:*
> *«Für jemanden, der über so viel Geld verfügt,*
> *ist es ein leichtes, sich der Mächtigen zu bedienen.»* [3]

Auch der in den beiden Schlußzeilen vermittelte Eindruck, daß die politischen Entscheidungsträger nahezu permanent den Nachstellungen skrupelloser Händler ausgesetzt waren, ist wohl bestenfalls das Zeugnis einer partiellen Wahrnehmung. Es gab nämlich auch Zeiten, in denen sich der durch Hungersnöte |21| und Kriege |3| gebeutelte Staat genötigt sah, auf private Finanziers zuzugehen. Aber nicht nur dann wurde auf Augenhöhe verhandelt. Häufig entstammten die Protagonisten vermeintlich unterschiedlicher Lebenswelten nämlich dem gleichen Milieu oder waren einander sogar durch Familienbande |10| verpflichtet. In letzter Konsequenz mündete dies in eine systematische Arbeitsteilung, bei der sich jeweils ein Zweig der Verwandtschaftsgruppe um die Verwaltung der Ländereien und die Geschäfte kümmerte, während andere Angehörige eine erfolgreiche Beamtenkarriere durchliefen, so daß die ökonomische Prosperität politisch abgesichert war.

Einen höheren Organisationsgrad – und damit verbunden wohl auch einen Zuwachs an Macht – erzielten die Kaufleute unter der Song-Dynastie, als viele Berufszweige ihre bis dahin eher losen Zusammenschlüsse umstrukturierten. Die daraus entstandenen Gilden verfügten über ein zunehmend dichteres Netz von Niederlassungen, die nicht nur als Unterkünfte für die Mitglieder, sondern auch als Einrichtungen für die Regelung des Zahlungsverkehrs |36| genutzt wurden. Zwar gaben sich diese Vereinigungen gerne den Anschein von Egalität, doch waren sie in Wirklichkeit oft dem Diktat einer kleinen Führungsclique unterworfen. So monierte der reformorientierte Staatsmann Wang Anshi 1072 in einer Throneingabe:

«Die Teegilde [von Kaifeng] wird von mehr als zehn Mitgliedern dominiert. Diese bewirten die Teehändler, die in die Hauptstadt anreisen, zwar zunächst festlich, fixieren dann aber die Preise auf einem so niedrigen Niveau, daß sich [der Verkauf] für jene kaum lohnt. Für sich selbst sichern sie sich [freilich dadurch] eine hohe Gewinnspanne, daß sie den [auf diese Weise preiswert erstandenen] Tee teuer an die einfachen Mitglieder weiterveräußern. [...] Ähnliche Praktiken gibt es vermutlich auch in allen anderen Gilden.»[4]

Die ausländischen Kaufleute, die sich in China niederließen, verfügten im allgemeinen über eigenständige Organisationsstrukturen. Am besten belegt ist dies für die Sogdier |52|, die während der Tang-Zeit den Warenaustausch mit Zentralasien |39| kontrollierten. Zwar waren ihre Produkte begehrt, doch blieben sie trotz zunehmender Sinisierung Außenseiter in einer Gesellschaft, in der Fremden |9| und Händlern gleichermaßen mißtraut wurde: vermutlich nicht nur von der höfischen Elite.

Silberkanne mit vergoldeter Pferdedarstellung
(Hejiacun, Shaanxi; 8. Jahrhundert)

Heute [an einem Tag im Oktober 824] habe ich [Kuriere] nach Huainan [Yangzhou] geschickt, um [Silber und Gold] zu erwerben. Unmittelbar nach ihrer Rückkehr [muß] mit der Arbeit [an den vom Kaiser in Auftrag gegebenen Stücken] begonnen werden. Selbst während der Nacht soll es keine [längeren] Pausen geben. Trotz aller Bemühungen, [intensiver] Planung und [höchster] Motivation bin ich äußerst besorgt, ob [die Fertigstellung rechtzeitig] gelingen wird. [1]

6. Zwischen Kreativität und Massenproduktion: die Handwerker

In einem südlichen Vorort von Xi'an wurde 1970 ein Hort mit über tausend Einzelobjekten, darunter 270 Gold- und Silberarbeiten, entdeckt und freigelegt. Die Ausgräber vermuteten zunächst, daß die Fundstelle zu einem Anwesen gehörte, das um die Mitte des 8. Jahrhunderts von einem Neffen des Kaisers |1| bewohnt wurde, der die Luxusgüter vergraben habe, als sich die Aufständischen um An Lushan im Jahre 755 daranmachten, die Hauptstadt |17| zu stürmen. Eine neuere Hypothese geht hingegen davon aus, daß ein hoher Beamter |2| die Wertgegenstände erst 783 in Sicherheit brachte, als erneut Unruhen die Metropole bedrohten.

Die einen Lederbeutel nachbildende Kanne (Höhe 14,8 cm) zeigt auf beiden Seiten ein sitzendes Pferd, das eine Schale zwischen den Zähnen hält: ein Motiv, das wahrscheinlich auf einen unter der Regentschaft von Kaiser Xuanzong (reg. 712–756) regelmäßig am Hofe aufgeführten Dressurakt |57| anspielt, bei dem die Tiere ein Gefäß mit dem Maul aufnahmen. Die Art der feuervergoldeten Treibarbeit läßt aber unter Umständen eine noch frühere Datierung zu.

Zwar waren einzelne Techniken – darunter Punzieren, Ziselieren, Reaktionslöten – spätestens seit der Han-Zeit bekannt, doch erfuhr die Goldschmiedekunst erst unter den Tang ihre volle Blüte. Stimuliert durch Einflüsse, die aus dem Westen über die Seidenstraße |33, 38, 39| nach China gelangten, wurde damals ein ästhetischer und handwerklicher Standard gesetzt, der letztlich auch unter den darauffolgenden Dynastien nicht mehr erreicht wurde.

Grundsätzlich muß dabei unterschieden werden zwischen der stark arbeitsteiligen Produktion in den Hofmanufakturen und der Tätigkeit in kleineren Privatbetrieben. In den Palastwerkstätten dauerte die Ausbildung in den «Filigran- und Ziselierarbeiten» insgesamt vier Jahre und damit länger als in jedem anderen Handwerk; Musikinstrumentenbauer benötigten beispielsweise nur drei Jahre, Waffenschmiede zwei Jahre und Hutmacher sogar nur neun Monate. Alle Lehrlinge mußten sich überdies in vierteljährlichem Abstand einer Prüfung unterziehen.

Die bürokratische Struktur der Hofmanufakturen läßt sich am besten durch Aufschriften rekonstruieren, die sich auf den dort hergestellten Objekten finden. So wird etwa auf der Bodenunterseite einer relativ schlichten Silberkanne, die im Jahre 872 angefertigt wurde, nicht nur der verantwortliche Handwerker erwähnt, sondern auch noch der Kontrolleur, der Werkstattverwalter und der zuständige Direktor. Immerhin wurden auf diese Weise – ähnlich wie bei manchen Lack-, Tusche- und Keramikproduzenten |39, 43| – die Hersteller beim Namen genannt, während bei den meisten anderen Metiers die Anonymität überwog.

Unter den Goldschmieden war es hingegen in manchen Epochen sogar in privat betriebenen Werkstätten üblich, die einzelnen Artikel zu «signieren». Das geschah zwar durchaus auch zur Hervorhebung individueller Kunstfertigkeit und zu Werbezwecken, entscheidender war jedoch meist der dadurch erbrachte Nachweis einer Qualitätskontrolle. Zogen unzufriedene Kunden nämlich später vor Gericht, konnten die Namensnennungen als Beweismittel eingesetzt werden, wenn es galt, Regreßforderungen und strafrechtliche Konsequenzen |30| zu klären.

Durch die an der Ware oder auf einem dazugehörigen Täfelchen vermerkten Angaben lassen sich in einigen Fällen regelrechte Dynastien ausmachen, in denen das Wissen innerhalb der Familie |10| weitergegeben wurde: zuweilen über mehr als zehn Generationen hinweg. Produktion und Verkauf lagen bei diesen Betrieben vielfach in einer Hand, und Städtebeschreibungen der Song-Zeit zeigen, daß die Läden oft in belebten Geschäftsstraßen lagen. Dort ergaben sich häufig weitere Einkommensquellen: darunter der Handel mit Gold- und Silberbarren, das Einschmelzen von Edelmetallen, die Begutachtung der Materialien, das Wechseln von Zertifikaten und die Gewährung von Krediten.

Zwar gab es schon lange zuvor Vereinigungen, die die Zuständigkeiten in den verschiedenen Berufsfeldern regelten, doch entstanden Zünfte, die, oft in enger Abstimmung mit dem Staat, auf eine umfassende Organisation der Handwerker abzielten, wohl erst zur Song-Zeit. Ohne das gesamte Spektrum auszuschöpfen, zählt eine auf das 13. Jahrhundert zurückgehende Beschreibung der Hauptstadt Hangzhou neben den «Gold- und Silberschmieden, die sich mit Einlegearbeiten befassen»,[2] noch folgende Korporationen auf: Jadeschleifer, Kammacher, Gürtler, Papieraufzieher, Leimsieder, Ölmüller, Zimmerer, Ziegelbrenner, Maurer, Steinmetze, Bambusbearbeiter, Lackaufträger, Scharniermacher, Küfer und Schneider.

Diese Zünfte wirkten nach innen wie nach außen. Sie bestimmten Arbeitszeit und Löhne, aber auch Absatzzahlen und Preise. Trotz der massiven Einschränkungen, die die Verbandsspitzen regelmäßig den Mitgliedern auferlegten, bildeten die Berufsvertretungen eine weitgehend autonome soziale Instanz, die sich keineswegs zuletzt um Rechtsschutz, Altersversorgung, Krankenbetreuung und Kreditgewährung kümmerte.

Alleine schon deshalb, weil die Bandbreite von der Einzelanfertigung im Nebenerwerb bis zur Massenproduktion reichen konnte, blieben die Binnenstrukturen in vielen Handwerkszweigen dennoch relativ heterogen. Auch war die Abgrenzung zu den Gilden, in denen die Kaufleute |5| zusammengeschlossen waren, im allgemeinen wohl nicht so strikt, wie dies in manchen Darstellungen vermittelt wird. Zudem konnte derselbe Begriff nicht nur für die Dachorganisation einer Branche verwendet werden, sondern auch für einzelne Werkstätten, lokale Vereinigungen und die Gesamtheit der steuerzahlenden Betriebe.

Daß es in China eine weit zurückreichende Tradition bei der arbeitsteiligen Fertigung größerer Stückzahlen gibt, zeigt sich unter anderem bei der antiken Waffen-, Lack- und Textilproduktion. Vielleicht am eindrucksvollsten ist in diesem Zusammenhang jedoch die aus mehr als 7000 überlebensgroßen Figuren bestehende Tonarmee |3| des Qin Shihuangdi. Durch Inschriften lassen sich nämlich zum einen die Namen zahlreicher Handwerker und Werkstätten identifizieren. Zum anderen ist es aber auch möglich, die Beteiligung an den verschiedenen Arbeitsgängen zu rekonstruieren: von der Formung einzelner Körperteile bis zur abschließenden Bemalung.

Bauer: figürliche Darstellung aus unbemalter Keramik
(Xinjin, Sichuan; 2. Jahrhundert)

So werden die wohlhabenden [Landbesitzer], die einen Überschuß erwirtschaften, immer reicher, die mittellosen [Bauern] hingegen, die nicht über beständige Ressourcen verfügen, immer ärmer. […] Ihnen fehlt es an Kleidung und Nahrung […], und jede Mißernte zwingt sie dazu, […] ihre Frauen und Kinder zu verkaufen. [1]

庚午

7. Gutsherren, Bauern und Pächter

Der Brauch, Tonfiguren im Grab zu deponieren, die das Leben auf dem Lande veranschaulichen, ist besonders reichhaltig aus der Späteren Han-Zeit überliefert. Im allgemeinen gehörten diese Plastiken zur Beigabenausstattung von Großgrundbesitzern, und die visuelle Umsetzung des rustikal anmutenden Idylls sollte aufzeigen, daß das Dasein der Verstorbenen einst in Einklang mit den konfuzianisch geprägten Normen |48| von Nützlichkeit und Schlichtheit stand. Trotz aller Detailfreude hatte diese Inszenierung oft aber nur wenig mit der Realität zu tun; denn in kaum einer Epoche ging es den dargestellten Knechten und Pächtern so schlecht wie im 1. und 2. Jahrhundert.

Vermutlich stellt die mit Hilfe von Modeln hergestellte Keramik (Höhe 83 cm), die aus einem beraubten Felskammergrab stammt, das 1957 westlich der Provinzhauptstadt Chengdu freigelegt wurde, den Gefolgsmann eines Gutsherrn dar. Diese Annahme wird nicht zuletzt dadurch gestützt, daß der barfüßige Mann über zwei maßgebliche Attribute – einerseits einen in der Rechten gehaltenen Spaten, andererseits ein am Gürtel befestigtes Schwert mit Ringknauf – verfügt. Entsprechend konzentrierte sich die Arbeit unter einem Großgrundbesitzer, der sich in krisengeschüttelten Zeiten dem Einfluß der Zentralmacht fast beliebig entziehen konnte, auf zwei Aufgaben: die Erledigung der in einem landwirtschaftlichen Betrieb anfallenden Tätigkeiten ebenso wie den Dienst an der Waffe, der sich gegebenenfalls nicht nur gegen die Staatsgewalt oder marodierende Banden richtete, sondern auch gegen die ansässige Bevölkerung oder mißliebige Konkurrenz.

Dabei waren die durch den Ablauf des Agrarjahrs vorgegebenen Pflichten vielfältig genug. Aufschluß darüber gewähren Ratgeber und Bauernkalender aus der Han-Zeit, darunter das auf die Mitte des 2. Jahrhunderts zurückgehende *Simin yueling*, das kategorisch bemerkt: «Um den rechten Zeitpunkt nicht zu versäumen, ist es zwingend geboten, dem Rhythmus der Jahreszeiten zu folgen.»[2] Diese Direktive bezog sich nicht nur auf Bodenbearbeitung und Tierhaltung, sondern auch auf die Einlagerung und Konservierung von Lebensmitteln (unter anderem durch Dörren, Einlegen,

Räuchern und Pökeln), die Produktion alkoholischer Getränke (Bier aus Getreide und Wein aus Obst), die Anfertigung von Kleidung und Gebrauchsgegenständen (darunter die den Frauen obliegende Seidenverarbeitung), die Herstellung von Arzneien (einschließlich der Gewinnung von Moxa aus Beifuß, *Artemisia vulgaris*), die Versorgung mit Brennmaterialien (rechtzeitig vor Beginn der Regenzeit), den Handel mit diversen Artikeln (Erwerb von Saatgut, Verkauf von Textilien), die Pflichten innerhalb des Gemeinwesens (Verteilung von Nahrungsmitteln an Bedürftige) und die Beteiligung an den vorgeschriebenen Opferhandlungen (namentlich während des Neujahrsfestes und zur Wintersonnenwende). |24, 25, 31, 56|

Natürlich wissen wir nicht, ob sich viele Bauern an die Vorgaben des *Simin yueling* hielten. Wenn überhaupt, dann war dies wohl nur in einem großen Gutshof mit zahlreichem Gesinde möglich. Das gilt auch für die Vielfalt der darin erwähnten Kulturpflanzen.

Rispenhirse	*Panicum miliaceum*	Wasserpfeffer	*Polygonum hydropiper*
Kolbenhirse	*Setaria italica*	Sesamblatt	*Perilla frutescens*
Sorghum	*Sorghum vulgare*	Luzerne	*Medicago sativa*
Gerste	*Hordeum vulgare*	Ingwer	*Zingiber officinale*
Reis	*Oryza sativa*	Senf	*Brassica juncea*
Gartenbohne	*Phaseolus vulgaris*	Taro	*Colocasia esculenta*
Adzukibohne	*Vigna angularis*	Quirlmalve	*Malva verticillata*
Puffbohne	*Vicia faba*	Spitzklette	*Xanthium strumarium*
Sojabohne	*Glycine max*	Aprikose	*Prunus armeniaca*
Zuckermelone	*Cucumis melo*	Pfirsich	*Prunus persica*
Flaschenkürbis	*Lagenaria siceraria*	Chin. Pflaume	*Prunus salicina*
Hanf	*Cannabis sativa*	Jujube	*Ziziphus jujuba*
Sesam	*Sesamum indicum*	Bitterorange	*Poncirus trifoliata*
Rübse	*Brassica rapa*	Lacksumach	*Rhus verniciflua*
Winterzwiebel	*Allium fistulosum*	Maulbeerbaum	*Morus alba*
Porree	*Allium porrum*	Tungbaum	*Aleurites fordii*
Knoblauch	*Allium sativum*		

Im Simin yueling *(um 160) erwähnte Kulturpflanzen (Auswahl)*

Aus dem Bereich der Viehhaltung werden im übrigen nur Schwein, Rind, Pferd, Hund, Schaf und Huhn aufgeführt. Andere Tiere – wie Ziege, Gans und Ente – bleiben hingegen trotz vieler Belege in Gräbern und Schriftzeugnissen unerwähnt.

Der Bevölkerungsmehrheit dürfte diese Produktpalette dennoch «paradiesisch» angemutet haben. Gegen Ende der Späteren Han-Zeit hatte sich die Schere zwischen Arm und Reich nämlich geradezu dramatisch geöffnet, und während das Vermögen der grundbesitzenden Oberschicht enorme Steigerungsraten aufwies, lebten die Kleinbauern, die überdies die Hauptlast der Steuern trugen, am Rande des Existenzminimums. Dies zwang sie bei Mißernten zur Aufnahme von Krediten, die ihnen die Gutsbesitzer, die zusammen mit den Beamten |2| und den Kaufleuten |5| eine Allianz der Wohlhabenden bildeten, bereitwillig gewährten: nur um sich – im Falle einer meist vorhersehbaren Zahlungsunfähigkeit – das Land der Schuldner rasch einzuverleiben.

Im Verlauf der chinesischen Geschichte wiederholen sich diese Konzentrationsprozesse in stetigem Rhythmus, und so überrascht es nicht, daß es immer wieder zu Unruhen kam. Die offizielle Geschichtsschreibung verzeichnete im 2. Jahrhundert durchschnittlich alle vier Jahre einen Bauernaufstand, in Wirklichkeit dürften die Abstände aber noch deutlich geringer gewesen sein. An gutgemeinten Ratschlägen zur Bekämpfung ländlicher Armut fehlte es nicht, doch war der Staat meist zu schwach – oder nicht willens –, dauerhafte Reformen durchzusetzen. Daran hatte sich bis zur Mitte des 11. Jahrhunderts nichts geändert, als Su Xun immer noch konstatieren mußte:

«Die wohlhabenden Familien verfügen über riesigen Landbesitz. [...] Die Armen, die die Arbeit auf den Feldern verrichten, leiden an Hunger, während die Reichen es sich mit vollem Magen bequem machen, in Vergnügungen schwelgen und über die Steuern klagen.»[3]

Vergoldeter Bronzeleuchter in Gestalt einer Dienerin
(Mancheng, Hebei; 2. Jahrhundert v. Chr.)

In den Privatgemächern verrichteten Staatssklavinnen, die [den Palastbereich] nicht verlassen durften, ihren Dienst als Zofen und Dienerinnen; sie wurden hierfür in einem Alter von mindestens acht Jahren ausgewählt und von Aufsehern überwacht. [1]

辛未

8. Diener und Sklaven

Wenige Wochen nach der Entdeckung des Grabs, in dem der 113 v. Chr. verstorbene Liu Sheng, ein Bruder von Kaiser Wu, beigesetzt worden war, stieß man 1968 in demselben Hügel auf einen weiteren Felsenkammerkomplex von riesigen Ausmaßen (Länge 40 m, Breite der Seitenflügel zusammen 64 m, Höhe bis zu 7,9 m). Darin war, wie der Fund eines Siegels belegt, seine wenige Jahre später verschiedene Gattin Dou Wan bestattet, deren eigene Genealogie ebenfalls mit der kaiserlichen Linie |1| verknüpft war; ihren hohen Status veranschaulicht nicht zuletzt das Totengewand |16|, das aus 2160 Jadeplättchen bestand.

Unter den zahllosen hochwertigen Beigaben zählt der vergoldete Bronzeleuchter (Höhe 48 cm) sicherlich zu den exquisitesten Stücken. Er hat die Form einer knienden Dienerin, welche das Lampengehäuse mit ihrer linken Hand stützt, während der rechte Ärmel als Rauchabzug dient. Neun Aufschriften mit insgesamt 65 Zeichen enthalten unter anderem Gewichtsangaben, Palastbezeichnungen, Personennamen und Titel sowie eine Jahreszahl. Daraus läßt sich schließen, daß das Objekt 150 v. Chr. in den Besitz einer Schwester des Kaisers Jing gelangt war, die es zu einem späteren Zeitpunkt an Dou Wan, die Gemahlin ihres Halbbruders Liu Sheng, weitergeschenkt haben muß.

Trotz vielerlei Einschränkungen zählte der Dienst in den Palästen sicherlich zu den angenehmeren Aufgaben, die den im Staatsbesitz befindlichen Sklaven übertragen wurden. Darüber hinaus wurden sie in den zum Hof gehörenden Gestüten |57| und Parks |26| sowie in verschiedenen Behörden eingesetzt. Glaubt man einer Eingabe aus dem 1. Jahrhundert v. Chr., dann betrug ihre Gesamtzahl nur «mehr als einhunderttausend Personen»[2]; ein bedeutsamer demographischer und ökonomischer Faktor war dies nicht.

Frauen wirkten vornehmlich als Zofen, Ammen, Musikerinnen |54| und Tänzerinnen |55|, Männer unter anderem als Pferdepfleger |57| und Wildhüter, Domestiken und Knechte, Spaßmacher |56| und Artisten, Amtsboten und Gerichtsdiener. Mit großer Anstrengung waren diese Tätigkeiten nicht zwingend verbunden, und es muß keine Unterstellung sein, wenn manchen Sklaven in der Literatur Arroganz und Müßiggang vorgeworfen wurden. Für die Plackerei in den staatlichen Bergwerken und Manufakturen wurden hingegen in erster Linie Sträflinge eingesetzt; der Bau von Straßen |33| und Kanälen |34| war Bestandteil des Arbeitsdienstes, dem – im Prinzip – die gesamte männliche Bevölkerung unterlag.

Weniger gut gestellt waren oftmals jene Sklaven, die zum Privateigentum von hohen Beamten, Gutsbesitzern |7| und Kaufleuten |5| zählten. Zwar hatte auch in diesem Fall das Haus- und Unterhaltungspersonal einen hohen Anteil an der Gesamtzahl, doch mußten größere Kontingente auch in den Minen und Produktionsbetrieben schuften oder in den Milizen ihrer Besitzer kämpfen.

Der Weg in die Sklaverei konnte auf unterschiedliche Weise erfolgen. Eine Möglichkeit war die Verurteilung durch ein Gericht. |30| Im Falle schwerer Verbrechen wurden nämlich nicht nur die Täter bestraft, sondern auch alle Personen in ihrem Umfeld. Die Hinrichtung der Delinquenten ging einher mit der Entrechtung ihrer Angehörigen, die unmittelbar in das Eigentum des Staates übergingen. Selbst Vertreter der Oberschicht waren keineswegs gefeit vor dem sozialen Absturz. Daneben zählten Sklaven regelmäßig zu den Gaben, die Tributgesandtschaften |37| dem Kaiser |1| darbrachten, und zu den Waren |38|, die aus den Grenzregionen und fremden Ländern in die Zentren des Reichs gelangten: darunter auch dunkelhäutige Männer und Frauen, die als besondere Attraktion galten. |9| Kriegsgefangene waren hingegen in der Minderzahl. In Krisenzeiten, insbesondere während langanhaltender Hungersnöte |21|, kam es überdies vor, daß in Not geratene Menschen ihre ganze Familie verkauften.

Die Tatsache, daß Sklaven – und im Fall der Beibehaltung des Status auch ihre Nachfahren – als veräußerbares Eigentum betrachtet wurden, bedeutet allerdings nicht, daß die Gebieter völlig freie Hand beim Umgang mit ihnen hatten. Im Falle einer Schikanierung mit tödlichem Ausgang wirkte sich die niedrige Stellung des Opfers zwar meist strafmindernd aus, doch war ein vollständiger Erlaß im allgemeinen ausgeschlossen. |30|

Normen, die die Freilassung regelten, lassen sich heute kaum mehr erschließen, und nur einmal, im Jahre 110, verfügte dies ein kaiserliches Edikt während der Han-Dynastie für «alle männlichen und weiblichen Staatssklaven».[3] Zwar wird in den Quellen überdies die Möglichkeit des Freikaufs erwähnt, doch sind die dabei genannten Summen so hoch, daß sie gemeinhin keine realistische Chance eröffneten. Eher einer Entsorgung kam es wiederum gleich, wenn die Betroffenen aufgrund von Krankheit oder Altersschwäche in eine völlig ungesicherte Zukunft entlassen wurden.

Aber nicht jeder Herr war Sadist, und bisweilen war es wohl einfach die aus dem langen Zusammenleben erwachsene persönliche Verbundenheit, die den Weg in die Freiheit ebnete. In Einzelfällen schloß sich daran eine rasante Karriere an, und die Historiographen berichten gar nicht so selten von ehemaligen Sklaven, die die Berufung in höchste Staatsämter erreichten. Bei Frauen mußten sich, wie es scheint, zur Klugheit noch Schönheit und Charme gesellen, sollte der soziale Aufstieg gelingen. Bei entsprechendem Wohlwollen des Besitzers erfolgte dann meist eine Einreihung in den Kreis der Konkubinen |10, 11|. In seltenen Fällen konnte sogar noch ein höherer Status erlangt werden. Allerdings ist die Anzahl der Biographien, in denen der Kaiser eine ehemalige Sklavin zur Gemahlin nimmt, äußerst limitiert.

Galt es als durchaus üblich, daß Frauen sich den sexuellen Begierden ihrer Gebieter zu unterwerfen hatten, waren Verbindungen zwischen hochgestellten Damen und männlichen Untergebenen verpönt. Unter der Tang-Dynastie wurden sie – ebenso wie homosexuelle Beziehungen |13| – sogar drakonisch bestraft:

«Alle sexuellen Beziehungen, die männliche Sklaven mit Freien eingehen, sind mit zweieinhalb Jahren Zwangsarbeit zu ahnden. [...] Kommt es gar zu Geschlechtsverkehr mit dem Eigner, dessen näheren Verwandten oder den dazugehörigen Frauen, lautet das Urteil auf Strangulation, [...] im Falle von Gewaltanwendung auf Enthauptung.»[4]

Goldmaske mit eingelegten Rubinen
(Boma, Xinjiang; 6. Jahrhundert)

Sprachlich können sich die Barbaren nicht mit uns verständigen, und auch der formalisierte Gabentausch funktioniert nicht. Ihre Normen und Bräuche sind äußerst seltsam, die körperlichen Unterschiede höchst eigentümlich. [1]

壬申

9. Die Wahrnehmung von Fremden

Boma (Bezirk Yili, Kreis Zhaosu) liegt im Tianshan-Gebirge im äußersten Nordwesten Chinas. Nur wenige Kilometer von der Grenze nach Kasachstan entfernt wurde 1976 ein Hügelgrab freigelegt, das mehr als siebzig Beigaben enthielt: darunter Waffen, Textilien und Glas sowie mehrere Objekte aus Gold und Silber. Unmittelbar darauf wurde die Stätte jedoch geplündert, so daß sich der Fundzusammenhang heute nicht mehr exakt rekonstruieren läßt. Zu den herausragenden Stücken zählt eine kleine Goldmaske (Höhe 17 cm, Breite 16,5 cm), die an den Stellen, an denen Augen, Brauen und Bart wiedergegeben sind, mit Rubinen eingelegt war. Die Gesichtszüge charakterisieren einen Typus, der deutlich vom chinesischen Männerbild |12| abweicht.

Überzeugende Vergleichsobjekte gibt es hierfür bislang nicht. Auch im Hinblick auf die anderen Funde sind die Indizien eher rar, so daß sich für die chronologische Anbindung ein relativ großer Spielraum ergibt. Derzeit überwiegen Argumente, die für eine Datierung in die erste Hälfte des 6. Jahrhunderts sprechen. Allerdings kämpfen einige Lokalgrößen vehement für einen deutlich späteren Zeitansatz. Wissenschaftlich ist deren Vermengung von ethnischen und prähistorischen Indizien nicht unbedingt überzeugend, politisch haben ihre Schlußfolgerungen jedoch Gewicht. Schließlich gibt es in der von türkischsprachigen Gruppen – darunter Uiguren und Kasachen – dominierten Region Xinjiang nicht wenige Entscheidungsträger, die sich von der Entdeckung eines «türkischen Herrschergrabs» eine Bestätigung ihres durch Fakten wenig belasteten Geschichtsbilds versprechen. Damit stehen sie freilich nicht allein; denn auch die Machthaber in Beijing verspüren immer wieder die Neigung, archäologische Daten für ideologische Zwecke zu instrumentalisieren. Identitätsstiftung ist eben ein wichtiges Anliegen im Vielvölkerstaat China.

Lange Zeit vermittelten auch ernstzunehmende Darstellungen der frühen Geschichte den Eindruck, ein wohlgelaunter – oder auch nur zerstreuter – Heilbringer hätte einst in grauer Vorzeit die grundlegenden Wesenszüge der Kultur nach Zentralchina gebracht. Und von dort aus hätte dann der dadurch markierte zivilisatorische Fortschritt um sich gegriffen: einem riesigen, in alle Richtungen auseinanderlaufenden Tuscheklecks gleich, welcher den bislang unberührten Untergrund allmählich lückenlos einfärbte.

Dabei unterstellte man – im Einklang mit einer vorwiegend auf die Unterstreichung der Homogenität bedachten Historiographie – die Existenz einer ethnischen und kulturellen Einheit, die auf eine Geschichte zurückblickte, welche fast bruchlos an das «mythische» Geschehen anknüpfen konnte. In Wirklichkeit gilt dieses Kontinuitätspostulat jedoch nicht einmal für die Han, welche heute die Bevölkerungsmehrheit stellen. Vielmehr profitierten auch sie von den vielfältigen materiellen und geistigen Impulsen aus der Begegnung mit fremden Traditionen innerhalb wie außerhalb eines Staates, in dem die um ihre kulturelle Eigenständigkeit kämpfenden Minderheiten freilich immer mehr an die Peripherie gedrängt wurden.

Im Laufe der Geschichte wurden die unterschiedlichsten Klassifizierungsschemata für die am Rande oder außerhalb der chinesischen Zivilisationssphäre lebenden Völker entworfen. So bezogen sich die Gelehrten der Antike in erster Linie auf verschiedene Zonen- oder Sektorenschemata, die die chinesischen Stammlande von verschiedenen «Barbarengruppen» umgeben sahen. Konzentrisch gestaffelt, unterschied man überdies schon damals zwischen *shengfan* («rohen», d.h. unzivilisierten Barbaren) und *shoufan* («gekochten», d.h. akkulturierten Barbaren), wobei die räumliche Nähe zumindest modellhaft mit dem Grad der Sinisierung korrespondierte. Später kamen als dritte Kategorie noch die *guihua shengfan* (die semisinisierten Barbaren) hinzu, so daß das Konzept – gänzlich unchinesisch – ein wenig an die Zubereitung eines Steaks erinnert: *raw – medium – well done*.

Konkrete Vorgaben für Handlungsstrategien boten die spekulativen Weltbilder indes kaum. So deutet schon die «Große Mauer» |18|, die allerdings erst im 16. Jahrhundert ihren heutigen Charakter eines fast lückenlosen massiven Bauwerks erhielt, ein eher defensives Verhältnis zu den Steppenvölkern des Nordens an: kein Wunder, wenn man bedenkt, daß einige dieser Gruppen nicht nur das Land bedrohten, sondern zeitweise gar über das gesamte «Reich der Mitte» geboten. Den Süden betrachtete man hingegen als nahezu «natürliches» Expansionsgebiet, dessen Bewohner man getrost in unwirtlichere Regionen abdrängen konnte.

Eine der Strategien gegenüber den an der Peripherie siedelnden Völkern war die Einsetzung oder Bestätigung einheimischer Führungskräfte. Verpflichteten sich diese zu Tributleistungen, belohnte man sie mit der Verleihung chinesischer Titel und Ränge und gliederte sie zumindest nominell in die Hierarchie des Reiches ein. |37| Innerhalb ihres Territoriums ließ man ihnen freie Hand, solange sie die Oberherrschaft des Kaisers anerkannten.

Dadurch wurden militärische und kulturelle Pufferzonen geschaffen, die die Han vor möglichen Einfällen noch entlegener lebender Völker schützen sollten. Gleichzeitig gelang es häufig, jene «Barbarengruppen» durch eine Art Kettenreaktion in den Bann chinesischer Zivilisation zu ziehen, ohne daß die Regierung einen Finger krümmen mußte. Man ging also in der Regel eher pragmatisch vor und machte gegebenenfalls auch Zugeständnisse, die manches mit der heute praktizierten Autonomiegewährung gemein haben. Insbesondere in Phasen militärischer oder politischer Bedrängnis wurde auch Großzügigkeit als strategisches Mittel eingesetzt:

«Gebt ihnen Roben und Karossen, um ihre Augen zu verleiten, Leckerbissen und Delikatessen, um ihre Münder zu verführen, Musik und Frauen, um ihre Ohren zu betören.»[2]

Immerhin war die traditionelle Haltung gegenüber den Fremden diesseits und jenseits der Grenzen weit weniger von rassistischen Vorurteilen geprägt als im Westen; denn im Prinzip hatte – allen Diskriminierungen zum Trotz – fast jeder die Möglichkeit, durch die Anpassung an kulturell definierte Normen zum Han zu werden. Diese Grundeinstellung änderte sich erst im ausgehenden 19. und frühen 20. Jahrhundert, als unter westlichem Einfluß vermehrt Versuche unternommen wurden, die Bevölkerung Chinas in verschiedene «Rassen» zu gliedern.

Lebenswege

癸甲乙丙丁戊己
酉戌亥子丑寅卯

Mann, Frau und Kinder auf einer Wandmalerei in Höhle 45 von Mogao (Dunhuang, Gansu; 8. Jahrhundert)

[Richtige] Verhaltensweisen und Erziehung[sgrundsätze] gehen von der gebildeten Elite auf die Unterschicht über und werden [...] als Vermächtnis an nachfolgende Generationen weitergegeben. Ist also der Vater nicht wohlmeinend, wird ihm der Sohn nicht den nötigen Respekt erweisen; ist der ältere Bruder nicht umgänglich, wird der jüngere nicht zu ihm aufschauen; ist der Mann nicht gerecht, wird ihm seine Frau nicht den erwarteten Gehorsam zeigen. [...] Wie der Staat wird die Familie durch den [angemessenen] Umgang mit Milde und Strenge bestimmt. [1]

癸酉

10. Die Familie als Spiegel der kosmischen Ordnung

Die Darstellung an der Südwand der Höhle zeigt eine Frau mit einem Mädchen und einen Mann mit einem Knaben. Die dazugehörigen Inschriften haben den jeweiligen Kinderwunsch zum Thema. Daß bei der «Familienplanung» zumindest eine Tochter berücksichtigt wird, ist sicherlich auf den buddhistischen Kontext |49| des Bildnisses zurückzuführen. Die Kleidung |25| der Personen ist neben anderen ikonographischen Überlegungen ein wesentlicher Anhaltspunkt für die Datierung des Werks.

Auch wenn die Malerei eine Zukunftsvision illustriert, drückt die Wiedergabe einer Kernfamilie keineswegs besonders bescheidene Erwartungen aus; denn bei der Bevölkerungsmehrheit dürfte ein Haushalt, der lediglich aus den Eltern und ihren unverheirateten Kindern bestand, durchaus dem Standard entsprochen haben, wobei freilich einzelne Erweiterungen in vertikaler oder horizontaler Richtung (Großeltern oder Enkel, Geschwister oder angeheiratete Verwandte) möglich waren. Üblicherweise lebten wohl nicht mehr als sechs oder sieben Personen unter einem Dach.

Ganz anders war die Situation hingegen bei der Oberschicht, in der die mehrere Generationen umfassende Großfamilie die Norm bildete. Zwar hatte jeder Mann nur eine Gemahlin, doch verfügte er darüber hinaus, so er sich dies leisten konnte, über die Möglichkeit, eine beliebige Anzahl von Konkubinen zu nehmen. Einem standesbewußten Herrn blieb gar keine andere Wahl, wollte er nicht sein Ansehen gefährden.

Bei Hofe bildeten die Nebenfrauen eine eigene Hierarchie, die sich – einschließlich der Aufstiegsmöglichkeiten – an den Rängen der Beamten |2| ausrichtete. Ihnen übergeordnet war die Gattin des Kaisers |4|, ihnen nachgeordnet eine Unzahl von weiblichen Bediensteten, die vermutlich von der Verpflichtung nicht ausgenommen waren, gegebenenfalls das Bett mit dem Herrscher zu teilen. Die statistische Wahrscheinlichkeit, auf diese Weise zu regelmäßigen «Huldbezeugungen» zu gelangen, war indes nicht besonders groß. Dafür sorgten schon die enormen Rivalitäten der etablierten, meist aus besseren Kreisen stammenden Konkubinen, die danach trachteten, durch die Geburt eines Sohnes |14| in der Gunst zu steigen. Da es ansonsten keine rechtliche Absicherung gab, war das eine der wenigen

Möglichkeiten, den sozialen und ökonomischen Status zu festigen und den Einfluß der Herkunftsfamilie zu stärken.

Schon um ihre eigene Position nicht zu gefährden, führte daher die Gemahlin im allgemeinen ein striktes Reglement, welches der Hackordnung entsprechend weitergegeben wurde. Neben ihrem Mann, zu dem der Kontakt jedoch eher sporadisch – und dadurch unter Umständen entkrampfter – war, hatte die Ehefrau vor allem eine Person zu respektieren: die Schwiegermutter, die auch in weniger exponierten Familien ausgesprochen autoritär agieren konnte und der gegenüber «absoluter Gehorsam»² geboten war. Im Alltag weniger wichtig war die Beziehung zum Schwiegervater, es sei denn, er stellte der jungen Frau nach, was diese unter Umständen in eine ausweglose Situation brachte. Von ihrem Gemahl hatte sie dann nämlich nur bedingt Unterstützung zu erwarten. Auch wenn die Darstellung in einem Normenkompendium des 2. Jahrhunderts eher ein konfuzianisches Ideal |48| denn die Realität beschreibt, vermittelt sie zumindest im Ansatz einen Eindruck von der Machtkonstellation innerhalb der Großfamilie:

«Wenn der Sohn mit seiner Frau glücklich ist, seine Eltern aber keinen Gefallen an ihr finden, dann verstößt er sie. [Im umgekehrten Fall] führt er hingegen die Ehe ohne Nachlässigkeit bis zum Tode weiter.»³

Nach außen hin trat stets der Mann als Oberhaupt der Familie auf. Er hatte sich um alle rechtlichen Angelegenheiten zu kümmern und wurde gegebenenfalls vom Staat zur Rechenschaft gezogen. |30| Innerhalb der Familie sorgte er, zuweilen mit Gewalt, für die Aufrechterhaltung dessen, was er unter Disziplin verstand; allerdings sollte bei internen Konflikten die Stellung der Frau |111| nicht unterschätzt werden, vor allem wenn sie bereits mehrere Söhne zur Welt gebracht hatte. Der Status der Kinder war im übrigen keineswegs gleich. Das verdeutlicht schon die chinesische Verwandtschaftsterminologie, die zwischen älterem und jüngerem Bruder ebenso klar unterscheidet wie zwischen älterer und jüngerer Schwester. Gemeinschaftliches Eigentum wurde zum größeren Teil an die Söhne vererbt. Töchter wurden zwar durchaus berücksichtigt, doch erhielten sie ihren Anteil an den Ressourcen primär in Form der Mitgift. Der enorme Aufwand hierfür sowie die Erbteilung sorgten in China immer wieder dafür, daß größere Vermögen bereits nach wenigen Generationen abgeschmolzen waren.

Adoption war vor allem dann üblich, wenn kein direkter männlicher Nachfahre vorhanden war, der den Ahnenkult später fortsetzen konnte. Der auf diese Weise rekrutierte Nachwuchs gehörte bevorzugt der über die engere Lebensgemeinschaft hinausreichenden Abstammungsgruppe *(zong, zu)* an, die für die Durchführung bestimmter Riten von Bedeutung war und sich in väterlicher Linie auf einen gemeinsamen Vorfahren berief: sei es in nachvollziehbarer Deszendenz, sei es in fiktiver Anbindung. Die weit verästelte Kultgemeinschaft – und mit ihr die Konstruktion ausführlicher Genealogien – gelangte aber erst in der Song-Zeit zu voller Entfaltung, als in geradezu detailversessener Manier Zeremonialkalender und Ritualabläufe für sie entwickelt wurden. Geregelte Abläufe sollten einerseits sicherlich den Zusammenhalt fördern, andererseits aber wohl auch eine Weltsicht zum Ausdruck bringen, in der die nach Geschlecht, Generation und Alter gegliederte Verwandtschaftsgruppe als Umsetzung einer übergreifenden kosmischen Ordnung begriffen wird.

Darüber hinaus konnte diese Einheit unter bestimmten Umständen die Grundlage für ein Beziehungsgeflecht bilden, das die Verpflichtung zu gegenseitiger Unterstützung einschloß. Dadurch wurde ein Netz geschaffen, das einerseits im Notfall soziale Absicherung gewährte, andererseits aber auch die Legitimation für jegliche Form von Nepotismus bot.

Halskette einer Prinzessin
(Grab der Li Jingxun in der Nähe von Xi'an, Shaanxi; 7. Jahrhundert)

Bei der Inventarisierung ihrer Güter stieß man auf eine Anhäufung von Reichtümern: Schmuck und Wertgegenstände entsprachen [in ihrer Qualität den Objekten] in der kaiserlichen Schatzkammer. [1]

甲戌

11. Frauenträume

Im Alter von nur neun Jahren verstarb 608 Li Jingxun, eine Großnichte von Kaiser Wen (reg. 581–601), dem Reichseiner und Gründer der Sui-Dynastie. Sie wurde – begleitet von 235 wertvollen Beigaben – außerhalb der Hauptstadt in einem Steinsarkophag beigesetzt. Die Identifizierung ermöglicht ein Epitaph. Im Halsbereich der Prinzessin fand sich eine Goldhalskette (Länge in geöffnetem Zustand 43 cm) mit eingelegten Perlen und Steinen, darunter Lapislazuli und Karneol. |38| Die Herkunft des Schmuckstücks gibt mancherlei Rätsel auf. Allem Anschein nach nicht von chinesischen Goldschmieden |6| gefertigt, weist das Objekt nämlich hellenistische, sassanidische und buddhistische Elemente auf. Offenbar haben einzelne Bestandteile eine unterschiedliche Provenienz, und es ist zu vermuten, daß diese in einer Region zusammengefügt wurden, in der die genannten Kulturen in einem engen Austausch miteinander standen: also wahrscheinlich in Zentralasien.

Die in dem Grab hinterlegten Gegenstände bezeugen den Luxus, in dem die weiblichen Angehörigen des Kaiserhauses |1| schwelgten. Glücklich waren sie deshalb aber nicht unbedingt, und kaum erfüllbare Ansprüche, der Mangel an Zuwendung und die Isolation in den Palästen hatten oft tragisch-bizarre Biographien zur Folge. Allerdings ist der von den Historiographen regelmäßig unterstellte «zügellose Lebenswandel» wohl häufig mehr dem Stereotyp geschuldet denn dem Versuch einer individuellen Charakterisierung. Manche der in den Schriftquellen überlieferten Eskapaden klingen indes durchaus glaubwürdig, und Hochmut und Unberechenbarkeit erschwerten vielfach zusätzlich die Suche nach einem geeigneten Heiratspartner in den angesehenen Familien des Landes. So blieb als Alternative zuweilen nur das Kloster. |50| Diese Lösung war den Damen jedoch möglicherweise lieber als die erzwungene Verehelichung mit einem fremden Potentaten: eine Variante der Außenpolitik, für die sich die Kaiser vor allem dann immer wieder entschieden, wenn es mächtige Rivalen zu besänftigen galt.

Während für die Prinzessinnen mit der Eheschließung unter Umständen der soziale Abstieg verbunden war, boten die Einheirat in die Dynastie oder die Bestellung zur Konkubine |10| des Herrschers die Chance zu erheblicher Machtentfaltung. Keine Frau brachte es in dieser Hinsicht freilich so weit wie Wu Zetian (624–705), die Nebenfrau des Kaisers Taizong (reg. 626–649), die nach dessen Tod vom Nachfolger Gaozong (649–683) übernommen wurde und 655 zur Gemahlin avancierte. Sie gab sich nämlich ab einem bestimmten Zeitraum nicht mehr damit zufrieden, im Hintergrund die Fäden zu ziehen. Als einzige Frau in der Geschichte Chinas ließ sie sich 690 selbst zur Kaiserin ausrufen und gründete die von der offiziellen Geschichtsschreibung strikt ignorierte Zhou-Dynastie.

Die Tatsache, daß sie als Usurpatorin von der Geschichtsschreibung verabscheut wurde, provozierte im 20. Jahrhundert einige «Gegendarstellungen». Vermutlich wird ihr die feministisch inspirierte Hagiographie jedoch ebensowenig gerecht wie die männlich dominierte Historiographie. So war ihre Hinwendung zum Buddhismus |49| zwar offenkundig von bigotten Zügen begleitet, doch keineswegs frei von politischem Kalkül, etwa wenn sie sich vor der Machtübernahme als Bodhisattva preisen ließ. Auch war ihre bei der Eliminierung rivalisierender Gruppen bewiesene Skrupellosigkeit gepaart mit Weitsicht bei der Reform der Beamtenprüfungen |2, 14|, die den Aufbau einer neuen, stärker leistungsorientierten Elite gewährleisten sollte.

Als nach dem Tod von Wu Zetian 705 die Tang-Dynastie fortgesetzt wurde, versuchten ihre Tochter und Schwiegertochter zwar ebenfalls, die Macht an sich zu reißen, doch blieb ihnen ein vergleichbarer Erfolg verwehrt. Die übergroße Mehrzahl der weiblichen Bevölkerung wagte aber wohl nicht einmal von einer Partizipation an Entscheidungsprozessen zu träumen, die über den eigenen Haushalt hinausreichten. Zu fest verwurzelt war das paternalistisch geprägte Bild der Gesellschaft: und zwar weitgehend unabhängig von der jeweiligen sozialen Prägung und religiösen Überzeugung; denn obschon die Selbstverwirklichungsmöglichkeiten aus buddhistischer und daoistischer Perspektive |47| weit weniger begrenzt waren als aus konfuzianischer Sicht |48|, galt auch bei liberaleren Positionen der Grundsatz: «Frauen sollte es nicht gestattet sein, sich in die Politik [...] und fremde Angelegenheiten einzumischen.»[2]

Möglicherweise war eine solche «Einmischung» zuweilen sogar ein Scheidungsgrund. Zumindest wenn man den im Tang-Kodex |30| aufgeführten Tatbestand der «Schwatzhaftigkeit» weit auslegt, der – neben Kinderlosigkeit, Unmoral, Vernachlässigung der Schwiegereltern, Diebstahl, Eifersucht und unheilbarer Krankheit – den Mann dazu berechtigte, seine Gemahlin zu verstoßen. Regelungen, die der Frau bei analogem Fehlverhalten des Gatten denselben Schritt ermöglichten, gab es natürlich nicht. Grundsätzlich ist ohnehin festzuhalten, daß diese Schlechterstellung auf fast alle Streitfälle übertragen werden kann und nur eine privilegierte Herkunft unter Umständen vor der geschlechtsspezifischen Benachteiligung zu schützen vermochte.

Nicht einmal das Recht auf Leben und körperliche Unversehrtheit galt für beide Geschlechter gleichermaßen. So führte alleine die Verpflichtung zur Fortführung der Ahnenlinie |14, 15| und zur kontinuierlichen Durchführung der daran gebundenen Riten regelmäßig zur Tötung neugeborener Mädchen; und zwar nicht nur bei den ständig von Armut und Hunger bedrohten Angehörigen der Unterschicht. |10| So berichtet der Verfasser eines Familienratgebers aus dem Jahre 589:

«Zum Haushalt eines entfernten Verwandten von mir zählten zahlreiche Konkubinen. Wurde eine von ihnen schwanger, dann postierten sich, sobald die Wehen einsetzten, Wächter und Diener an der Tür und beobachteten [die Geburt] durch einen Spalt. Kam ein Mädchen zur Welt, wurde es umgehend weggebracht. Auch wenn die Mutter weinte und schrie, wagte es niemand [den Säugling] zu retten.»[3]

Beamter: figürliche Darstellung aus bemalter Keramik
(Grab des Zheng Rentai in Liquan, Shaanxi; 7. Jahrhundert)

*Nunmehr vermögend –
ein Mann von Rang –
bin ich heut' glücklich
mit meinem weißen Haar,
Den Wein vor Augen
und das Herz ohne Gram
stimmt es mich
frohgemut und sorgenfrei.* [1]

乙亥

12. Männersorgen

Als man 1972 das Grab des 663 bestatteten Generals Zheng Rentai freilegte, stieß man unter den Beigaben auf mehrere Beamtenfiguren: darunter die Darstellung eines bärtigen Mannes (Höhe 69 cm), der gleichermaßen Respekt wie Selbstbewußtsein ausstrahlt und durch seine Kappe und Kleidung einem höheren Rang zugeordnet werden kann. Im Gegensatz zu den meisten anderen Tonplastiken aus demselben Grab, die vermutlich aus einer Serienproduktion stammen, ist in diesem Fall die Ausführung deutlich individueller, die Bemalung sorgfältiger.

Besonders detailfreudig ist die Gestaltung des Obergewandes und des Kopfes. Doch während die Frisur durchgehend in Schwarz gehalten ist, wirken Augenbrauen und Bart so, als seien sie bereits ein wenig schütter oder leicht ergraut. Daß dieser Eindruck nicht auf mangelnde Pinselbeherrschung oder das Erblassen der Farbe zurückzuführen ist, zeigt sich an einer etwa gleich großen Figur, die als Gegenstück innerhalb eines Zweiersets fungiert und einen Offizier zeigt, dessen Bart deutlich voller und dunkler ausfällt: zusammen mit dichtem schwarzen Haar meist ein Zeichen von Virilität, Durchsetzungskraft und Erfolg.

Auch wenn die Frisuren der Männer oft durch Beamtenkappen oder Helme verdeckt sind, läßt sich doch festhalten, daß die entsprechenden Moden ebenso dem Wandel unterworfen waren wie bei den Frauen. Auch lange Haare sind für verschiedene Epochen belegt. Eine Besonderheit ist freilich der Zopf, den die Jin-Dynastie im 12. Jahrhundert der chinesischen Bevölkerung als äußerliches Merkmal für die Unterwerfung aufzwang. An deren Vorbild sollten sich dann im 17. Jahrhundert die Mandschuren orientieren, die unter Androhung der Todesstrafe eine Haartracht durchsetzten, die im Westen – unter Ausblendung des historischen Kontextes – als typisch chinesisch wahrgenommen wurde.

Die Terminologie folgte dem Wandel der Schnitte, und jede Mode prägte ihre eigenen Ausdrücke. Das gilt auch für die verschiedenen Genres textlicher oder bildlicher Überlieferung, und namentlich das Theater tat sich später mit einer besonderen Begriffsvielfalt hervor. So lassen sich in der diesbezüglichen Literatur zahlreiche Bart-Typen unterscheiden, die jeweils eine entsprechende soziale und dramaturgische Rollenzuweisung anzeigen. Allerdings war der Bart des Helden in der Regel schwarz, seltener grau oder weiß; rote Bärte blieben hingegen meist Fremden, Dieben und Geistern vorbehalten. Diese Zuordnung – vereinfacht: schwarzer Bart ist positiv; roter Bart ist negativ – spiegelt sich auch in der physiognomischen Prognostik wieder:

«Ist der Bart schwarz und vornehm, dann verheißt dies Ansehen und Reichtum. Glänzendes Barthaar zeigt Erfolg an, sprödes jedoch Versagen. Fester Wuchs weist auf Hartnäckigkeit und anhaltenden Wohlstand hin, weicher Flaum dagegen auf einen beugsamen Charakter. Ein roter Bart ist Zeichen von Einsamkeit und Bitternis. Und überdies: Gelocktes Haar und roter Bart beschwören einen von Armut geprägten Lebensweg, während ein schwarz glänzender Bart dauerhaften Reichtum und Ansehen verspricht.»[2]

Die hier formulierte Gegenüberstellung war sicherlich nicht frei von Vorurteilen; denn auf geradezu perfide Weise verknüpfte sie biologische und kulturelle Argumente. «Einsamkeit und Bitternis» sowie ein «von Armut geprägter Lebensweg» wurden damit zumindest indirekt jenen «rotbärtigen Barbaren» zugeschrieben, die – mehrheitlich als Oasenbewohner oder Nomaden – jenseits der Strahlkraft chinesischer Zivilisation in den Grenzregionen lebten.

Der Bartwuchs wurde in der Medizintheorie mit dem Zusammenspiel von *xue* («Blut», aber nicht nach dem Verständnis westlicher Medizin) und *qi* («Energie», aber letztlich nicht adäquat übersetzbar) innerhalb der Leitbahnen erklärt. So begründet etwa ein vermutlich aus dem letzten vorchristlichen Jahrhundert datierendes Basiswerk traditioneller chinesischer Medizin das Fehlen des Bartes bei Frauen und Eunuchen vor allem mit einem Mangel an *xue*. Zu den verschiedenen Bartformen merkt es hingegen an: «Sind die oberen Bereiche der Leitbahn *zu yangming* [oft mißverständlich Magenmeridian übersetzt] voll von *xue* und *qi,* dann wird der Unterlippenbart schön und lang. Ist wenig *xue*, aber viel *qi* vorhanden, dann wird er kurz. Ist hingegen wenig *qi*, aber viel *xue* vorhanden, dann wird er dünn. Sind sowohl *xue* als auch *qi* nur in geringer Menge vorhanden, dann [wächst] gar kein Unterlippenbart. [...] Sind die oberen Bereiche der Leitbahn *zu shaoyang* [oft mißverständlich mit Gallenblasenmeridian übersetzt] voll von *xue* und *qi*, dann wird der Backenbart schön und lang. Ist wenig *xue*, aber viel *qi* vorhanden, dann wird er kurz. Ist hingegen wenig *qi*, aber viel *xue* vorhanden, dann wird er dünn. Sind sowohl *xue* als auch *qi* nur in geringer Menge vorhanden, dann [wächst] gar kein Backenbart. [...] Sind die oberen Bereiche der Leitbahn *shou yangming* [oft mißverständlich mit Dickdarmmeridian übersetzt] voll von *xue* und *qi*, dann wird der Schnurrbart lang. Ist wenig *xue*, aber viel *qi* vorhanden, dann wird er unansehnlich. Sind sowohl *xue* als auch *qi* nur in geringer Menge vorhanden, dann [wächst] gar kein Schnurrbart.»[3]

Durch das Zusammenspiel von *qi* und *xue* wurde dieser Vorstellung zufolge indes lediglich der Wuchs des Bartes bestimmt, nicht jedoch dessen Farbe. Und die sollte ja bekanntlich schwarz sein. Schlich sich dann aber das erste graue oder weiße Haar ein, dann gab es im Prinzip drei Wege, darauf zu reagieren. Erste Möglichkeit: Man gab sich der Trauer über diesen Zustand körperlichen Verfalls hin und verfaßte, so man denn über einen entsprechenden intellektuellen Hintergrund verfügte, ein Gedicht darüber. Zweite Möglichkeit: Man ging zum Apotheker; es gab nämlich zahllose Mittelchen, die die Wiederherstellung des schwarzen Bartes versprachen. Allerdings waren einige dieser Rezepturen (mit einem reichlichen Anteil an Blei und Zink) der Gesundheit nicht förderlich. Daher sei noch auf eine dritte Möglichkeit verwiesen: die souveräne Akzeptanz. Und die konnte sich – wie die erste Alternative – wiederum in lyrischen Tönen niederschlagen:

Den weißen Schnurrbart,
einst Anlaß für Betroffenheit,
nehm ich gelassen heut'
und zupfe nicht,
wie all die andern,
die weißen Haare aus.

Denn: schwarzes Haar
und strammer Körper
bezeugen kein Format,
indes das weiße Haar
Respekt verdient,
auch wenn die Kraft erlahmt.

Die wachsen ohnehin
gleich wieder nach und sind,
läßt man sie stehen,
gewiß kein Grund zur Scham.
Allein das tägliche Gerupfe
bleibt stets vergebliches Bemühn!

Gilt's doch
die inneren Werte
zu bewahren,
nicht Haare, Bart und Zähne,
die für sich selbst
die Sorge tragen.[4]

Schlafzimmerszene in Höhle 85 von Mogao
(Dunhuang, Gansu; 9. Jahrhundert)

Wenn das Verlangen übermächtig wird, kann man sich davon durch das Anrufen des Bodhisattva Avalokiteshvara befreien. [1]

丙子

13. Sittenstrenge und Sinnenlust

Unter den Alltagsszenen der Wandmalereien von Mogao finden sich auch einige, die den Umgang mit sexuellen Sehnsüchten zum Thema haben. Im allgemeinen wird dabei ein Paar gezeigt, das – züchtig gekleidet und keineswegs eng umschlungen – auf einem Bett sitzt. Der Kontext erschließt sich bei der gezeigten Darstellung an der am rechten Rand angebrachten (und eingangs zitierten) Inschrift.

Sieht man einmal vom Tantrismus ab, dann war das Verhältnis des Buddhismus |49, 50, 51| zur Sexualität primär von Askese geprägt: weniger von Prüderie und schon gar nicht von jener verbiesterten Moral, die nach Auffassung mancher Konfuzianer |48| die Beziehungen zwischen den Geschlechtern regeln sollte. Wie verkrampft die von offenkundig weltentrückten Gelehrten aufgestellten Normen sein konnten, veranschaulicht ein Traktat aus dem 2. Jahrhundert:

«Nur bei Opferhandlungen und Bestattungsriten werden [von Ehegatten Gegenstände direkt] von Hand zu Hand gereicht. Ansonsten erfolgt die Übergabe in einem Korb. Ist keiner vorhanden, dann knien die beiden Personen nieder, und der Mann legt das Objekt auf den Boden, von dem es die Frau wieder aufliest. [Ehegatten] haben weder Brunnen noch Badezimmer gemein: Sie benutzen nicht dieselbe Schlafmatte, [...] nicht dieselbe Kleidung. [...] Erst wenn das siebzigste Lebensjahr erreicht ist, dürfen die Gewänder zusammen aufbewahrt werden.»[2]

Vor diesem Hintergrund verwundert es geradezu, daß China einmal das bevölkerungsreichste Land der Erde werden sollte. Andererseits ist anzunehmen, daß selbst die Puristen, die sich auf Konfuzius beriefen, ihren Alltag anders gestalteten, als dies ihre Ausführungen anklingen lassen. Wie sonst wären sie der Verpflichtung nachgekommen, einen Sohn zu zeugen, damit die männliche Linie fortgesetzt und der Ahnenkult |14, 15| korrekt praktiziert werden konnte?

Umgekehrt stand der Daoismus |47| stets in dem Ruf, die *ars amatoria* überzubetonen. Aber auch wenn diverse Quellen einen anderen Eindruck hinterlassen, war wohl nicht jeder seiner Anhänger ein auf Dauerleistung ausgerichteter Experte in sexueller Akrobatik. Darüber hinaus waren die Demarkationslinien zwischen den einzelnen Schulen keineswegs so fest gezogen, wie das in der Rückschau oft den Anschein hat, und so gab es auch keinen Alleinvertretungsanspruch für das Konzept der komplementären Prinzipien *yin* («dunkel, kalt, weiblich») und *yang* («hell, warm, männlich»), an dem sich die Beziehung zwischen den Geschlechtern orientierte.

Jenseits der ideologischen Schranken und der Hoffnung auf eine lebensverlängernde Wirkung des richtig dosierten Beischlafs nahm man lange Zeit an, daß sich die Wahrscheinlichkeit, einen männlichen Nachkommen zu zeugen, erhöhen ließe, wenn die *yang*-Essenz (Sperma) möglichst viel *yin*-Essenz (Vaginalsekret) absorbiere. In der polygynen Oberschicht glaubten die Männer dies durch einen regelmäßigen *Coitus reservatus* zu erlangen, an dem möglichst viele Frauen beteiligt waren. Die Ejakulation mußte hingegen bis zu dem Tag aufgeschoben werden, zu dem eine auserwählte Partnerin eine hohe Empfängniswahrscheinlichkeit vermuten ließ.

Onanie galt vor diesem Hintergrund natürlich als sträfliche Verschwendung. Man war aber nicht nur davon überzeugt, daß der ohnehin nur begrenzt vorrätige Samen dadurch rascher zur Neige ginge, sondern glaubte zudem, daß dessen Qualität darunter litte. Frauen |111| war die Masturbation hingegen gestattet, lediglich vor Verletzungen durch den unsachgemäßen Umgang mit Hilfsmitteln wurde gewarnt. Daß diese Warnung nicht unbegründet war, zeigt ein phallusförmiger Doppeldildo aus Bronze, der im Grab des 113 v. Chr. verstorbenen Liu Sheng, eines Bruders von Kaiser Wu, gefunden wurde.

Allerdings ist das einer der wenigen archäologisch gesicherten Belege aus der Frühphase der Kaiserzeit. Daneben sind nur noch einige Reliefziegel aus der Späteren Han-Zeit hervorzuheben: darunter zwei Exemplare aus einem Grab, das 1979 in der Nähe von Xindu (Sichuan) freigelegt wurde. Beide zeigen ein nacktes Paar beim Geschlechtsverkehr unter einem Maulbeerbaum; die Anwesenheit zweier weiterer unbekleideter Männer – auf einer Darstellung jeweils mit erigiertem Penis – vermittelt den Eindruck einer kleinen Orgie.

Mehr Aufschluß gewährt die Literatur, bei der sich einige auf Bambusleisten |41| geschriebene Texte als besonders wichtig erweisen, die 168 v. Chr. als Beigaben in Grab 3 von Mawangdui deponiert wurden und somit keiner späteren Bearbeitung oder Zensur |42| unterlagen. Aus der Perspektive des Mannes enthalten sie detaillierte Anweisungen – besonders ausführlich im übrigen für das Vorspiel – und eine Auflistung verschiedener Stellungen wie «Tigergang» und «Zikadenannäherung». In späteren Schriften finden sich darüber hinaus auch Hinweise auf die richtige Partnerwahl,

Empfehlungen für die Schwangerschaft und mancherlei Rezepte für Aphrodisiaka.

Da der Zeugungsakt im Vordergrund stand, wurden Homosexualität und Päderastie in dieser Ratgeberliteratur meist ausgeklammert. Daß die heute tabuisierten gleichgeschlechtlichen Beziehungen dennoch eine große Rolle spielten, geht aber sogar aus der ansonsten eher reservierten offiziellen Historiographie eindeutig hervor. Schließlich vergnügten sich nicht wenige Han-Kaiser |1| mit jungen Männern und Eunuchen |4|. Der Verpflichtung zur «Vereinigung von *yin* und *yang*» entgingen sie dadurch freilich nicht, so daß ein beträchtlicher Teil der «Himmelssöhne» bisexuell gewesen sein muß.

Auch Prostitution ist bereits seit der Han-Dynastie belegt. Ausführlichere Beschreibungen liegen jedoch erst aus der Tang- und Song-Zeit vor. Im Grunde lassen sich dabei zwei Gruppen von Frauen unterscheiden: Dirnen, die lediglich zur Erfüllung sexueller Wünsche aufgesucht wurden, und Kurtisanen, die alle Formen der Unterhaltung gleichermaßen beherrschten. |17, 35| Oft von erstaunlicher Bildung, erfreuten sie ihre Kundschaft nicht nur durch Liebesdienste, sondern auch – und besonders – durch ihr distinguiertes Auftreten, das Rezitieren von Gedichten, die Vorführung von Tanz |55| und Musik |54|, das gepflegte Servieren von Speis und Trank |22, 23, 24| sowie durch Schlagfertigkeit und Witz beim anspruchsvollen Gespräch. Die Mehrzahl von ihnen arbeitete unter der Aufsicht von «Adoptivmüttern» in Etablissements, in denen sich nur Herren amüsieren konnten, die über entsprechende finanzielle Mittel verfügten. Für allzu regelmäßige Besucher konnte dies im Ruin enden, für manche «Singmädchen» aber auch im sozialen Aufstieg |11|: vorausgesetzt, der reiche Gönner verlor nicht die Begeisterung; denn eine rechtlich abgesicherte Position – gar als Ehefrau – blieb die rare Ausnahme.

Tonfigur eines Knaben
(Keramikmanufaktur in Anren, Shaanxi; 12. Jahrhundert)

Jeder, der einen Sohn großzieht,
wünscht diesem einen klaren Verstand.
[Ich nicht!] Schließlich brachte mich
mein wacher Geist ein Leben lang nur in Kalamitäten.
Viel lieber hätte ich daher
einen völlig unbedarften Jungen,
der ein sorgenfreies [Dasein am Ende]
mit einem Ministerposten krönt. [1]

14. Kindheit und Jugend

Unter den Trümmern einer in der Nähe von Xunyi gelegenen Manufaktur, die einst aus einer ganzen Reihe von Brennofenkomplexen bestand, wurden seit 1977 in mehreren Grabungskampagnen ungezählte Keramikobjekte |39| geborgen: mehrheitlich Gefäße, vereinzelt aber auch kleine Plastiken. Eine davon (Höhe 29 cm) zeigt einen sitzenden Knaben, der einen Ball in seinen Händen hält. Die Ausgräber schlagen eine Datierung in die Song-Dynastie vor, wobei allerdings eine chronologische Zuordnung in die Zeit vor dem 12. Jahrhundert eher unwahrscheinlich ist.

In China war die Kindersterblichkeit hoch. Nicht nur Krankheiten |34| und Epidemien bewirkten oftmals einen frühen Tod, sondern auch das sogenannte «Säuglingsbad»: eine euphemistische Bezeichnung für das Ertränken unerwünschter Kinder, vor allem vieler Mädchen. |11| Ein Bad |32| war es freilich auch, das im Falle eines Wunschkinds eine erste Zäsur setzte. Einen Monat nach der Geburt erfolgte nämlich eine feierliche Waschung, bei der dem Wasser häufig aromatische Substanzen beigemengt wurden; sie markierte eine zunehmende Einbeziehung in die Familie |10|, die durch Feiern nach hundert Tagen und einem Jahr fortgesetzt wurde.

Das wichtigste Ereignis war jedoch die Vergabe des Personennamens (*ming*) nach drei Monaten. Dieser wurde dem Familiennamen (*xing*) stets nachgestellt und konnte auf unterschiedliche Aspekte Bezug nehmen: darunter Statuszuweisungen, konkrete Ereignisse, berühmte Vorbilder, religiöse Bindungen, Empfindungen der Eltern, Abschreckung böser Geister, erwünschte Eigenschaften und Zitate aus Klassikern. Allerdings war dabei auch eine Reihe von Vorschriften – von der Andeutung der Generationszugehörigkeit bis hin zur Berücksichtigung von Meidegeboten – zu beachten. Kompliziert ist die Identifikation von Individuen aber vor allem durch die Existenz weiterer Namen:

- Kose- und Spitznamen (*xiaoming*), die zuweilen nach dem Ende der Kindheit fortgeführt wurden;
- Personennamen (*zi*), die vor allem bei den Männern der Oberschicht zusätzlich beim Eintritt in das Erwachsenenalter vergeben wurden;

- Pseudonyme *(hao)*, die sich vor allem Gelehrte und Künstler zulegten und oft auf das Atelier oder Studierstübchen Bezug nahmen;
- posthum verliehene Tempelnamen *(miaohao)*, die allerdings einem kleinen Kreis von Personen an der Spitze des Staates vorbehalten waren.

Die frühen Lebensjahre werden in autobiographischen Zeugnissen gerne als besonders glückliche Phase beschrieben. Das mag zuweilen an einem selektiven Erinnerungsvermögen und der daraus resultierenden Verklärung liegen. Zumindest für einen Teil der Oberschicht war die unbeschwerte Kindheit aber durchaus Realität. Bis zum Zahnwechsel war die Zuwendung nämlich im allgemeinen größer als die Gängelung, und erst in einem Alter von sieben oder acht Jahren begann – nunmehr nach Geschlechtern getrennt – der Drill der Erziehung. Dann aber mit voller Wucht und meist mit dem Stock in der Hand.

Bei der Bevölkerungsmehrheit erfolgte nun bereits die allmähliche Hinführung zum Berufsleben: etwa durch die zunehmende Einbindung in den landwirtschaftlichen Betrieb |7| oder durch erste Schritte in einem Handwerk |6|, die nach mehreren Jahren in eine strukturierte Ausbildung mündeten. Für die breite Öffentlichkeit zugängliche Schulen gab es nämlich nicht, und über Grundkenntnisse der Schrift verfügte wohl nur eine Minderheit. Bei wohlhabenden Familien war der Umgang mit dem literarischen Erbe |45| hingegen das wichtigste Erziehungsziel. Die Unterweisung erfolgte häufig durch die Eltern; wer es sich leisten konnte, beschäftigte jedoch einen Hauslehrer. Zum einen ging es dabei um das Beherrschen möglichst vieler Schriftzeichen |40|, von denen die Schüler täglich etwa zwanzig auswendig lernen sollten, zum anderen dann aber auch um die Auslegung von Klassikern und das Verfassen eigener Textproben. Das galt allerdings, wie ein Frauenratgeber aus dem 8. Jahrhundert zeigt, nicht für beide Geschlechter gleichermaßen:

«Über den ganzen Tag erstreckt sich die Erziehung der Mädchen, welche dabei die verschiedensten Aufgaben zu bewältigen haben: vom Kehren des Fußbodens über das Anzünden von Räucherstäbchen bis zur Fertigung von Hanfstoffen. Auch wird ihnen beigebracht, wie sie sich gegenüber Gästen zu verhalten haben. [...] Andererseits sollten die Mädchen von Liedern und Gedichten ferngehalten werden, da von diesen Zügellosigkeit und Verderbtheit ausgehen können.»[2]

Um dem Sittenverfall vorzubeugen, wurde den jungen Menschen insbesondere der Respekt gegenüber den älteren Generationen abgefordert.

Der Begriff *xiao*, der gerne mit «Kindesliebe» oder «Pietät» übersetzt wird, umfaßte jedoch mehr als eine moralische Verpflichtung. |15| So wurde die Mißachtung und Vernachlässigung der Eltern im Tang-Kodex – neben Rebellion, Hochverrat, Lasterhaftigkeit und Inzest – zu den «zehn schlimmsten Schandtaten»[3] gezählt. Andererseits waren der väterlichen Willkür jedoch kaum Schranken gesetzt. Selbst die Ermordung eines Kindes wurde relativ milde geahndet, während umgekehrt schon der Versuch, einen älteren Angehörigen der Patrilinie vor Gericht anzuklagen, mit dem Tode bestraft wurde. |30|

Den Abschluß der Jugend markierte bei den Mädchen die Geschlechtsreife, mit der die feierliche Übergabe einer Haarnadel – und vielfach die Verlobung – einherging. Bei den Burschen erfolgte der offizielle Eintritt in das Erwachsenenleben zwischen dem 15. und 20. Lebensjahr mit der Verleihung einer Kappe und weiterer Insignien, die den neuen Status anzeigten. Danach hatten sie «von kindlichen Gedanken abzulassen und sich [den Anforderungen] männlicher Tugendhaftigkeit zu stellen».[4]

Trotz der Einschüchterung durch drakonisch anmutende Gesetzbücher, moraltriefende Traktate und suggestive Rituale führten die jungen Männer aber in der Regel kein Leben in weltabgewandter Demut. So fielen denn die Kandidaten, die sich in den großen Städten auf die regelmäßig in Frustration endenden Prüfungen vorbereiteten, nicht nur durch ihre Arroganz auf, sondern auch durch ständige Besuche in Kneipen und Bordellen. |13, 35| Bei weniger Privilegierten führten Abenteuerlust und Perspektivlosigkeit indes häufig in die Zugehörigkeit zu Schlägertrupps und Banden – und in einen frühen Tod.

Tonfigur eines betagten Menschen
(Grab der Liu Hua in Fuzhou, Fujian; 10. Jahrhundert)

Jahr für Jahr stärker spür' ich
an meinem Körper den Verfall.
Tag für Tag klarer seh' ich
die Fehler der Vergangenheit.
Immer seltener singe ich mit dem Mond,
und auch das Spiel mit dem Wind wird rar. [1]

戊寅

15. Die Last des Alters

Zwischen dem Ende der Tang-Zeit (906) und der Errichtung der Song-Herrschaft (960) war China in mehrere Machtsphären zersplittert. Während im Norden fünf kurzlebige Dynastien aufeinanderfolgten, hatten sich im Süden zehn kleine Königreiche etabliert: darunter Nanhan (905–971) in den heutigen Provinzen Guangdong und Guangxi und Min (898–946) in der heutigen Provinz Fujian. Zwischen diesen Kleinstaaten kam es zuweilen zu Heiratsallianzen, und die 930 verstorbene Liu Hua war als Tochter des Herrschers von Nanhan mit dem Regenten von Min vermählt worden.

In dem mit Hilfe des Epitaphs identifizierten Grab der Dame wurden 1965 mehr als vierzig Tonfiguren angetroffen, von denen eine relativ große Plastik (Höhe 47,4 cm) ins Auge sticht: die Darstellung einer Person, die durch die Gesichtszüge als alt charakterisiert wird, aber keine offenkundig maskulinen oder femininen Züge trägt. Die Geschlechtszugehörigkeit der Bestatteten, weitere Frauenfiguren im Grab und einige Indizien bei der Bekleidung sprechen jedoch eher für die Wiedergabe einer Frau.

Das Altern und die damit verbundene Melancholie bilden ein zentrales Motiv der chinesischen Dichtung |45|. Immer wieder wurden das Nachlassen der Kräfte, die Weißfärbung des Haars |12| und die zunehmende Isolation beklagt. Die persönlich gefärbte Wahrnehmung in der Lyrik steht damit im Gegensatz zur normativen Literatur, welche die Privilegien der Betagten in den Vordergrund rückt und in der Regel die «didaktische Keule» schwingt. Weite Verbreitung erlangten namentlich Geschichtensammlungen, welche Beispiele für besonders ausgeprägte «Kindesliebe» anführten.

Als zuweilen ins Absurde abgleitende Vorbilder dienten dabei unter anderem: eine Frau, die sich nicht davon abhalten ließ, ihre zahnlose Schwiegermutter zu stillen; ein Knabe, der sich nachts entkleidete, um die Stechmücken auf sich zu lenken, die den Schlaf der Eltern bedrohten; ein Mädchen, das seinen Vater unter Lebensgefahr vor einem Tiger rettete; ein Mann, der den Kot des Vaters kostete, um die Wirksamkeit einer Arznei |34| zu überprüfen; ein Jüngling, der sich in die Sklaverei verkaufen wollte, um die korrekte Bestattung seines Vaters zu finanzieren.

Aber nicht nur den mit viel Pathos ausgeschmückten Erzählungen fehlt vielfach der Realitätsbezug, sondern auch den gelehrten Traktaten; manche konfuzianisch angehauchte Schrift |48| hat gar den Duktus eines gerontokratischen Manifests. Möglicherweise wurde der Respekt vor dem Alter aber auch deshalb so sehr betont, weil die ethische Vorgabe und die tatsächliche Situation oft genug auseinanderklafften:

«Ein hohes Alter ist vor allem für die Armen eine schwere Last. In den ersten fünf Dekaden des Lebens [schreitet die Zeit so rasch voran], daß zwanzig Jahre wie zehn wahrgenommen werden; [danach aber ist es umgekehrt] und zehn Jahre erwecken den Eindruck von zwanzig. Besonders schwer ist das Alter für Frauen [...] zu ertragen, da die Mehrzahl von ihnen auf Unterhalt angewiesen ist. [...] Sie genießen in jungen Jahren häufig Wohlstand und Ansehen, ertragen das [von Entbehrungen geprägte] Alter aber oft schwer.»²

Besonders prekär war die Lage der Witwen, die von den Angehörigen ihres verstorbenen Mannes als ökonomische Belastung betrachtet wurden und auch bei ihrer Herkunftsfamilie |10| keine Zuflucht mehr fanden. Gab es in jüngeren Jahren noch die Option der Wiederverheiratung, blieb später nur noch das Betteln um Unterstützung: nicht selten allerdings vergeblich, und die Zahl der daraus resultierenden Selbstmorde war beträchtlich. Zu Massensuiziden von Witwen, die freilich meist nicht wegen des sozialen Absturzes, sondern wegen der Erfüllung fragwürdiger Keuschheitsgelübde verübt wurden, sollte es indes erst in den letzten Jahrhunderten des Kaiserreiches kommen.

Eine große Belastung für die den Konventionen verpflichteten Angehörigen der Oberschicht war zudem der Umstand, daß man von ihnen auch im Angesicht des Todes «angemessenes» Verhalten erwartete. |16| War ein bestimmtes Alter erreicht, dann wurde der Sarg gezimmert, das Sterbegewand bereitgelegt und die Grabstätte vorbereitet; weite Reisen sollten dann möglichst unterbleiben, um sicherzustellen, daß der Exitus zu Hause eintrat: idealerweise, wenn der Dahinscheidende bereits gründlich gewaschen und in korrekter Kleidung aufgebahrt war.

Schon vor der Reichseinigung konnte ein Stock, dessen Knauf die Form eines Vogels hatte, die besondere Würde eines Greises zum Ausdruck bringen. Unter der Han-Dynastie wurde das ehrfurchtheischende Symbol dann zwischen dem 70. und 80. Lebensjahr durch den Hof verliehen: zunächst unter Berücksichtigung der sozialen Stellung des damit bedachten Mannes, später angeblich ohne besondere Reglementierung. Die damit verbundenen Privilegien beinhalteten unter anderem die Steuerfreiheit, vor allem aber die Erzwingung von Gehorsam. Respektverweigerung durch einen Jüngeren konnte nämlich im Einzelfall sogar zur öffentlichen Hinrichtung des Rüpels führen.[30] Das läßt sich zumindest einem kaiserlichen Edikt entnehmen, das zusammen mit einem solchen Stock als Beigabe in einem Grab in Wuwei (Provinz Gansu) deponiert wurde.

In mancherlei Hinsicht scheint die Beziehung zwischen den Generationen stärker durch Einschüchterung und Unterwerfung geregelt worden zu sein denn durch Zuwendung und Harmonie. Und in der Tat war ungezwungene Sympathie gegenüber den Alten ein Thema, das die Literatur eher selten aufgriff. Zuweilen wurde aber – wie in einem Familienratgeber aus dem 12. Jahrhundert – zumindest mehr Toleranz eingefordert:

«Menschen, die in ihrem Alter bereits fortgeschritten sind, erinnern in ihrem Verhalten [zuweilen] an Kinder. Sie ergötzen sich an geringen Geldgewinnen und kleinen Geschenken, [und seien es nur] Getränke und Früchte. Auch Kinderspiele bereiten ihnen Freude. Brächten ihre Söhne mehr Verständnis dafür auf, dann wären sie vollkommen glücklich.»[3]

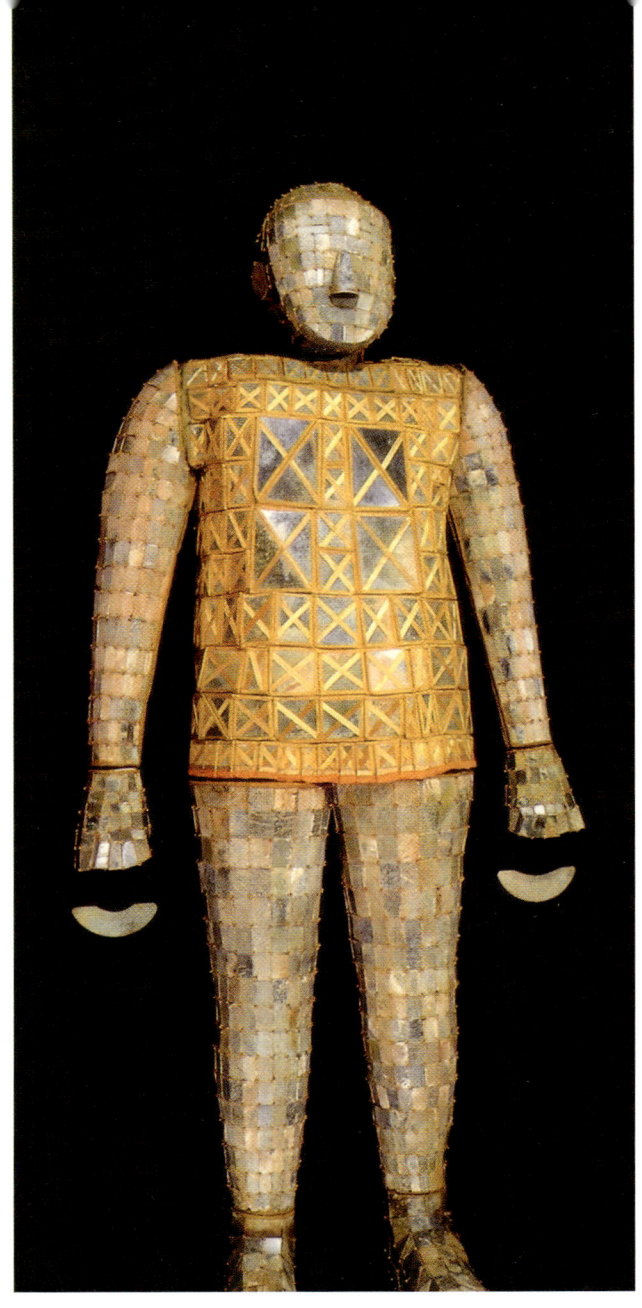

Totengewand aus Jade
(Grab der Dou Wan, Mancheng, Hebei; 2. Jahrhundert v. Chr.)

Lebende und Tote gehen voneinander getrennt ihrer Wege und sollten einander nicht belästigen. [1]

16. Einer stirbt mit zehn, ein anderer mit hundert Jahren

In den Lingshan-Bergen wurden 1968 zwei riesige Felskammergräber freigelegt, die sich dem 113 v. Chr. verstorbenen Liu Sheng und seiner wenige Jahre danach beigesetzten Gemahlin Dou Wan zuordnen ließen. Die in historiographischen Quellen überlieferten Angaben zur Biographie des Mannes, der als Bruder von Kaiser Wu über das Königreich Zhongshan gebot, heben vor allem dessen ausschweifenden Lebenswandel hervor; von der Frau ist lediglich bekannt, daß sie ebenfalls aus einer Familie stammte, die genealogisch mit der Dynastie verknüpft war.

Beide waren – umgeben von einer Unzahl wertvoller Beigaben – jeweils in einem Totengewand beigesetzt worden, das aus mehr als zweitausend perforierten Jadeplättchen bestand. Der in der Rekonstruktion abgebildete Panzer, dessen Einzelelemente mit Hilfe von Golddraht verbunden waren, bedeckte nicht nur den Rumpf, sondern auch die Extremitäten und den Kopf. Darüber hinaus waren die Körperöffnungen durch Nephritpfropfen verschlossen. Bislang wurden im ganzen Land einige Dutzend Jadehüllen der Han-Zeit ausgegraben, von denen allerdings die Mehrzahl nicht mehr vollständig war. Fast alle auf diese Weise bestatteten Personen, die sich identifizieren ließen, waren durch familiäre oder politische Bande dem Kaiserhaus |1| verbunden. Eine Ausnahme bildete lediglich Zhao Mo, der 122 v. Chr. verstorbene König von Nan Yue (im Bereich der heutigen Provinz Guangdong), der in der Inszenierung seines Begräbnisses eine Möglichkeit sah, Gleichrangigkeit mit dem «Sohn des Himmels» und Unabhängigkeit vom Han-Reich zu demonstrieren.

Warum man bestrebt war, die Toten zu «versiegeln», ist nicht bekannt. Zwar wurde der Jade nachgesagt, daß sie gegen Verwesung vorbeuge, doch gibt es ansonsten keine Anzeichen für eine bewußte Mumifizierung. Andererseits herrschte wohl die Überzeugung, daß von der beim Körper des Verstorbenen verharrenden Seele |46| eine potentielle Bedrohung für die Nachfahren ausgine; es könnte also auch darum gegangen sein, deren Entweichen – oder gar die darauffolgende Verwandlung in einen malevolenten Geist – zu verhindern. Ohnehin stellt sich die Frage, wen das gründliche

Verschließen der Särge und die Abschottung der Grabkammern in erster Linie schützen sollten: die Toten oder die Lebenden?

Weitgehend unklar ist überdies, warum der für den Sepulkralkult betriebene Aufwand so groß war. Zwar wird immer wieder vermutet, daß die Beigaben Teil einer Ausstattung waren, die im Jenseits in Anspruch genommen werden könne, doch gibt es bislang keine überzeugenden Hinweise auf die Vorstellung von einem «Leben nach dem Tode», die letztlich ja die Voraussetzung für diese Hypothese wäre. Auch die häufig in Gräbern gefundenen Geleitbriefe geben keinen Aufschluß darüber, sondern dokumentieren lediglich die Kosten, die beim Kauf der Grabstätte entstanden, die Zusammensetzung der dorthin mitgeführten Güter und den Versuch der Statuszuweisung bei der Anmeldung in der Unterwelt. Darüber hinaus beschreiben sie die Tätigkeit der «unter der Erde tätigen» Bürokratie, die den Verstorbenen und seine Nachfahren im Idealfall von jeder Schuld oder Verpflichtung freispricht.

In den Grundzügen handelt es sich dabei um eine Spiegelung der konfuzianisch geprägten Verwaltung, die sich ihrerseits darum kümmerte, daß die Beisetzung dem sozialen Status des Toten entsprach. [48] Vor allem aber überwachte sie die ebenso umfangreichen wie strikten Trauervorschriften, welche die Hinterbliebenen bis zu drei Jahre in Anspruch nehmen konnten. Verstöße dagegen – und das heißt letztlich beinahe jede Manifestation von Lebensfreude – wurden mit drakonischen Strafen [30] geahndet. Im Zentrum der damit zusammenhängenden Überlegungen stand die Beziehung zu den Ahnen [14, 15], nicht die Ausgestaltung des Jenseits. Noch rigider waren in dieser Hinsicht manche daoistisch inspirierten Philosophen [47], welche die Lebenszugewandtheit mit egalitären Überlegungen verknüpften:

«Während des Lebens unterscheiden sich die Menschen voneinander, im Tode sind sie alle gleich: die Weisen wie die Narren, die Vornehmen wie die Gewöhnlichen, sie alle fallen der Verwesung anheim. [...] Einer stirbt mit zehn, ein anderer mit hundert Jahren, einer als vollendeter Weiser, ein anderer als gemeingefährlicher Narr. [...] An vermodernden Gebeinen läßt sich kein Unterschied mehr feststellen. Zu Lebzeiten laßt uns also besser den Augenblick festhalten, als uns Sorgen darüber zu machen, was nach dem Tod kommt.»[2]

Auch wenn die hier zitierte Schrift an anderer Stelle den irdischen Alltag eher als Mühsal hinstellt, konnten die darin vorgetragenen Gedanken durchaus als Plädoyer für lebensverlängernde Maßnahmen gedeutet werden. Zu diesem Zweck – in letzter Konsequenz dem Streben nach Unsterblichkeit – bediente man sich unter anderem bestimmter sexueller Praktiken |43| und verschiedener Drogen |31|. Nicht immer angemessen berücksichtigt wurden dabei allerdings häufig die massiven Nebenwirkungen der eingenommenen Präparate, so daß sich weit weniger zusätzliche «Augenblicke festhalten ließen» als geplant. Auch Qin Shihuangdi (reg. 221–210 v. Chr.) und Kaiser Wu (reg. 140–87 v. Chr.) der Han-Dynastie waren bekanntlich nicht erfolgreich bei ihren Bestrebungen, ewig auf Erden zu wandeln:

Immer wieder ist mir zu Ohren gekommen, [...] wie sie –
angeregt durch Erzählungen über Unsterbliche und Geister –
versuchten ihr Leben zu verlängern. Vergeblich!
Ihre goldenen Türme sind eingestürzt, ihre Paläste verschwunden,
ihre Gräber [...] von Gestrüpp überzogen. ³

Einen riesigen Einschnitt brachte nach dem Zusammenbruch der Han-Dynastie die zunehmende Akzeptanz des Buddhismus |49, 51|, welcher der Verbrennung den Vorzug vor der Körperbestattung gab und mit Geburtenkreislauf und Nirvana eine völlig andere Vorstellung von Leben und Tod vermittelte. Größeren Eindruck als abgehobene theologische Erörterungen hinterließen bei der Bevölkerung aber sicherlich die Beschreibungen von «Paradiesen», die zwar nur als Vorhof zur Erlösung angesehen wurden, dafür aber eine leichter nachvollziehbare Perspektive bildeten. Genauso konkret, aber weniger erfreulich waren die Schilderungen der Hölle, die in ihrer detailfreudigen Erfassung bestialischer Foltertechniken für Beklemmung und Angstschweiß sorgten.

Konturen

辰巳午未申酉戌亥子
庚辛壬癸甲乙丙丁戊

Darstellung eines bewachten Tors in Höhle 154 von Mogao
(Dunhuang, Gansu; 9. Jahrhundert)

[Chang'an, nunmehr wieder] Sitz mächtiger Kaiser,
[wird gerühmt ob seiner] prächtigen Palastanlagen:
endlos aufragende Hallen und weitläufige Fluchten,
mit Dachbalken, die, aneinandergereiht, bis an die Milchstraße reichen.
Luftige Aussichtstürme verschwinden im fernen Nichts.
Wolken und Sonne halten sich hinter mehrgeschossigen Torbauten,
während Wind und Dunst aus dem Gitterwerk der Fenster strömen. [1]

庚辰

17. Stadt und Urbanität

Die anhand von Stilkriterien von den chinesischen Kunsthistorikern in das ausgehende 8. oder frühe 9. Jahrhundert datierte Wandmalerei zeigt ein Tor und die beidseitig anschließenden Abschnitte einer in Stampflehmtechnik errichteten Umfriedung. Über dem Durchlaß erhebt sich ein schlichter Holzbau in klassischer Ständerbauweise. |19| Die beiden verschlossenen Türflügel sind in einen festen Rahmen aus Pfosten, Sturz und Schwelle eingefügt, der seinerseits von massivem Mauerwerk umgeben ist. Links und rechts davon sind zwei überlebensgroße Wächter zu erkennen, die mit Lanze und Schwert bewaffnet sind.

Ein in regelmäßigen Abständen von Toren durchbrochener Wall |18|, der eine weitläufig bebaute Fläche umschloß, war schon vor der Reichseinigung das wichtigste Erkennungszeichen der chinesischen Stadt. Er war Metapher und Symbol gleichermaßen, und nicht umsonst hatte das Schriftzeichen *cheng* lange Zeit zwei Bedeutungen: Mauer und Stadt. Das umschlossene Areal hatte, wenn das Gelände dies zuließ, einen annähernd rechteckigen Grundriß, und seine Gliederung unterlag festen Prinzipien, von denen die Axialität und die Nord-Süd-Ausrichtung hervorzuheben sind.

Als Kaiser Wen 582, nur ein Jahr nach der erneuten Einigung des Reichs und der Gründung der Sui-Dynastie, die Errichtung einer neuen Hauptstadt proklamierte, tat er nichts Ungewöhnliches. Wie mancher nach Unterstützung und Legitimation strebende Vorgänger vertrat er offenkundig die Auffassung, die geplante Umstrukturierung des Staats auf diesem Wege besonders eindrucksvoll veranschaulichen zu können. |1| Allerdings wagte er keinen vollständigen Bruch mit der Vergangenheit, lag doch die neue Metropole nur wenige Kilometer von jenen Orten am Mittellauf des Wei entfernt, die schon unter den Dynastien Qin und Han als Regierungssitze gedient hatten. Dadurch wurden zwar Kontinuität und Wandel auf wunderbare Weise miteinander verknüpft, doch war keineswegs vorherzusehen, daß sich Chang'an unter der Nachfolgedynastie Tang zur größten Metropole der Welt entwickeln sollte. Spätestens im 10. Jahrhundert endete jedoch das «goldene Zeitalter» in dieser Region; das heutige Xi'an sieht sich zwar als Hüter dieser Tradition, vermag aber doch nur sehr bedingt an die einstige Größe anzuknüpfen.

Das gilt nicht nur im übertragenen Sinne des Wortes; denn das Chang'an der Tang-Zeit nahm mit einer Gesamtfläche von annähernd achtzig Quadratkilometern mehr Raum ein als die heutige Provinzhauptstadt. Entsprechend ausgedehnt war auch das Straßennetz. Es verband die schachbrettartig angeordneten Viertel miteinander, die jeweils durch eine Mauer nach außen hin abgeschirmt waren. Die Umfriedung der einzelnen Quartiere, zu denen der Zugang überdies nur zu genau festgelegten Tageszeiten gestattet war, hatte eine weit zurückreichende Tradition und diente wohl weniger zum Schutz denn zur Überwachung der Einwohner.

Ein fast 150 Meter breiter, auch für Repräsentationszwecke genutzter Boulevard diente als Hauptachse Chang'ans. Er nahm seinen Ausgang im nördlichen Palast- und Verwaltungsbereich und teilte das Stadtgebiet in eine West- und eine Osthälfte, die jeweils über einen eigenen Markt |35| verfügten. Trotz der imposanten Abmessungen der Verkehrswege muß es immer wieder zu Unfällen gekommen sein; denn nicht umsonst liest man in dem seit 653 gültigen Rechtskodex der Tang-Dynastie:

«Alle Reiter oder Kutschenfahrer, die ihre Pferde ohne zwingenden Grund in den Straßen und Gassen einer Stadt oder [im Bereich] einer größeren Menschenansammlung galoppieren lassen, erhalten eine Strafe von 50 Stockschlägen. Gibt es Verletzte oder Tote, gelten – [analog zu] den Folgen einer Schlägerei – die Bestimmungen für gefährliche Körperverletzung und Totschlag, wobei [das Strafmaß jedoch] um eine Stufe reduziert wird.»[2]

Der Norden der Stadt wurde von eindrucksvollen Palastanlagen dominiert, in denen der Kaiser mit seinem direkten Umfeld lebte. Für die Bevölkerungsmehrheit waren aber bestenfalls die Silhouetten der Hallen- und Pavillondächer wahrnehmbar, da das gesamte Gelände durch einen gewaltigen Wall hermetisch abgeriegelt war. Unter den Toren kam dem zentralen Durchlaß im Süden besondere Bedeutung zu. Hier wurden unter anderem die Tributgesandtschaften |37| empfangen und wichtige Entscheidungen verkündet. Zweimal im Jahr fand an dieser Stelle überdies eine Audienz statt. Dadurch fungierte der mehrstöckige Bau als symbolische Pforte zwischen dem Hof und dem Rest der Welt und war letztlich jener Ort im Stadtgebiet, auf den sich die stark ritualisierte Kommunikation zwischen dem «Sohn des Himmels» und seinen Untertanen konzentrierte.

Dafür, daß dabei eine angemessene Distanz zu den in den Wohnvierteln lebenden Menschen gewahrt wurde, sorgte zudem das ebenfalls umfriedete Verwaltungszentrum, das sich im Süden an den Palastbezirk anschloß und die Gebäudekomplexe umfaßte, in denen die Ministerien, die nachgeordneten Behörden, ein größeres Kontingent der Garden und verschiedene Versorgungseinrichtungen untergebracht waren. Klöster, Tempel und Pagoden waren hingegen über das gesamte Stadtgebiet verteilt. |50| Nur bei den Fremdreligionen – vor allem Zoroastrismus |51|, Manichäismus |52| und Nestorianismus |52| – ergibt sich eine deutliche Konzentration auf die Umgebung des Westmarkts. Dies überrascht nicht, wohnte hier doch die Mehrzahl der ausländischen Kaufleute |5, 9|, die über die Seidenstraße |33, 39| nach China gelangt waren.

Höchst umstritten sind die demographischen Daten. Die verschiedenen Schätzungen haben letztlich keine wirklich überzeugende Grundlage und weichen erheblich voneinander ab. Andererseits dürften Überlegungen, die auf eine Gesamtbevölkerung von mehr als einer Million hinauslaufen, nicht völlig danebenliegen. Vielleicht war das Chang'an der Tang-Zeit die einzig wirkliche Weltstadt jener Zeit. Für viele Bewohner war die Metropole nicht nur das politische, ökonomische und kulturelle Zentrum des Landes, sondern auch die Verortung eines überschäumenden Lebensgefühls. Davon kündet vor allem die Lyrik |45|. Andererseits bezeugen jedoch nicht wenige Gedichte, daß man sich in der «Wurzel des Reichs» auch einsam, isoliert und verloren vorkommen konnte.

Wachturm: Keramikmodell mit Resten von Glasur
(Grab 1 von Sangzhuang, Hebei; 2. Jahrhundert)

Bis in die ätherischen Gefilde hinaufragend wirken [die Türme], als seien sie ohne [menschliches] Zutun entstanden: abgehoben vom Staub der Welt. ¹

18. Abschottung und Kontrolle

Rund 35 km nordöstlich der Stadt Fucheng wurde 1984 ein mehrräumiges Ziegelkammergrab freigelegt, das alleine schon durch seine Abmessungen (Länge ohne Dromos 28,36 m, Breite bis zu 15,36 m, Höhe 5,16 m) beeindruckt. Abgesehen davon, daß die Ausstattung durch das Eindringen von Wasser und Schlamm weitgehend zerstört war, nehmen sich die Anzahl und Qualität der angetroffenen Beigaben jedoch wegen einer frühen Beraubung eher bescheiden aus. Insbesondere die chronologische Zuordnung von sieben verbliebenen Münzen spricht für eine Datierung in das ausgehende 2. Jahrhundert: eine von Unruhen erschütterte Zeit, in der sich viele Angehörige der Oberschicht – darunter vermutlich auch der Grabherr – auf ihren Landgütern abschotteten.

Ein zusätzliches Indiz für diese Deutung ist der Fund eines vielstöckigen Turmmodells (Höhe 216 cm) mit umlaufenden Balkons, außergewöhnlich aufwendigem Konsolgebälk und dekorreicher Dachgestaltung. Das vermittelt zwar den Eindruck von Verspieltheit, sollte aber über die primäre Bestimmung des Gebäudes nicht hinwegtäuschen; denn an allen vier Seiten aus den Luken blickende Wachposten stellen die Abwehrbereitschaft ebenso unter Beweis wie an den Wänden fixierte Schilde und Armbrüste. Verdeutlicht wird die Funktion zudem durch ein massives Tor sowie durch unter der höchsten Traufe aufgehängte Gongs, mit deren Hilfe man Gefahr signalisieren konnte.

Derartige Vorsichtsmaßnahmen waren aufwendig, aber nicht überflüssig; in einer Zeit nämlich, in der einer zunehmenden Konzentration von Grund und Vermögen eine wachsende Verelendung von weiten Teilen der bäuerlichen Bevölkerung |17| gegenüberstand, war sicherlich genug Potential für Aufstände vorhanden. Hinzu kam eine große Zahl arbeitsloser junger Männer, die vielfach ohne echte Zukunftsperspektive aufgewachsen waren und im wesentlichen nur zwei Optionen hatten: den Dienst in den Milizen, die sich die örtlichen Grundherren zu ihrem Schutz hielten, oder den Anschluß an eine der marodierenden Banden |14|, die sich auch durch drakonische Strafen |30| nicht von ihren Streifzügen abhalten ließen.

Die Spannungen wurden aber durch die zunehmende Verquickung

von sozialen und religiösen Motiven noch verschärft. In der zweiten Hälfte des 2. Jahrhunderts waren es vor allem daoistische Vorstellungen, die dem militanten Aufruhr einen ideologischen Rahmen gaben. Die Rekrutierung der Gefolgsleute erfolgte meist nach einem relativ einfachen Rezept. Einerseits wurde ein höherer Lebensstandard in Aussicht gestellt und andererseits – auf kollektiver wie auf individueller Ebene – spirituelle Erfüllung versprochen. Eine besondere Anziehungskraft übten dabei Amulette aus, die Unversehrbarkeit garantieren sollten. Zwei Bewegungen gelang es schließlich, hierarchisch gegliederte überregionale Organisationen aufzubauen. Während die Anhänger der «Lehre von den fünf Scheffeln Reis» große Teile des Westens unter ihre Kontrolle brachten, dominierten die «Gelben Turbane» zeitweilig den Nordosten des Landes.

Im Jahre 184 kam es schließlich zur offenen Rebellion, die von den Regierungstruppen |3| jedoch rasch niedergeschlagen werden konnte. So seltsam es zunächst anmuten mag: Die Folge war eine dramatische Machtverschiebung bei Hofe, wo in den Jahrzehnten zuvor die Eunuchen |4| erfolgreich ihre Interessen durchgesetzt hatten. Nun aber meldeten nicht mehr nur ins Abseits gedrängte Beamte |2| ihren Anspruch auf zentrale Positionen im Staate an, sondern auch erfolgreiche Heerführer, die mit ihren Siegen im Rücken Stärke demonstrieren konnten. Der Kaiser |1|, bis dahin den Einflüsterungen der Eunuchen ausgeliefert, wurde zur Geisel der Generäle.

Allerdings waren sich die hohen Militärs nur darin einig, daß jeder von ihnen ausschließlich sich selbst für befähigt hielt, das Land langfristig zu befrieden: und zwar mit allen Mitteln, so daß die aus dieser Rivalität resultierenden Konflikte rasch eskalierten und Tod und Verwüstung nach sich zogen. Bis zu ihrem von einer kontinuitätsversessenen Historiographie festgelegten Ende war die Dynastie Han dann bloß noch Fiktion.

Gefahr drohte den reichen Gutsbesitzern Nordostchinas jedoch nicht nur von plündernden Räuberbanden, fanatischen Aufrührern oder einer wildgewordenen Soldateska, sondern auch von «Barbaren» |9|, die in der angrenzenden Steppenzone lebten. Zwar waren diese im 2. Jahrhundert kaum mehr in der Lage, die Dynastie zu größeren Zugeständnissen zu nötigen, doch richteten die gelegentlichen Beutezüge der Wuhuan und Xianbi im Bereich der heutigen Provinz Hebei auch so allerlei Schäden an: trotz der «Großen Mauer», die deren Eindringen eigentlich hätte verhindern sollen.

Nun war dieses Wallsystem aber damals noch lange nicht das geschlossene Bollwerk, als das es heute wahrgenommen wird. Auch geht seine Errichtung keineswegs unmittelbar auf eine Initiative Qin Shihuangdis zurück. Vielmehr hatte der Kaiser lediglich dafür gesorgt, daß Lücken zwischen einzelnen Befestigungsanlagen, von denen manche zur Zeit der Reichseinigung bereits ein stattliches Alter erlangt hatten, geschlossen und einige strategisch wichtige Bereiche neu einbezogen wurden. Die «Langgestreckten Wälle» (so die korrekte Übersetzung des antiken Begriffs *chang cheng*) orientierten sich im übrigen nicht unbedingt an vermeintlichen Demarkationslinien zwischen unterschiedlichen Lebensformen und Kulturen, sondern folgten primär den Begrenzungen der jeweiligen Machtsphären. Und sie dienten oft weniger der Abschottung denn der Kontrolle. Das gilt nicht nur für den Handel, sondern auch für den Austausch von Informationen; beides wurde von den Behörden meist mit Argwohn betrachtet. Dennoch glaubten einige Dynastien – darunter die Tang – gut ohne die Ausbesserung und Erweiterung der Wälle auskommen zu können und verließen sich lieber auf ein breites Spektrum offensiv ausgerichteter Taktiken.

Wichtigstes Baumaterial war Lehm, der in versetzbare Holzrahmen gefüllt und – Schicht für Schicht – mit keulenähnlichen Stößeln festgestampft wurde; Lagen von Flechtwerk bewirkten zuweilen eine zusätzliche Stabilisierung. Auf diese Weise entstanden auch Terrassen, auf denen sich in regelmäßigen Abständen Türme erhoben: die Voraussetzung für eine gründliche Überwachung und für die Übermittlung von Signalen. Gelegentlich wurden auch Steinblöcke, Schotter und Ziegel eingesetzt. Vom Balkenwerk sind indes heute kaum mehr Überreste vorhanden, die eine Rekonstruktion der Holzarchitektur ermöglichen könnten. Mit entsprechender Vorsicht kann man hierfür jedoch die Grabkeramik einbeziehen, welche zumindest einen Eindruck davon vermittelt, wie diese Bauten, die später auch als Vorbilder für die Gestaltung der Pagoden |50| dienten, einst ausgesehen haben könnten.

Gutshof: Keramikmodell mit Resten der Bemalung
(Grab 1 von Yuzhuang, Henan; 1. Jahrhundert n. Chr.)

Große Anwesen, deren Front zur Hauptstraße zeigt, [verfügen über] weitläufige, lichte Hallen und mächtige Torbauten, durch die vier Pferde nebeneinander einziehen können. In den Höfen werden Glocken und Klangsteine angeschlagen, in den Hallen die Saiteninstrumente. [1]

壬午

19. Haus und Hof

In Yuzhuang (Bezirk Huaiyang) wurden 1981 zwei Gräber freigelegt von denen eines mit einer Länge von 6 Metern relativ groß dimensioniert war. Von Sarg und Skelett konnten nur noch wenige Reste geborgen werden, und die Beigabenausstattung war eher bescheiden. Neben der detailfreudig gestalteten Miniatur sind eigentlich nur noch zwei *banliang*-Münzen |36| erwähnenswert, welche für die Ausgräber die Grundlage für eine Datierung in das 2. Jahrhundert v. Chr. bilden. Da Münzen aber nicht selten auch lange nach Ablauf der Zeit, in der sie gültiges Zahlungsmittel waren, bei den Verstorbenen hinterlegt wurden, ist diese Auffassung jedoch keineswegs zwingend, und viele Argumente sprechen für eine deutlich spätere Zuordnung: vermutlich in das 1. Jahrhundert n. Chr., jene Epoche, in der es den Großgrundbesitzern Zentralchinas, unter denen der Besitzer des dargestellten Ansitzes vermutet werden muß, gelang, ihre Machtposition deutlich auszubauen.

Die Ausrichtung des auch in den Abmessungen (Länge 130 cm; Breite 114 cm; Höhe 89 cm) eindrucksvollen Gehöftmodells folgt der Auslegung des Grabgrundrisses und orientiert sich am Meridian. Innerhalb des von hohen Mauern geschützten Anwesens, dessen Zugang sich durch ein einziges überbautes Tor gut kontrollieren läßt, sind die verschiedenen Wohn- und Nutzbereiche dicht aneinandergedrängt: Küchentrakt, Stallungen, Aborte |32| und ein separierter Gemüsegarten flankieren das Hauptgebäude mit einer geräumigen Halle, deren repräsentative und rituelle Funktionen durch die erhöhte Plattform und die figürliche Darstellung von sechs Musikern |54| und durch mehrere Gefäßminiaturen verdeutlicht wird.

Die «klassische» Form chinesischer Architektur ist der Ständerbau. Dabei haben die Wände keine tragende Funktion; vielmehr bilden sie lediglich das Füllwerk zwischen den Säulen, auf welchen die Dachkonstruktion ruht. Da wegen der Vergänglichkeit der verwendeten Materialien keine intakten Wohnbauten aus der Han-Zeit erhalten sind und Rekonstruktionen auf der Grundlage archäologischer Befunde nur begrenzte Aussagefähigkeit haben, ist man für die Veranschaulichung der damaligen Architektur insbesondere auf die Keramikmodelle angewiesen. Die Konstruktion des Holzskeletts wird dabei gerne mit Hilfe entsprechender Ritzungen angedeutet, welche den Eindruck vermitteln, daß die auf Schwellen ruhenden Ständer durch Balken verbunden waren. Für eine zusätzliche Stabilisierung sorgten offenbar dazwischen angebrachte Riegel und schräg angesetzte Streben. Daß die dadurch entstandenen Gefache bei den zum Vorbild genommenen Bauten mit Flechtwerk ausgefüllt waren, welches man mit Lehm bewarf, ist hinreichend wahrscheinlich. Daneben wurden in manchen Regionen Stampflöß und luftgetrocknete Ziegel für die Errichtung der Wände verwendet; Stein kam hingegen fast ausschließlich in der Sepulkralarchitektur zum Einsatz.

Im allgemeinen zeigen die Tonmodelle vielgestaltige Aussparungen in der Wand, doch ist die Trennlinie zwischen Lüftungsschlitz, durchbrochenem Mauerwerk und Fenstergitter nicht immer leicht zu ziehen. Türen sind meist einflügelig wiedergegeben: mit der Öffnung jeweils nach innen und dem Anschlag mehrheitlich links. Es kommen aber – wie bei dem Objekt aus Yuzhuang – auch Darstellungen von zweiflügeligen Türen vor, die eine große Ähnlichkeit mit der Pforte zur Grabkammer des 122 v. Chr. unweit der Palastanlage bestatteten Königs Zhao Mo aufweisen, bei welcher die Blätter mit Hilfe von Zapfen in Schwelle und Sturz gelagert waren. Zuweilen kann man auf den Außenseiten große Ringgriffe erkennen, die in Ösen eingehängt waren und Vorbilder aus Metall nachahmten. Sie dienten dem Zuziehen der Flügel beim Verlassen des Anwesens, aber nicht – wie gelegentlich in der bauhistorischen Literatur vermerkt – als «Türklopfer». Bei einigen Modellen sind überdies vertikal angesetzte Bügel zu erkennen, die zur Aufnahme eines Querriegels gedient haben könnten, mit dessen Hilfe ein unerwünschter Zutritt verhindert wurde. Abgesehen davon weisen die plastischen Darstellungen der Gehöfte häufig noch bodennahe kleinere Öffnungen auf, durch welche Hunde |58| und andere Kleintiere hinein- und hinausgelangen konnten.

Dort, wo Gelände und Bodenbeschaffenheit dies zuließen, erhoben sich zumindest die Gebäude, denen repräsentativer Charakter zukam, auf einer Plattform. Diese bestand gemeinhin aus mehreren Schichten Stampflehm, wobei der Untergrund gegebenenfalls mit Hilfe anderer Materialien (z. B. Ziegelschutt) verfestigt wurde, welche man in eine darunterliegende Grube verfüllte. Eine seitliche Verkleidung der sich über das Niveau des Bodens erhebenden Terrasse ist in vielen Teilen Chinas ebenfalls belegt. Grabungen bezeugen überdies die Verwendung von Keramikplatten für den Fußbodenbelag.

Durch die Modelle sind verschiedene Dachformen überliefert, die bei größeren Baukomplexen auch in entsprechenden Kombinationen – zuweilen gestuft – auftreten können. Dabei überwiegen die durch zwei Schrägflächen gekennzeichneten Satteldächer. Keineswegs selten sind jedoch Walmdach (mit Schrägen an allen vier Seiten), Fußwalmdach (zwei Schrägen zwischen First und Traufe, zwei Schrägen am Giebelfuß) und Zeltdach (aus vier etwa gleich großen Dreiecksflächen). Nur bei Nebengebäuden finden sich Pultdächer (mit nur einer Schrägfläche). Allen Typen gemein ist ein deutlicher Überstand der Traufe, der, nicht zuletzt durch das Fehlen einer anderweitigen Regenwasser-Ableitung bedingt, die Wände vor Feuchtigkeit schützte.

Zur Bedeckung bevorzugte man Tonziegel, deren Verlegung – ähnlich dem Verfahren von Mönch und Nonne – bei den Modellen durch Eintiefungen und Rippen angedeutet wurde. Allerdings gewinnt man oft genug den Eindruck, daß die Wölbung der Schindel nicht sehr ausgeprägt war; halbzylindrische Formen fanden meist nur bei der Hervorhebung von First und Graten Verwendung. Die für die chinesische Architektur typische «Dachschwingung», die durch die Anhebung der First- und Gratenden entsteht, setzte sich freilich erst später durch.

Zwar ruhte der Großteil der keineswegs unbeträchtlichen Dachlast auf Säulen, doch hatten auch die mit diesen verbundenen Längs- und Querbalken nicht nur eine versteifende, sondern auch eine tragende Funktion. Der Schaffung einer größeren Auflagefläche, der besseren Kontrolle des Gewichts und der Stabilisierung des Dachüberstands dienten Konsolen, welche im allgemeinen unterhalb der Traufe angebracht wurden. Diese waren in der Han-Zeit mehrheitlich relativ einfach konstruiert und bestanden lediglich aus Trägerarmen mit aufgesetzten Konsolenarmen und -platten. Allerdings gab es insbesondere gegen Ende der Dynastie auch relativ elaborierte, mehrfach gestufte Konsolensysteme, um eine entsprechende Zahl nebeneinanderliegender Auflageflächen entstehen zu lassen. Schräg nach oben weisende Kragbalken, welche die Traufpfette abstützten, waren noch selten.

Hohe Mauern, Ecktürme und Erker über den Toren deuten nicht selten darauf hin, daß die Wehrhaftigkeit ein wesentlicher Aspekt der Architektur war. Selbst bei kleineren Anwesen spielte – wie die Errichtung hoch aufragender Bauten und fester Umfriedungen sowie Wächterdarstellungen zeigen – nicht nur der Schutz vor den Unbilden der Witterung eine wichtige Rolle.

Sitzendes Paar: Darstellung im Vorraum zu einer Grabkammer
(Grab 1 von Baisha, Henan; 11. Jahrhundert)

*Man rief uns herein [und forderte uns dazu auf] Platz zu nehmen.
Daraufhin setzten wir uns auf die Stühle und nippten am Tee.* ¹

癸未

20. Mobiliar und Raumgestaltung

Als 1951 am Oberlauf des Yinshui ein Staubecken errichtet wurde, stießen die Arbeiter auf eine Nekropole mit mehreren hundert Gräbern, von denen eine größere Zahl in der Folgezeit freigelegt wurde: darunter drei Komplexe, die der Song-Zeit zugeordnet werden können. Die Arbeiten an Grab 1 konnten im Januar des darauffolgenden Jahres abgeschlossen werden. Im hintersten von drei Räumen des imposanten Ziegelkammergrabs (Länge ohne Dromos 7,61 m) waren – umgeben von vergleichsweise spärlichen Beigaben – die Knochen eines Mannes und einer Frau aufgeschichtet. In deren Nähe fand sich überdies ein Kästchen, das mehrere beschriftete Steintäfelchen barg, die den Grabherrn als Angehörigen der Familie Zhao ausweisen; durch die Erwähnung des 2. Jahres der Regierungsdevise *yuanfu* (1099) liefern sie zudem einen präzisen Datierungsansatz.

Abgesehen von der aufwendigen Nachbildung von Konsolgebälk an den Decken ist die Malerei (Breite 1,3 m, Höhe 0,9 m) an der Westwand des Vorderraums von überdurchschnittlicher Qualität. Deren plastische Wirkung wurde dadurch verstärkt, daß die Ziegel der Wandverkleidung vor dem Farbauftrag beschnitzt wurden. Mit Hilfe dieses Reliefs wurden nicht nur der Tisch, eine daraufstehende Kanne mit zwei Bechern und die beiden Stühle hervorgehoben, sondern auch die Köpfe der gegenübersitzenden Personen, die vermutlich den Grabherrn und seine Gemahlin darstellen. Im Hintergrund kann man zwischen zwei Stellschirmen die Dienerschaft erkennen.

Noch einige Jahrhunderte zuvor wäre dieses Motiv undenkbar gewesen. Zwar gab es Stühle bereits vor der Tang-Dynastie, doch war die Benutzung des Möbels zunächst nur in religiösem Kontext üblich: meist als Privileg höhergestellter Mönche, die es – teils im Lotossitz, teils mit herabhängenden Beinen – einem thronenden Buddha oder Bodhisattva gleichtaten, um ihrer Autorität Ausdruck zu verleihen. Erst im 9. und 10. Jahrhundert wurde der Stuhl weitgehend «säkularisiert», bevor er sich bei der Bevölkerungsmehrheit als Gebrauchsmöbel durchsetzen konnte.

Bis dahin knieten die Menschen in der Regel auf geflochtenen oder gewebten Unterlagen. Das galt in der Han-Zeit auch für den Kaiser, der «auf einer mit einem Seidenband gesäumten Bambusmatte» Platz nahm, wenn er sich «huldvoll gen Süden wandte, um die Berichte [der Hofbeamten] anzuhören».[2] Die Rangunterschiede waren dadurch freilich nicht aufgehoben; denn der Herrscher saß während der Audienz auf einem Podest: ebenso wie der Lehrer, der seine Schüler unterwies, der Grundherr, der seine Pächter empfing, oder der Richter, der sein Urteil verkündete. Im privaten Kontext boten diese erhöhten Sitzflächen häufig mehreren Personen Platz und luden – Statusgleichheit vorausgesetzt – zum gepflegten Diskurs ebenso ein wie zum ausufernden Gelage.

Das Knien mit auf den Fersen oder Fußsohlen aufliegendem Gesäß hatte zunächst auch die Form des anderen Mobiliars bestimmt: darunter geschwungene Stützen, auf denen die Arme ruhten, schmale Pulte, unter denen man die angewinkelten Beine ablegte, und flache Tischchen, die sich, sieht man einmal von den niedrigen Füßen ab, kaum von Tabletts unterscheiden lassen. Erst mit dem Aufkommen von Stühlen – und parallel dazu der Verwendung von Hockern und Bänken – wurden hohe Tische, die man aus anderem Kontext bereits kannte, zur gemeinsamen Einnahme von Speisen und Getränken eingesetzt.

In China war die Zahl der Menschen, die lediglich auf einfachen Matten oder gar auf dem blanken Boden schliefen, sicherlich beträchtlich; denn keineswegs jedem stand ein Bett – beziehungsweise ein Platz darin – zur Verfügung. Wurden überhaupt erhöhte Liegestätten verwendet, dann war ihre Konstruktionsweise ganz wesentlich von klimatischen Faktoren bestimmt. Im milderen Südchina, wo man sich primär vor Feuchtigkeit schützen mußte, bediente man sich hölzerner Bettgestelle, die einen entsprechenden Abstand vom Boden gewährleisteten und von einem niedrigen Gitter oder von Vorhängen umgeben sein konnten. Im kalten Norden hingegen dominierte der *kang*, eine heizbare Schlafbank, die mit Hilfe von Ziegeln oder Lehm errichtet und von unten befeuert wurde. Insbesondere im Winter spielte sich auf der Liegefläche auch tagsüber das soziale Leben ab; man räumte dann das Bettzeug beiseite und gruppierte sich um flache Tischchen, an denen gemeinsam gearbeitet, gespeist und geplauscht wurde.

Nicht nur Frauen benutzten Nackenstützen, um während des Schlafs die Frisur zu schonen. Bei der Bevölkerungsmehrheit handelte es sich dabei meist um harte Polster, für die unter anderem Stoff, Stroh, Bambus und Holz verwendet wurden. Die kaiserliche Familie bevorzugte indes aus edlen Materialien gefertigte, aufwendig dekorierte Objekte, die in ihrem Inneren Gewürze und Aromastoffe bergen konnten, aber ansonsten ebenfalls höchst unbequem waren. Das gilt auch für keramische Nackenstützen, die wiederum die Möglichkeit boten, Eis oder heißes Wasser einzufüllen, um die jahreszeitlich bedingten Unbilden zu mildern

Wenn es möglich war, wurde die Kleidung nachts über einen einfachen Ständer oder an einen Haken in der Wand gehängt. Zur Aufbewahrung benutzte man Truhen, die im Idealfall aus Kampferholz geschreinert wurden, um Gewänder und Bettwäsche vor Mottenbefall zu schützen. Schränke und Regale zählten in der Antike nicht zum Standardmobiliar und sollten erst in den letzten Jahrhunderten der Kaiserzeit eine weitere Verbreitung finden.

Während viele Menschen unter beengten Wohnverhältnissen litten, verloren sich die Angehörigen der Oberschicht zuweilen in weitläufigen Hallen. Sollte dennoch ein gewisses Maß an Intimität gewahrt werden, mußten die Gemächer zusätzlich untergliedert werden. Hierzu wurden bevorzugt Stellschirme verwendet, die außerdem als dekoratives Element, Statussymbol und Schutz vor Zugluft dienen konnten. Eine ähnliche Funktion hatten Vorhänge, die in China nicht nur vor die Fenster gehängt wurden, sondern auch als attraktive Raumteiler fungierten.

Bei den Wänden gab es viele Gestaltungsmöglichkeiten. Zwar waren sie im allgemeinen ganz schlicht gehalten, doch konnten auch kräftige Farben und prägnante Muster vorkommen. Darüber hinaus ermöglichten wertvolle Schrift- und Bildrollen Akzente in der Innenarchitektur. Eine «Überfrachtung» vermied man jedoch in der Regel, und besonders geschätzte Kunstwerke wurden meist nur dann aus den Aufbewahrungskästen geholt, wenn man sie aus einem bestimmten Anlaß – etwa dem Besuch von Freunden – vorzeigen wollte.

Speicher: Keramikmodell mit Resten der Bemalung
(Grab 6 von Baizhuang, Henan; 2. Jahrhundert)

Ein [141 v. Chr. erlassenes] Edikt [des Kaisers Jing] besagt: «Landwirtschaft ist die Grundlage des Reiches. Gold, Perlen und Jade können im Falle von Hungersnöten nicht verzehrt und im Falle von Kältewellen nicht [als Schutz vor der Witterung] getragen werden.» [1]

21. Bollwerke gegen den Hunger

Im Jahre 1993 wurde im Stadtbereich von Jiaozuo ein kleiner Friedhof freigelegt, in welchem Grab 6 durch eine vergleichsweise reiche Ausstattung bestach. Schon durch die Abmessungen (Höhe 192 cm) zog damals das Keramikmodell eines mehrgeschossigen Speicherkomplexes die Aufmerksamkeit auf sich, das aus 31 Einzelteilen zusammengesetzt war und wesentliche Merkmale der Han-Architektur |18, 19| aufwies: darunter mehrere Walmdächer mit Ziegeldeckung und weitem Traufenüberstand; vorkragendes Konsolgebälk zum Abstützen des darüberliegenden Geschosses bzw. Daches; Balkon und Veranda; Fenster und Lüftungsschlitze; einen ummauerten Vorhof mit Türmchen beidseits des zweiflügeligen Tores. Die Funktion der beiden durch einen Übergang miteinander verbundenen Gebäudeteile ist überdies durch die Aufschrift *cang* («Speicher») dokumentiert.

Welche Dimensionen die vornehmlich zur Einlagerung von Getreide verwendeten Nutzbauten haben konnten, lassen die archäologischen Befunde in Baizhuang (Bezirk Huayin) erahnen. In dem rund 130 Kilometer östlich von Xi'an gelegenen Grabungsgebiet konnten zwischen 1980 und 1983 Teile eines Gebäudekomplexes freigelegt werden, der sich mit Hilfe von Traufziegelinschriften als «Hauptstadt-Speicher» identifizieren ließ. Insgesamt maß das von einem massiven Wall umgebene Areal annähernd 800 000 Quadratmeter, und auch der größte Bau dürfte mit einer Länge von mehr als sechzig Metern durchaus imposant gewesen sein. Münzfunde und Textpassagen in der Dynastiegeschichte legen nahe, daß die Anlage unter der Herrschaft von Kaiser Wu (reg. 140–87 v. Chr.) der Han-Dynastie errichtet wurde.

Die Fundamente in Baizhuang belegen – wie die Mehrzahl der in den Gräbern Nord- und Zentralchinas gefundenen Speichermodelle – eine obertägige Bauweise. Nur in einem Fall lag der Boden mehr als einen Meter unterhalb der Erdoberfläche. Schon wegen der erheblich höheren Niederschlagsmengen wäre eine semisubterrane Vorratshaltung in Südchina wenig sinnvoll gewesen. Hier überwogen denn auch Pfahlspeicher, bei denen ein beträchtlicher Abstand zwischen dem Lagerraum und dem Untergrund die Nahrungsmittel vor einer Schädigung durch Bodenfeuchtigkeit und Überschwemmungen schützte.

Die Bauten standen im allgemeinen auf vier bis sechs Pfosten, von denen sich manche nach oben verjüngten, um sich unterhalb des Fußbodens noch einmal zu einem Kegelstumpf zu verdicken. Klettertüchtige Tiere wurden so daran gehindert, entlang der Unterkonstruktion einzudringen und sich an dem darin befindlichen Getreide, Obst und Gemüse gütlich zu tun. Zuweilen wurde der Boden eines Gebäudes auch durch Konsolgebälk abgestützt. Zum Erreichen der Plattform, die in einigen Fällen – ebenso wie das Dach – einen runden Grundriß aufwies, verwendete man Leitern, welche aus Planken gefertigt wurden, die man mit einem Tritt aus quer verlaufenden Kerben versah.

Zuweilen sind auf den in Han-Gräbern angetroffenen Speichermodellen oder Reliefziegeln Personen wiedergegeben, die vor dem Gebäude Getreide abmessen. Von der Mehrzahl chinesischer Prähistoriker wird dieses Motiv mit der unbarmherzigen Erhebung von Steuern in Verbindung gebracht. Diese Erklärung ist durchaus nachvollziehbar, da die Abgaben in der chinesischen Kaiserzeit oftmals in Form von Zerealien dargebracht werden mußten. Umgekehrt verpflichteten soziale Normen |48| aber den Grundherrn auch dazu, in Notzeiten Saatgut und Getreide an die Bevölkerung zu verteilen. Bedenkt man in diesem Zusammenhang, daß die Bildprogramme in den Gräbern |16, 46| wohl primär zur posthumen Würdigung der Bestatteten dienten, so drängt sich doch eher die Vermutung auf, das Sujet ziele – unabhängig von der realen Biographie des Verstorbenen – darauf ab, konfuzianisch inspirierte Freigebigkeit zu dokumentieren.

Und Bedarf an Getreidespenden herrschte regelmäßig. Allein unter der Han-Dynastie gab es mehr als 200 überregionale Hungersnöte, die durch Dürren, Überschwemmungen, Kälteeinbrüche, Stürme, Erdbeben und Insektenplagen verursacht waren – von der durch Kriege, Unruhen und Profitdenken herbeigeführten Verknappung der Nahrungsmittel ganz zu schweigen. Auch wenn die Geschichte Chinas zuweilen eher wie eine Aneinanderreihung von Debakeln anmutet, hatte ein funktionierendes Katastrophenmanagement bei Hofe meist höchste Priorität: nicht zuletzt deshalb, weil von Mensch und Natur verursachte Krisen – ebenso wie unglückverheißende Vorzeichen – als Symptome für den Verlust kaiserlicher Legitimation interpretiert werden konnten. |1|

Volle öffentliche Speicher waren vor diesem Hintergrund Garanten von Stabilität und Kontinuität. Bis zu drei Jahre Zwangsarbeit drohten daher unter der Tang-Dynastie jenen Beamten und Aufsehern, die die Durchlüftung der Bauten vernachlässigten, so daß die eingelagerten Nahrungsmittel verdarben. Aber auch durch drakonische Strafen [30] ließen sich Hungersnöte nicht verhindern. Weit wichtiger war es, längerfristige Strategien zur Schaffung staatlicher und kommunaler Reserven zu entwickeln: zum einen, um privaten Spekulationen mit Saatgut und Getreide vorzubeugen, zum anderen, um eine ausreichende Versorgung in Extremsituationen sicherzustellen. Daß dies nicht immer gelang, zeigt Cheng Yis Appell aus dem ausgehenden 11. Jahrhundert:

«Wenn man die Bevölkerung nicht [rechtzeitig] zur [landwirtschaftlichen] Produktion anhält und vorsorglich Getreidevorräte anlegt, kann man bei einer Hungersnot nicht die Speicher öffnen, um die Versorgung sicherzustellen. [...] Diese sind dann nämlich leer, und die Leichen der Verhungerten liegen davor. Es gibt keine Rettung!»[2]

Lackservice
(Grab 1 von Mawangdui, Hunan; 2. Jahrhundert v. Chr.)

Während eines gemeinsamen Mahles ziemt sich [unter anderem folgendes] nicht: den Reis zu Ballen zu formen; die Getränke hinunterzustürzen und die Speisen hinunterzuschlingen; zu schmatzen; die Knochen abzunagen; den Fisch, den man [von der Anrichteplatte] genommen hat, zurückzulegen; den Hunden Knochen zuzuwerfen; sich auf bestimmte Köstlichkeiten zu kaprizieren; [...] die Suppe gierig hinunterzuschlürfen oder nachzuwürzen; in den Zähnen zu stochern; die Soßen in sich hineinzuschütten. [1]

乙酉

22. Ein Blick in die Speisekammer

In den Jahren 1972 und 1973 wurden in einem Vorort von Changsha drei Gräber freigelegt. Eines davon (Gr. 2) konnte durch Siegel Li Cang, dem 186 v. Chr. verstorbenen Fürsten von Dai, zugeschrieben werden; die beiden anderen waren vermutlich mit dessen später beigesetzten Angehörigen belegt. |27, 46| Die Mehrzahl der Archäologen und Historiker neigt dazu, die im chronologisch jüngsten Grab (Gr. 1) angetroffene Tote, eine Frau von etwa fünfzig Jahren, als Witwe des adeligen Herrn zu identifizieren und deren Bestattung in die Zeit um 167 v. Chr. zu datieren.

Das politisch eher unbedeutende Haus Dai muß über erstaunliche finanzielle Ressourcen verfügt haben. Dies legt die Grabarchitektur (mit einem Tumulus von annähernd 60 Metern Durchmesser und einem Schacht von 16 Metern Tiefe) ebenso nahe wie die Ausstattung (mit massiven Holzeinbauten und mehreren ineinandergeschachtelten Särgen). Vor allem aber besticht die Qualität der mehr als tausend Beigaben, welche ein anschauliches Bild vom Lebensstandard der Oberschicht vermitteln.

Das gilt nicht zuletzt für das Geschirr, zu dem auch die Mehrzahl der 184 Lackobjekte gerechnet werden kann: darunter 90 Griffschalen und 32 Teller sowie ganze Sets von Töpfen, Schüsseln, Bechern und Schöpfkellen, bei denen die Farben Schwarz und Rot dominieren. Unter anderem stieß man bei den Ausgrabungen auf ein Tablett (Länge 76,5; Breite 46,5 cm), auf dem sich fünf reichlich mit Speisen gefüllte Teller (Durchmesser 18,5 cm), eine Griffschale (Länge 14 cm, Breite 10,5 cm) und zwei Becher (Höhe des größeren 11 cm) befanden. Inschriften – «Hausstand des Fürsten von Dai» (auf dem Tablett), «Herr, delektiert Euch an den Speisen» (auf den Tellern) und «Herr, labt Euch am Bier» (auf der Griffschale und einem der beiden Becher) – erlauben dabei eine klare Zuordnung von Besitz und Funktion.

In dreißig Bambusschachteln, vielen Lack- und Keramikgefäßen und einer ganzen Reihe von Hanfsäckchen fanden sich überdies Nahrungsmittel, die einer gründlichen botanischen und zoologischen Analyse unterzogen wurden.

Getreide	Reis	*Oryza sativa*	Körner
	Weizen	*Triticum turgidum*	Körner
	Gerste	*Hordeum vulgare*	Körner
	Rispenhirse	*Panicum miliaceum*	Körner
	Borstenhirse	*Setaria italica*	Körner
Hülsenfrüchte	Sojabohne	*Glycine max*	Samen
	Adzukibohne	*Phaseolus angularis*	Samen
Wurzelgemüse	ind. Lotus	*Nelumbo nucifera*	Rhizom
Obst	Jujube	*Ziziphus jujuba*	Frucht
	Zuckermelone	*Cucumis melo*	Samen
	jap. Birne	*Pyrus pyrifolia*	Frucht
	jap. Aprikose	*Prunus mume*	Frucht
Samen und Gewürze	chin. Senf	*Brassica cernua*	Samen
	Quirlmalve	*Malva verticillata*	Samen
	Hanf	*Cannabis sativa*	Samen
	Zhejiang-Zimt	*Cinnamomum chekiangense*	Rinde
	Süßgras	*Hierochloe odorata*	Rhizom
	Galgant	*Alpinia officinarum*	Rhizom

Pflanzliche Nahrungsmittel und Gewürze aus Grab 1 von Mawangdui

Darüber hinaus erlauben die Aufschriften auf den Holzanhängern, die den Inhalt der einzelnen Schachteln vermerkten, und die Angaben des auf 312 Bambustäfelchen verzeichneten Grabinventars zumindest eine grobe Identifizierung weiterer Zutaten: darunter Bambussprossen, Taro, Wachteln und Wildenten. Zudem benennen sie eine ganze Reihe von Gerichten, so zum Beispiel «geröstete Hundeleber», «getrocknetes Rindfleisch», «Lammhack» oder «Eintopf aus Fisch und Lotuswurzel».

Auch lassen sich verschiedene Zubereitungsarten – Rösten, Frittieren, Schmoren, Kochen und Dämpfen – rekonstruieren sowie mehrere Verfahren des Würzens und der Haltbarmachung; danach wurden die Produkte unter anderem in Sojasauce, Essig und Honig eingelegt, gesalzen und gezuckert, gedörrt und gepökelt. Als Getränke sind schließlich verschiedene Biersorten |24| auf der Grundlage von Hirse, Reis und Weizen auszumachen.

So gewähren die Hinterlassenschaften in Grab 1 von Mawangdui einen Einblick in die kulinarische Vielfalt, an der sich die chinesische Oberschicht erfreuen konnte. Sie geben aber auch einen Hinweis auf die Mengen, die gelegentlich vertilgt wurden. Größere Zurückhaltung erlegte sich offenkundig auch die vergleichsweise füllige Dame nicht auf, die hier beigesetzt wurde. Wie eine Analyse des Mageninhalts ergab, hatte sie noch unmittelbar vor ihrem Tode ein stattliches Häufchen Melonenkerne verzehrt, und vermutlich trugen nicht zuletzt ihre Ernährungsgewohnheiten dazu bei, daß sie an Arteriosklerose litt und an einer Thrombose der Herzkranzgefäße erkrankte.

Fisch	Karpfen	*Cyprinus carpio*
	Silberkarausche	*Carassius auratus*
	Scheltostscheck	*Elopichthys bambusa*
	Brachsen	*Acanthobrama simoni*
	Schwarzbauchnase	*Xenocypris argentea*
	chin. Aucha-Barsch	*Siniperca sp.*
Zuchtvieh und Haarwild	Hausschwein	*Sus scrofa domesticus*
	Hausrind	*Bos taurus domesticus*
	Hausschaf	*Ovis ammon aries*
	Haushund	*Canis lupus familiaris*
	Sikahirsch	*Cervus nippon*
	chin. Hase	*Lepus sinensis*
Geflügel und Federwild	Gans	*Anser sp.*
	Mandarinente	*Aix galericulata*
	Ente	*Anas sp.*
	Haushuhn	*Gallus gallus domesticus*
	chin. Bambushuhn	*Bambusicola thoracica*
	Jagdfasan	*Phasianus colchicus*
	Kranich	*Grus sp.*
	Turteltaube	*Streptopelia sp.*
	Zwerglachtaube	*Oenopopelia tranquebarica*
	Steinkauz	*Athene sp.*
	Elster	*Pica pica*
	Feldsperling	*Passer montanus*

Tierische Nahrungsmittel aus Grab 1 von Mawangdui

Wandmalerei im Grab des Zhang Wenzao
(Xiabali, Hebei; 11. Jahrhundert)

Obschon der Tee ein eigenes Aroma hat, ist es bei der für den Hof bestimmten Ware üblich, Ambra oder Fett beizumengen, um den Geschmack zu verstärken. […] Auch Früchte und Kräuter werden hierfür verwendet, doch schadet das noch mehr. Daher ist dringend davon abzuraten. [1]

丙戌

23. Himmelstau und Jadetrank: der Tee

An der Wende zum 11. Jahrhundert wurden weite Teile Nordostchinas von den Kitan kontrolliert, die dort die Dynastie Liao gegründet hatten. Aus dieser Zeit stammt eine Gruppe von neun Gräbern, die zwischen 1974 und 1993 unweit von Xuanhua freigelegt und einer einzigen Verwandtschaftsgruppe zugeordnet wurden. Allen gemein war eine farbenprächtige Ausmalung, in welcher mehrfach die Zubereitung von Tee als Motiv aufgegriffen wird. Besonders anschaulich ist die Darstellung (Höhe 1,7m) auf der Ostwand des Vorraums von Grab 7, in welchem 1093 die Asche des 19 Jahre zuvor verstorbenen Zhang Wenzao beigesetzt worden war.

Um eine Kommode und zwei Tische mit Schreibutensilien |43| und Geschirr gruppiert sind insgesamt acht Personen; darunter einige offenkundig recht vergnügte Kinder |14|. Auf dem Fußboden lassen sich mehrere Objekte erkennen, die für die Zubereitung von Tee benötigt wurden: (von vorne nach hinten) eine Teereibe; ein Lacktablett, auf dem sich ein Messer, ein Bambusbesen zum Schlagen der Flüssigkeit und ein Teekuchen befinden; eine Kanne auf einem Holzkohleofen.

Die Reibe erinnert an ein ähnliches Objekt, das, aus Silber |6| gefertigt, zu jenen Pretiosen zählte, die 1987 bei Ausgrabungen im Kloster Famensi |51| entdeckt wurden. Es läßt sich als Gabe identifizieren, die Kaiser Xizong im Jahre 874 gestiftet hatte. Daneben stieß man dort auf ein Siebkästchen, zwei Körbe und weitere Dosen und Löffel aus demselben Material sowie auf mehrere Schälchen aus Glas und Porzellan: also die verschiedensten Gegenstände, die mit der Zubereitung und dem Genuß des Getränks in Verbindung gebracht werden können.

Derartiges Zubehör wird auch in der zeitgenössischen Tee-Literatur erwähnt. Zumindest zwei Werke sollen hier hervorgehoben werden: das 760 von Lu Yu verfaßte *Chajing* als erstes umfassendes Kompendium seiner Art und das 1107 entstandene *Daguan chalun,* dessen Autor kein geringerer war als Kaiser Huizong. Gemeinsam ist vielen dieser Schriften ein unübersehbarer Purismus, der sich in der exakten Festlegung der einzelnen Zubereitungsschritte und der Ablehnung von Beimengungen äußert. Wenn auch nur mit begrenztem Erfolg! Weite Teile der Bevölkerung verfügten nämlich weder über das Gerät noch über die Zeit, um die komplizierten Anweisungen zu befolgen, von denen uns heute noch die japanische Teezeremonie einen lebhaften Eindruck vermittelt. Zudem bevorzugten sie einen Aufguß, der unter anderem Bestandteile oder Aufbereitungen von Ingwer *(Zingiber officinale),* Winterzwiebel *(Allium fistulosum),* Jujube *(Ziziphus jujuba),* Orange *(Citrus sinensis),* Hartriegel *(Cornus officinalis),* Pfefferminze *(Mentha piperita),* Gewürznelke *(Syzygium aromaticum),* Kampfer *(Cinnamomum camphora)* und Moschuskorn *(Abelmoschus moschatus)* enthielt. Salz gehörte ohnehin zu den wichtigsten Ingredienzien.

Die Grundlage bildeten aber stets die Blätter des Teestrauchs *(Camellia sinensis),* welcher schon vor der Reichseinigung in Südwestchina, vor allem im Bereich der heutigen Provinz Sichuan, angebaut wurde und unter der Han-Dynastie allmählich die zentralen und östlichen Regionen des Landes erreichte. Verglichen mit der vornehmlich in Indien angebauten Varietät *(Camellia assamica),* sind die Erträge dieser Pflanze eher gering, doch wird dies durch eine größere Robustheit – vor allem die geringere Empfindlichkeit gegenüber Trockenheit und Kälte – ausgeglichen.

Grüner Tee, der nach einem Blätteraufguß getrunken wird, gilt heute auch im Westen als Ausdruck von feinsinniger Schlichtheit und kontemplativem Genuß. Die sehr einfach anmutende Form der Zubereitung war unter den Dynastien Tang und Song aber wohl ebenso die Ausnahme wie manches in der Rückschau als typisch erachtete Bearbeitungsverfahren: darunter das Anwelken, Pfannenrühren, Trocknen und Fermentieren. Bis zum 13. Jahrhundert wurden die Blätter hingegen nach der Ernte und Qualitätsbestimmung bevorzugt in drei Arbeitsschritten behandelt: 1. Erhitzen im Wasserdampf; 2. Stampfen oder Pressen und Rollen; 3. Formen von Kuchen oder Ziegeln mit fester Konsistenz. Bevor heißes Wasser zugegeben werden konnte, mußte die Masse folglich zunächst mit Hilfe einer Reibe oder eines Mörsers pulverisiert und mehrfach gesiebt werden; zuweilen wurde auch noch ein Röstvorgang vorangestellt.

Ein wichtiger Faktor bei der Verbreitung des Teetrinkens waren buddhistische Mönche |49, 51|: vor allem die Anhänger jener Schulen, bei denen die Meditation eine wichtige Rolle spielte und denen ein kurzer Aufguß dabei half, munter zu bleiben; in den ersten Minuten nach der Wasserzufuhr wird nämlich primär das anregende Koffein freigesetzt, während die beruhigenden Gerbstoffe erst später wirksam werden. Vermutlich waren es auch buddhistische Würdenträger, die das belebende Getränk hoffähig machten und dafür sorgten, daß die daoistisch und konfuzianisch geprägten Eliten |47, 48| den Genuß ebenfalls schätzenlernten:

Die erste Schale benetzt Lippen und Kehle,
die zweite verjagt die Melancholie.
Die dritte Schale durchfeuchtet mein Inneres:
den Dörrplatz von fünftausend angelesenen Bänden.
Die vierte Schale treibt Schweiß und Schmerz aus den Poren,
und die fünfte reinigt den Körper vollends.
Die sechste Schale bringt mich in Einklang mit den Unsterblichen,
doch die siebte vermag ich nicht mehr zu trinken:
erfaßt vom Wind, der die Ärmel mir zu Flügeln macht.

Bis sich die Bevölkerungsmehrheit derlei Entrücktheit leisten konnte, sollte freilich noch ein wenig Zeit verstreichen. Spätestens unter der Song-Dynastie waren «Himmelstau» und «Jadetrank» aber für weite Kreise erschwinglich; davon zeugen nicht zuletzt die zahllosen Teehäuser, die in den Städten |17| eröffnet wurden.

Porzellankanne mit Schale
(Dengyunshan, Jiangsu; 12. Jahrhundert)

*Die Leute mögen denken, ich sei angesäuselt, doch ist mein Kopf vollkommen klar.
Im Grunde läßt sich gar nicht sagen, ob ich betrunken oder nüchtern bin.* [1]

丁亥

24. Vom Schäfchenbier
und anderen alkoholischen Getränken

Die 1004 gegründete Manufaktur von Jingdezhen (in der heutigen Provinz Jiangxi) gehörte zur Song-Zeit und unter den Folgedynastien zu den bedeutendsten Produktionsstätten hochwertiger Keramik. |391 Gefördert wurde dies nicht zuletzt durch ein hervorragendes geographisches Umfeld: die Abbaumöglichkeit von Kaolin in den benachbarten Bergen, die geringe Entfernung zu Wäldern, deren Holz für die Brennöfen benötigt wurde, und die verkehrsgünstige Lage in Flußnähe für den Transport. |34| Berühmt war Jingdezhen vor allem für die in großem Umfang exportierte «Schattenblauware», deren diskreter Farbschimmer durch Eisenbestandteile in der Glasur verursacht wurde.

Zu dieser Ware zählt auch die Kanne (Höhe 23,9 cm), die in einem 1983 nahe der Stadt Zhenjiang freigelegten Grab aus der Südlichen Song-Zeit geborgen wurde. Die blütenförmige Schale, in der das Gefäß stand, diente einst der Aufnahme von heißem Wasser, mit dessen Hilfe der in der Karaffe befindliche Alkohol warmgehalten wurde. Dabei handelte es sich vermutlich um ein Getränk, für das sich in der westlichen Literatur fast durchweg der Begriff «Wein» eingebürgert hat, obschon es eigentlich als Bier bezeichnet werden muß. Schließlich bestand seine Grundsubstanz nicht aus zuckerhaltigem Obst, das man im Prinzip von selbst der Gärung überlassen kann, sondern aus stärkehaltigem Getreide, das sich nur mit Hilfe von Zusätzen fermentieren läßt.

Als Ausgangsmaterialien dienten während der gesamten Kaiserzeit vornehmlich Weizen, Reis, Hirse und Gerste, wobei es unterschiedliche Brauverfahren gab. Um den gewünschten Geschmack zu erzielen, wurden überdies Aromastoffe und Gewürze beigemischt: im 12. Jahrhundert nicht nur Ginseng, Muskat, Kardamom, Nelken und Zimt, sondern – im Fall des im ganzen Land berühmten «Schäfchenbiers» – auch Lammbrühe. Die Mehrzahl der Markenbezeichnungen war indes stärker metaphorisch geprägt und lautete beispielsweise «Jadegischt», «Langlebigkeit» oder gar «Unsterblichkeitstrank».

In den Städten des Song-Reichs wurde Alkohol in erster Linie in zahllosen Schenken angeboten, von denen manche palastähnlich ausgestattet waren und mehr als tausend Gästen Platz boten. |35| In den Regionen, in denen strenge Monopolvorschriften galten, erfolgte auch der Vertrieb über die Gaststätten; einige unter ihnen kontrollierten außerdem den Zwischenhandel und waren so finanzstark, daß sie die fälligen Steuern im voraus zu entrichten hatten. Andererseits unterstanden manche Lokale direkt den Behörden, die nicht nur Interesse an einem hohen Getränkeumsatz hatten, sondern auch an den Mehreinnahmen, die durch die Einbeziehung von Unterhaltungskünstlerinnen und Prostituierten |13, 14| erzielt wurden.

In den meisten Betrieben, darunter lauschige Biergärten, gab es zudem ein reichhaltiges Speiseangebot. |22| Das reichte – um nur eine kleine Auswahl zu nennen – von verschiedenen Suppen (mit Einlagen aus Wachtelfleisch oder Krabben) über Teigtaschen (mit Schweineragout oder gewürztem Karpfen), Meeresfrüchte (Muscheln und Krabben), Geflügel (vor allem Huhn und Ente) und Braten (Hammel und Kaninchen) bis zu Obst (je nach Saison), Knabberzeug (Mandeln und Nüssen) und Süßigkeiten (einschließlich Karamelbonbons). Ein Teil der Gerichte wurde in den Restaurantküchen zubereitet, vieles aber auch von außen angeliefert. Zum Hauspersonal und den mobilen Essensverkäufern gesellten sich oft noch «Gelegenheitskerle», die von Tisch zu Tisch gingen, um ihre Dienste anzubieten, und «Tafelschmarotzerinnen», die gegen ein Trinkgeld sangen.

Man kann also davon ausgehen, daß der Geräuschpegel im allgemeinen eine beträchtliche Höhe erreichte. Dennoch war – ebenso wie in den unter den Song aufkommenden Teehäusern |23| – ein kultivierter Gedankenaustausch keineswegs ausgeschlossen, doch dürften die Empfangsräume und Studierstuben der Privathäuser das bessere Ambiente dafür gebildet haben, selbst wenn die Diskussionen in ein wüstes Zechgelage mündeten. Aber auch in der freien Natur konnte man sich amüsieren. Das veranschaulicht ein Gedicht, das Li Bo (701–762) bereits einige Jahrhunderte zuvor verfaßt hatte:

Ohne Gesellschaft, allein mit einer Kanne Bier
zwischen den Blumen sitzend,
heb' ich den Becher und lad' den Mond hinzu.
Meinen Schatten mitgerechnet, sind wir nun zu dritt:
Der Mond indes versteht sich nicht aufs Trinken,
und blindlings folgt der Schatten meinem Schritt.
Für den Moment jedoch genieße ich die Runde,
die ausgelassen durch den Frühling springt:

Wenn ich singe, wippt der Mond dazu,
und wenn ich tanze, torkelt der Schatten hinterdrein.
Leicht trunken finden selig wir zusammen,
doch trennt uns dann der Rausch.
Gewogenheit ist eben nicht von Dauer,
anders als der Sternenhimmel, der stets die Sehnsucht stillt. [2]

Der Dichter soll im übrigen unter Alkoholeinfluß ertrunken sein, als er bei einer Bootsfahrt versuchte, nach dem sich im Wasser spiegelnden Mond zu greifen. Allerdings darf man diese Überlieferung – ebenso wie zahllose weitere Erzählvarianten, die seinen Tod schildern – lediglich an der Qualität des literarischen Motivs |45| messen und nicht an seiner historischen Fundierung.

Vermutlich sprach Li Bo nicht nur dem Bier zu, sondern auch dem Wein. Zwar läßt der in den chinesischen Schriftquellen überwiegend verwendete Begriff *jiu* keinerlei Rückschlüsse auf das Gärungsverfahren zu, doch wissen wir aus historischen Quellen, daß der Anteil der Trauben unter den verschiedenen Obstsorten, die gekeltert wurden, während der Tang-Dynastie rapide zunahm. Waren die Bewohner der Hauptstadt bis dahin auf Importe |38| aus den fernen «Westlanden» angewiesen, brachte der Exotismus dieser Epoche eine gewaltige Steigerung der Nachfrage mit sich, so daß die Produktion des Modegetränks teilweise nach Zentralchina verlagert wurde.

Branntwein wurde erst unter der Mongolenherrschaft in größerem Umfang konsumiert. Allerdings reicht die Tradition der Spirituosenherstellung weiter zurück. Ob Darstellungen auf zwei Reliefziegeln der Han-Zeit indes tatsächlich bereits als Wiedergabe des Destillationsvorgangs gedeutet werden können, ist jedoch höchst umstritten: ganz abgesehen davon, daß die Fähigkeit zum Brennen hochprozentigen Alkohols nur wenig über die Verbreitung und Verwendung des dabei erzeugten Produkts aussagt. Eine Parallele zum Umgang mit Opium ist durchaus denkbar. Das Narkotikum war nämlich schon lange als Arznei bekannt, bevor es in den letzten Jahrhunderten des Kaiserreichs als Massendroge auf den Markt kam.

Darstellung eines Paars auf einer Wandmalerei
(Familiengrab des Hauses Wei in der Nähe von Weiqu, Shaanxi; 8. Jahrhundert)

In der Zeit vor dem [mythischen Kulturheros] Huangdi wurde die Kleidung aus Tierfellen hergestellt. Als dann aber die Menschen – im Gegensatz zu den anderen Lebewesen – ständig in ihrer Zahl zunahmen, gerieten sie in höchste Bedrängnis. Daher verfügte Huangdi, die Gewänder [fürderhin] aus Seide und Hanf anzufertigen. ¹

戊子

25. Die Macht der Mode

Die Angehörigen des Hauses Wei residierten im Süden der Hauptstadt Chang'an und zählten zu den einflußreichsten Gruppen am Tang-Hof. Obwohl epigraphische Zeugnisse keinen eindeutigen Nachweis ermöglichen, kann ihnen ein Grabkomplex zugeschrieben werden, den Archäologen 1986 in der Nähe der Ortschaften Nanliwang und Beiliwang freilegten. Neben dem Dromos war auch die Sargkammer ausgemalt, an deren Südwand ein Mann |12| und eine Frau |11| dargestellt sind. Die Art, in der sich die gezeigten Personen kleiden, bildete einen wesentlichen Anhaltspunkt für die Datierung in das 8. Jahrhundert.

Ob es sich bei dem Paar tatsächlich – wie die Ausgräber vermuten – um ein Bildnis der Bestatteten handelt, läßt sich nicht nachweisen. Denkbar ist dies zumindest, obschon sich ihre Garderobe kaum von den Gewändern jener Personen unterscheidet, denen man lediglich einen Dienstbotenstatus |8| zuweist. Sieht man einmal von der Etikette des Hofzeremoniells ab, dann bevorzugten unter den Tang nämlich auch die privilegierten Schichten eine eher informelle und bequeme Kleidung: also in diesem Fall der Mann Kopftuch, gegürtetes Obergewand und Stiefel, die Frau Kleid, Stola und Schnabelschuhe; beide verbergen ihre Hände in langen weitgeschnittenen Ärmeln.

Unterstellt man einen höheren Rang, dann spricht vieles dafür, daß die gezeigten Textilien aus Seide |39| gefertigt waren, einem Material, das sich durch besondere Leichtigkeit und einen hohen Tragekomfort auszeichnet. Daneben wurden aber auch die Fasern verschiedener Pflanzen verwendet: vor allem Hanf *(Cannabis sativa)*, Ramie *(Boehmeria nivea)*, Kuzu *(Pueraria* spp.*)*, Jute *(Abutilon* spp.*)* und Banane *(Musa textilis)*. Baumwolle *(Gossypium* spp.*)* war zwar damals bereits seit mehreren Jahrhunderten bekannt, erlangte aber erst in der Song-Zeit einen größeren Marktanteil. Wolle wurde nur in wenigen Regionen verarbeitet.

Für das Spinnen bediente man sich in China vom Neolithikum bis zum 20. Jahrhundert einfacher Handspindeln, die meist aus Wirtel (einer Ringscheibe als Schwungmasse) und Schaft (einem durch die Öffnung gesteckten Holzstab) bestanden. Zwar setzte sich das Spinnrad erst unter der

Song-Dynastie im ganzen Lande durch, doch lässt sich sein Ursprung bis zur Han-Zeit zurückverfolgen. Spätestens seit dem 2. Jahrhundert v. Chr. waren auch Tritt- und Zugwebstühle in Gebrauch, welche in Leinwand- und Köperbindung die Herstellung hochwertiger Stoffe erlaubten: darunter Gaze, Krepp, Damast und Brokat. Als Färbemittel diente damals neben Indigo (aus verschiedenen Pflanzenteilen von *Indigofera* spp.) vor allem Krapp (aus der Wurzel von *Rubia* spp.), der – nach Beigabe verschiedener Metallsalze – die Abdeckung einer relativ großen Farbpalette ermöglicht.

Wie drastisch die Moden wechseln konnten, zeigte sich im 7. und 8. Jahrhundert, als das bis dahin gültige schlanke Schönheitsideal allmählich von einer Vorliebe für üppige Figuren abgelöst wurde und die Frauen ihre unter der Brust gegürteten enganliegenden Kleider durch wallende Gewänder ersetzten. |60| Das brachte auf lange Sicht mancherlei Konsequenzen mit sich. Unter anderem führte es mit erheblicher Verzögerung dazu, daß sich Kaiser Wenzong (reg. 827–840) dazu genötigt sah, mit einem Erlaß gegen den erhöhten Stoffverbrauch vorzugehen. Ansonsten herrschte unter den Tang aber ein hohes Maß an Freizügigkeit, das es den Damen zeitweilig sogar gestattete, Kleidungsstücke anzulegen, die – wie Kopftuch, Hose und Stiefel – eigentlich Männern vorbehalten waren.

Für die bei offiziellen Anlässen getragenen Roben der Beamten |2| existierten hingegen stets Vorschriften, die Material, Farbe und Dekor bis ins Detail festlegten. Einen Anhaltspunkt für die Garderobe eines im Staatsdienst stehenden Gelehrten der von formaler Schlichtheit gekennzeichneten Song-Zeit gewähren die Seidenobjekte im Grab des Zhou Yu (1222–1261): darunter eine Kappe aus lacküberzogener Gaze sowie mehrere knöchellange Mäntel, gefütterte Jacken, knielange Obergewänder, schurzartige Wickelröcke, Brusttücher, Unterhosen, Strümpfe und Schuhe.

Unter derselben Dynastie setzte sich in besseren Kreisen der Brauch durch, die Füße der jungen Mädchen |14| zu verkrüppeln. Dabei wurden die unter die Sohle gebogenen Zehenglieder so lange durch Bandagen fixiert, bis die Knochen zu einem deutlich verkürzten Klumpen gestaucht waren. Zwar waren die Schuhe, in welche die «goldenen Lilien» gesteckt wurden, noch nicht so klein wie gegen Ende der Kaiserzeit, doch muß die Prozedur schon damals ausgesprochen schmerzhaft gewesen sein. Die Ursachen für diese Verstümmelung sind schwer faßbar. Neben einem fragwürdigen Schönheitsideal spielten aber zumindest zwei weitere Faktoren eine Rolle: die Einschränkung weiblicher Mobilität und die soziale Distinktion gegenüber jenen Schichten, in denen die Frauen zu körperlicher Arbeit gezwungen waren.

Daß die vor allem auf dem Lande getragenen Strohsandalen und -hüte nicht zur Grundausstattung der Oberschicht zählten, überrascht nicht. Die Damen bedeckten den Kopf ohnehin eher selten, und die mit einer breiten Krempe und Schleier versehenen Reisehüte, die sich unter den Tang zeitweilig großer Beliebtheit erfreuten, waren in erster Linie Teil einer Mode, die sich an den exotisch anmutenden Sitten zentralasiatischer Völker orientierte. Ansonsten zeigten die Frauen gerne ihr Haar, das hochgesteckt und zu kompliziert aufgebauten Frisuren geformt werden konnte. Zierkämme, Nadeln und filigran gearbeiteter Schmuck setzten dabei zusätzliche Akzente, die in ihrer Gesamtheit zuweilen an Bekrönungen erinnerten.

Um die Anzeichen des Alters zu übertünchen, behalfen sich die Damen bei Haarausfall und Ergrauen mit Perücken und Färbemitteln, deren chemische Zusammensetzung |12| indes nicht selten das Gegenteil der angestrebten Wirkung mit sich brachte: statt ewiger Jugend den vorzeitigen Tod. |16| Eine ähnliche Gefahr ging vermutlich von den in kräftigen Farben gehaltenen Schminkstoffen aus, mit denen namentlich in den weltoffenen Phasen der Tang-Zeit Schönheitsmale und Ornamente auf das Gesicht aufgetragen wurden. Als Schmuck dienten daneben Fingerringe, Armreifen, Halsketten und Ohrhänger.

Bei den Männern galt die Aufmerksamkeit in erster Linie dem Gürtel sowie den daran angebrachten Zierplatten, Schließen und Gehängen. Bei den Kopfbedeckungen gab es nur in der Art, wie man das mit Bändern versehene Tuch über die Haare nach hinten band, individuellen Gestaltungsspielraum. Die häufig durch einen Lacküberzug versteiften Seidenkappen, welche die Vertreter staatlicher Autorität – vom Kaiser bis zum kleinen Beamten – bei offiziellen Anlässen zu tragen hatten, zeigten hingegen den jeweiligen Rang an und unterlagen einer festen Reglementierung.

Konventionen

丑寅卯辰巳午未
己庚辛壬癸甲乙

Landschaftsdarstellung in Höhle 231 von Mogao
(Dunhuang, Gansu; 8. Jahrhundert)

Die Gefühle überwältigt vom Vogelgezwitscher,
streck' ich mich in meiner Strohhütte aus.
Kirschen leuchten feurig-rot,
tief hängen die grazilen Weidenruten.
Die Morgensonne entsteigt dem Schlund der blauen Gipfel,
beschwingte Wolken planschen im grünen See.
Wer hätte je gedacht, daß ich den Staub der Welt abschüttle
und mich zum Südhang des Kalten Berges begebe¿ [1]

26. Natur und Umwelt

Die Höhle 231 von Mogao |10, 13, 17, 32|, einer 25 km südöstlich von Dunhuang gelegenen buddhistischen Klosteranlage, deren Geschichte bis in das 4. Jahrhundert zurückreicht, zeichnet sich durch einen besonders guten Erhaltungszustand und die hohe Qualität der Malerei aus. Sie wird in die Zeit zwischen dem ausgehenden 8. Jahrhundert und der Mitte des 9. Jahrhunderts datiert: eine Epoche, in der die Region Bestandteil des tibetischen Reichs war. Der Stil, in dem die hochaufragenden Berge an der Westwand wiedergegeben sind, steht indes eindeutig in chinesischer Tradition. Daneben war diese Landschaft, die eine Darstellung des Bodhisattva Manjushri und seines Gefolges nach oben hin abschließt, natürlich – ebenso wie das eingangs zitierte Gedicht von Hanshan – der Bilderwelt des Buddhismus |49, 50, 51| verhaftet.

Die Natur wird darin als Rückzugsmöglichkeit geschildert: als Stätte von Kontemplation und Selbstfindung. Die Verortung ist dabei nicht unbedingt wichtig, geht es dem Autor doch primär um die Beschreibung eines von den Zwängen des Lebens abgehobenen Bewußtseinszustands. Allerdings ist der Unterschied nicht groß zu den Wahrnehmungen jener Einsiedler, die sich ihrem sozialen Umfeld – zumindest zeitweilig – entzogen und mehrheitlich dem Daoismus anhingen. Auch ihnen bot die Natur Zuflucht, doch geht die damit verbundene positive Besetzung des Begriffs keineswegs auf eine ungebrochene Tradition zurück.

Noch zur Han-Zeit wurde die durch den Menschen geformte Landschaft in den Vordergrund gerückt. Deren Kulminationspunkt war der kaiserliche Jagdpark, in dem mit Hilfe von symbolträchtigen Steinformationen, seltenen Pflanzen und exotischen Tieren ein Mikrokosmos geschaffen wurde, der den weltumspannenden Herrschaftsanspruch des Kaisers verdeutlichte. Aber auch wohlhabende Privatleute legten Gärten an, in denen der Blick durch natürlich anmutende Felsformationen und Gewässer geleitet wurde: verbunden häufig mit der Errichtung von Pavillons, die sich, zumindest im Prinzip, den Vorgaben des Geländes unterzuordnen hatten. Trotz dieser Zurückhaltung wurde durch die umfassende Gestaltung wohl weniger die Bewunderung der Natur veranschaulicht denn das Bezwingen einer primär unwirtlich anmutenden Umwelt, die in der Lyrik |45| ebenfalls immer wieder zum Ausdruck kam:

> *Um Farne zu sammeln, ging ich in die Berge.*
> *Nun, am Abend, quält mich der Hunger.*
> *Die Täler erfüllt von Wind und Sturm,*
> *klamm die Kleidung von Reif und Tau.*
> *Überall der Ruf der Fasanen, das Toben der Affen.*
> *Beim Blick nach der Heimat verläßt mich der Mut.* ²

Ganz gleich, ob sie in erster Linie als Ort der Besinnung oder des Schreckens wahrgenommen wurde: die «ungezähmte» Natur war übermächtig. Das zeigt sich auch in der Landschaftsmalerei |45|, in der meist Berge und Bäume dominieren und Menschen, wenn überhaupt, eher klein und unscheinbar dargestellt sind. Der «Ruf der Fasane», der in dem zu Beginn des 3. Jahrhunderts verfaßten Gedicht des Cao Pi erwähnt wird, galt im übrigen als unglückverheißend; er begleitete angeblich das Auftauchen von Omina und kündigte Katastrophen an. Kälteperioden und Hitzewellen, Hagel und Wolkenbruch, Dürre und Überschwemmungen, Erdbeben und Lawinen, Insektenplagen und Hungersnöte bedrohten nämlich nicht nur das Leben der direkt davon betroffenen Menschen, sondern auch die Legitimation von Kaiser |1| und Dynastie; denn darin – so dachte man – zeige sich der Unmut des Himmels, der seine Botschaft mit Hilfe von Naturerscheinungen vermittele:

«Seit der Thronbesteigung Eurer Majestät verlieren Sonne und Mond ihren Glanz, die Gestirne haben ihre normale Bahn verlassen, die Berge stürzen nieder, die Quellen fließen über, die Erde bebt, und die Felsen fallen herab; es friert im Sommer, und der Donner grollt im Winter; im Frühling welkt alles dahin, und im Herbst beginnt es zu sprießen. [...] Herrscht nun nach der Meinung Eurer Majestät Friede oder Unruhe im Reich?» ³

Mit diesen Worten hatte sich im Jahre 43 v. Chr. Jing Fang an den Kaiser gewandt, und es wird nicht verwundern, daß man eine derart explizit geäußerte Kritik bei Hofe nicht gerade freudig aufnahm. Das hinderte den hochrangigen Beamten indes nicht daran, seine Meinung auch weiterhin zu äußern. Allerdings nicht lange; denn er wurde nur wenige Jahre später hingerichtet.

Andererseits bezichtigte der Dichter Du Fu, dem 759 die Besteigung eines Berges allzu mühselig erschien, sogar den Himmel eines Verbrechens und drohte damit, den Gipfel abzutragen. Damit stellte er sich in eine Tradition mit jenem literarisch überlieferten «törichten Greis», welcher einst damit begonnen haben soll, zwei Berge zu versetzen, die seine Aussicht versperrten: ein Ziel, das er schließlich mit göttlicher Hilfe auch erreichte. Der numinose Bezug hinderte später übrigens Mao Zedong nicht an der Verwendung dieser Geschichte, wenn er die Beharrlichkeit betonen wollte, deren es bedarf, um unüberwindlich erscheinende Hindernisse aus dem Weg zu räumen. Daß dabei der Mensch als Bezwinger der Natur gefeiert wurde, störte ihn wohl ohnehin nicht.

Das kaiserzeitliche China war ein Agrarstaat. Da jedoch ein Großteil des Territoriums für die Landwirtschaft |7| nicht nutzbar war, wurden solche Regionen, in denen reiche Ernten eingebracht werden konnten, um so intensiver kultiviert. Meist ohne Rücksicht auf das empfindliche Ökosystem. Vor allem der massive Kahlschlag in den Waldzonen hatte fürchterliche Folgen: nicht nur für die Luft, sondern auch für die Böden, welche zunehmend erodierten, so daß es in vielen Gebieten immer häufiger zu Wüstenbildungen und Überschwemmungen kam. Schon im 2. Jahrhundert v. Chr. soll Liu An, ein Angehöriger des kaiserlichen Hauses, die Konsequenzen angesprochen haben:

«Ganze Wälder wurden niedergebrannt [...], die Metallvorkommen ausgebeutet. [...] In den Bergen sind keine hohen Bäume mehr anzutreffen [...]. Unmengen davon wurden zur Herstellung von Holzkohle verwendet und Unmassen von Pflanzen zur Gewinnung von Pottasche. [...] Am Himmel oben verdunkelte der Rauch das Licht, und unter der Erde wurden die Ressourcen aufgebraucht.»[4]

Offenkundig hat sich seither – trotz großer Anstrengungen, die in regelmäßigen Abständen unternommen wurden – nicht viel geändert. Im Gegenteil: Die Belastung der Umwelt nahm in den letzten Jahrzehnten noch einmal dramatisch zu.

Landkarte auf Seide
(Grab 3 von Mawangdui, Hunan; 2. Jahrhundert v. Chr.)

Vor dem Feldzug muß der Befehlshaber gründlich die Karten studieren [um herauszufinden], ob das Gelände möglicherweise zu unwegsam für Kriegswagen ist, ob Täler und Pässe die Umgehung oder Überwindung von Bergzügen erlauben und ob dichte Wälder dem Gegner bei einem Hinterhalt Deckung gewähren. [1]

庚寅

27. Wege zur Wissenschaft

Das 1973 in der Nähe von Changsha freigelegte Grab 3 von Mawangdui kann vermutlich einem Sohn des Li Cang zugeordnet werden: dem 186 v. Chr. verstorbenen Fürsten von Dai und Kanzler des Königs von Changsha. |22, 46| Für diese These – zumindest aber einen hohen Rang in der lokalen Hierarchie – spricht auch die Hinterlegung von drei auf Seide gemalten Karten, deren Besitz zumindest mit einer Vertrauensstellung in Verbindung gebracht werden muß. Ein Exemplar (Höhe 78 cm, Breite 98 cm) zeigt nämlich Garnisonen und Truppenkonzentrationen |31| und war sicherlich nicht jedermann zugänglich. Zwar dienten die beiden anderen primär der topographischen Orientierung in der Grenzregion der heutigen Provinzen Hunan, Guangdong und Guangxi sowie der Erfassung eines größeren Stadtkomplexes, möglicherweise Changshas, doch ist eine militärische Intention bei der Zusammenstellung der Informationen auch in diesen Fällen keinesfalls auszuschließen.

Der durch Berge und Gewässer gegliederten topographischen Darstellung liegt ein Maßstab von etwa 1:180 000 zugrunde; bei der Militärkarte kann man von ungefähr 1:90 000 ausgehen. Das bedeutet, daß im ersten Fall ein *cun* (ca. 2,4 cm) rund einem *li* (ca. 423 m) entspricht. |29| Da das beschriebene Gelände stark relieftiert und entsprechend schlecht überblickbar ist, müssen vergleichsweise anspruchsvolle Meßverfahren – wahrscheinlich mittels Doppeldifferenzen – vorausgesetzt werden. Ein Koordinatennetz, das die durchgängige Einhaltung der Proportionen und die Ableitung von Entfernungsangaben gestattet, war jedoch nicht vor dem 3. Jahrhundert in Gebrauch, als Pei Xiu ein verbindliches System schuf, das zumindest für das folgende Jahrtausend den Standard setzte. Den Schriftquellen zufolge sollen damals auch schon Odometer eingesetzt worden sein, doch liegen seriöse Angaben über die Konstruktionsprinzipien der Karren, die in regelmäßigen Abständen die zurückgelegte Wegstrecke anzeigen, erst aus der Song-Zeit vor.

Bei allen drei Karten aus Mawangdui erfolgte die Ausrichtung nach Süden. Das entsprach der Perspektive der politischen Machthaber, die ihre Audienzen stets so inszenierten, daß ihr Rücken dabei nach Norden zeigte.

Die Verwendung eines Kompasses |34| liegt nahe, ist aber wohl kaum nachzuweisen. Zwar war das später als «südweisende Nadel» bezeichnete Instrument durchaus bekannt, doch wurde es in der Han-Zeit noch primär von Geomanten eingesetzt, um geeignete Stellen für die Anlage von Gräbern ausfindig zu machen. Zudem erlaubte auch die Beobachtung von Sonne und Schatten eine Orientierung am Meridian.

Noch wichtiger als die Erfassung der Topographie war im antiken China die Himmelsbeobachtung, wobei Astronomie und Astrologie nicht immer klar zu trennen sind. Ebenfalls aus Grab 3 von Mawangdui stammt eine reich illustrierte Handschrift, die sich unter anderem mit dem Lauf der fünf Planeten (Venus, Mars, Jupiter, Merkur und Saturn) befaßt und darüber hinaus eine Klassifikation von Kometen enthält. Deren korrekte Erfassung und Deutung war vor allem für das Kaiserhaus von großer Bedeutung, galten sie doch – neben Meteoriten, Novae und Polarlichtern – als Omina, die unter Umständen den Entzug des himmlischen Mandats anzeigten. |1|

Einen markanten Einschnitt bedeutete die Entwicklung der Armillarsphäre zur Bestimmung der astronomischen Koordinatensysteme im 2. Jahrhundert. Das Meßgerät bestand aus vier in Bronze gegossenen Ringen, mit deren Hilfe es gelang, die Himmelskugel schematisch darzustellen. Glaubt man der Historiographie, dann ging das Instrument ebenso auf Zhang Heng (78–139) zurück wie die Erfindung eines aus demselben Material gefertigten Seismographen, der – angeblich mit Erfolg – der Ankündigung und Lokalisierung von Erdbeben gedient haben soll. Der berühmte Mathematiker, Physiker und Astronom begeisterte seine Zeitgenossen im übrigen auch als Maler |44| und Dichter |45|. Zudem nahm er eine hohe Position in der Verwaltung des Reiches ein und entsprach wie kaum ein anderer dem konfuzianisch geprägten Gelehrtenideal |48| seiner Zeit, das dem Beamten |2| Kompetenzen abforderte, die weit über die Umsetzung von Verwaltungsvorschriften hinausreichten.

Dies zeigt sich auch in der Landwirtschaft |7|, in der wichtige Anstöße nicht nur von Praktikern kamen, sondern auch von Denkern, die ursprünglich durch ganz andere Lebensumstände geprägt waren. So geht beispielsweise das um 540 kompilierte *Qimin yaoshu*, ein umfassendes Agrar-Handbuch, auf Jia Sixie zurück, der ein hohes Amt in der heutigen Provinz Shandong innehatte, und das *Leisi jing*, ein 880 verfaßtes detailfreudiges Standardwerk über den Pflug, auf den Dichter Lu Guimeng. Auch manche anderen landwirtschaftlichen Gerätschaften sollen von kreativen Beamten konzipiert worden sein. Die dabei unterstellte Urheberschaft mag – wie die Überlieferung zur Erfindung des Papiers |42| – nicht ganz wirklichkeitsgetreu sein. Dennoch muß festgehalten werden, daß zumindest wichtige Anregungen und Systematisierungsversuche das Verdienst von Gelehrten sind.

Deutlich stärker war indes die Verzahnung zwischen Administration und Erfindungsgeist im Bereich des Wasserbaus. Auch wenn die davon abgeleitete These, die chinesische Bürokratie sei das Resultat hydrologischer Herausforderungen, in ihrer Monokausalität nicht haltbar ist, läßt sich der enge Zusammenhang zwischen ökologisch-ökonomischen Erfordernissen und komplexer politischer Organisation doch kaum übersehen. Schließlich gab es auf vielen Gebieten Regelungsbedarf: nicht nur bei der Be- und Entwässerung der Felder, sondern auch – und insbesondere – bei der Hochwasserprävention und beim Kanalbau |34|.

Vor allem bei der Errichtung von Deichen, die vor den regelmäßig auftretenden Überschwemmungen schützen sollten, waren Kenntnisse der Mathematik natürlich von großem Nutzen. Dennoch war der Stellenwert, den diese Disziplin unter den Intellektuellen einnahm, ziemlich limitiert, und in den Staatsprüfungen spielte sie lange Zeit eine untergeordnete Rolle. Viele Erkenntnisse wurden daher nicht in streng wissenschaftlicher Beweisführung gewonnen, sondern aus der Praxis abgeleitet. Diese Anwendungsbezogenheit war aber offenkundig kein Nachteil; denn eine ganze Reihe von Problemlösungen kam weit früher zustande als in Europa. Der Abakus, das auch im Westen geläufige Symbol chinesischer Rechenkunst, hat hingegen keine Jahrtausende zurückreichende Geschichte und geht in seiner heutigen Form erst auf das 14. Jahrhundert zurück.

Einen besonderen Hintergrund hat die Geschichte der Chemie. Hier war in erster Linie der Daoismus |47| prägend, der darauf abzielte, körperliche Unsterblichkeit |16, 46| zu erlangen. Oft wirkten die eingenommenen Elixiere indes lebensverkürzend, da sich unter den verwendeten Bestandteilen regelmäßig hochgiftige Substanzen wie Arsen und Quecksilber befanden. |31| Aber auch andere alchimistische Experimente führten zu Produkten, die tödliche Folgen nach sich zogen; das gilt namentlich für die Erfindung des Schießpulvers |3|.

Silberdose mit der Darstellung fremder Völker und Stundenangaben
(Xi'an, Provinz Shaanxi; 8. Jahrhundert)

Unter Beachtung des Himmels teilt von alters her jeder Herrscher, der die Macht über Volk und Staat innehat, die Jahreszeiten zu und macht dies zur Grundlage seiner Ordnung. [1]

辛卯

28. Der rechte Augenblick: Überlegungen zur Zeit

Bei Ausgrabungen auf dem Gelände der Jiaotong-Universität wurde 1979 eine aus mehreren Teilen zusammengesetzte blütenförmige Silberdose (Durchmesser 7,5 cm, Höhe 5 cm) entdeckt, auf deren Deckeloberfläche Angehörige fremder Völker wiedergegeben sind: darunter Inder, Tibeter und Koreaner, aber auch eher mythische Gestalten wie die «Vogelbarbaren». |9| Die Fundstelle – in der Nähe des einstigen Xingqing-Palastes am östlichen Stadtwall der Tang-Metropole – läßt ebenso auf einen höfischen Kontext schließen wie die in der Deckelmitte angebrachte Inschrift «Die Hauptstadt gebietet über die sieben Länder». Form und Bearbeitungstechnik sowie Motive, die daoistisches, buddhistisches und konfuzianisches Gedankengut vereinen, sprechen für eine Datierung in das 8. Jahrhundert. |47, 48, 49|

Die Seitenflächen von Dose und Deckel sind jeweils mit einem umlaufenden Dekorband verziert, welches in sechs Bildzonen untergliedert ist. Darauf sind die einige Jahrhunderte zuvor aus West- oder Südasien eingeführten zwölf Tierkreiszeichen dargestellt und die damit korrespondierenden Zykluszeichen und Tageszeiten angegeben.

Zeiteinteilung	Beschreibung	Tierkreiszeichen	Zykluszeichen
ab 23 Uhr	Mitternacht	Ratte	zi
ab 1 Uhr	Hahnenschrei	Rind	chou
ab 3 Uhr	Morgengrauen	Tiger	yin
ab 5 Uhr	Sonnenaufgang	Hase	mao
ab 7 Uhr	Essenszeit	Drache	chen
ab 9 Uhr	Vormittag	Schlange	si
ab 11 Uhr	Mittag	Pferd	wu
ab 13 Uhr	Sonnenschein	Schaf	wei
ab 15 Uhr	Dörrzeit	Affe	shen
ab 17 Uhr	Sonnenuntergang	Hahn	you
ab 19 Uhr	Dämmerung	Hund	xu
ab 21 Uhr	Tagesabschluß	Schwein	hai

Tageszeiten nach den Darstellungen und Aufschriften auf der Silberdose

Eine Wocheneinteilung gab es unter den Tang nicht. Vielmehr wurden die Tage fortlaufend zu Sechzigerzyklen zusammengefaßt und – parallel dazu – einem der zwölf durchnumerierten Monate zugeordnet. Darüber hinaus teilte man das Jahr in vier Jahreszeiten und 24 am Ablauf der Witterung ausgerichtete Abschnitte ein, die wiederum in drei Einheiten von jeweils fünf Tagen untergliedert waren. Auch die Jahre konnten, beginnend mit der Dynastiegründung, nach dem Sechzigerzyklus gezählt werden.

Die Strukturierung der Zeit war nicht nur für die Abstimmung landwirtschaftlicher Aktivitäten von Bedeutung, sondern auch für die Demonstration politischer Stärke. Von großer Bedeutung war in diesem Zusammenhang unter der Han-Dynastie die Errichtung einer *mingtang*: eines in Übersetzungen oft als «Kalenderhalle» bezeichneten Sakralbaus, der die Verbindung zwischen Erde und Kosmos wiederspiegelte. In ihm proklamierte der Kaiser |1| den Wechsel der Jahreszeiten und den Beginn der Monate. Und wenn wir die Quellen richtig interpretieren, handelte es sich dabei nicht – oder zumindest nicht nur – um die szenische Umsetzung einer vorgegebenen zeitlichen Ordnung. Vielmehr ging die Herrscherideologie wohl davon aus, daß die kaiserlichen Riten den Jahreslauf aktiv gestalteten oder zumindest beeinflußten.

Das heißt in anderen Worten: Die Ordnung mußte stets der Zeit angepaßt werden, oder – nochmals anders formuliert – nur durch Flexibilität konnte Beständigkeit gewährleistet werden. Dabei waren Herrschaft und Zeit geradezu reziprok; denn im Hinblick auf sein konkretes politisches Handeln war der Kaiser seinerseits gehalten, den jeweils «rechten Augenblick» in Erfahrung zu bringen, wofür die Beobachtungen der Astronomen und die Exempla der Geschichtsbücher die wichtigste Grundlage bildeten.

Besonders deutlich wird der Anspruch des Kaisers auf die Regulierung der Zeit schließlich im Erlaß von Regierungsdevisen, welche den Beginn einer neuen Jahreszählung markierten. Vom 2. Jahrhundert v. Chr. bis zum 14. Jahrhundert n. Chr. war die Verkündigung einer neuen Ära nämlich nicht mehr direkt an die Thronbesteigung gekoppelt. Vielmehr wurde die automatische (und ab dem 14. Jahrhundert wieder übliche) Gleichsetzung von Regierungszeit und Epochenbenennung aufgehoben, und der Anbruch einer neuen Zeit konnte auch während der Herrschaft eines Kaisers mehrfach versinnbildlicht werden. Gerade in Krisenzeiten ließ sich dadurch das «Mandat des Himmels» wiederbeleben und ein Neuanfang anzeigen: nicht selten begleitet von der Ausgabe eines neuen Kalenders.

An dieses Prinzip hielten sich im übrigen nicht nur die legitimen Herrscher, sondern auch Eroberer, Usurpatoren und Rebellenführer sowie die

Oberhäupter all jener Nachbarstaaten, die sich am chinesischen Modell orientierten: also etwa Japan, Korea und Vietnam. Eine Korrelation zwischen dem Legitimierungsdruck und der Anzahl von Regierungsdevisen ist dabei nicht immer von der Hand zu weisen. Den Rekord (mit 16 Regierungsdevisen) hält nämlich Wu Zetian |11|, eine ehemalige Konkubine |10|, die gegen Ende des 7. Jahrhunderts zur ersten – und einzigen – Kaiserin in der Geschichte Chinas aufstieg.

Noch besser veranschaulicht wird die Verquickung von Zeit, Regierungsdevise und Herrschaftsanspruch durch eine Diskussion, die gegen Ende des 11. Jahrhunderts entbrannte. Gegenstand der Auseinandersetzung war die sogenannte «kosmische Maschine» Su Songs (1020–1101), ein Uhrturm, der zu den bedeutendsten technologischen Errungenschaften jener Epoche zählte. Dennoch wurde bereits wenige Jahre nach der Fertigstellung von einflußreichen Kreisen bei Hofe sein Abriß gefordert: und zwar ausschließlich mit der Begründung, daß die Uhr noch während der vorangegangenen (und im übrigen von demselben Kaiser erlassenen) Regierungsdevise in Betrieb genommen worden sei. Nur durch allerlei Kungeleien – und nicht durch die Überzeugungskraft von Argumenten – konnte schließlich die Zerstörung verhindert werden.

Vor dem Hintergrund der nicht zuletzt in den Regierungsdevisen widerscheinenden «Neuschaffung» von Zeit nimmt es nicht wunder, daß sich im chinesischen Kaiserreich eine kontinuierliche Zeitrechnung nicht so recht durchsetzen konnte. Die Orientierung an einem festen chronologischen Ausgangspunkt – etwa analog zum römischen «ab urbe condita» – macht da wenig Sinn, ganz abgesehen davon, daß die Hauptstadt ebenso wie die Zeit dem Gestaltungswillen des Herrschers unterlag und somit häufig wechselte.

Auch der Buddhismus |49, 50, 51| konnte keinen Wandel herbeiführen. Anders als in den von Christentum und Islam dominierten Regionen der Welt erlangten Daten, die sich aus der Biographie eines Religionsstifters ableiten lassen, in China nie ein entsprechendes Maß an Verbindlichkeit. Im Gegenteil: Hauptziel der Diskussion um die zeitliche Fixierung des historischen Buddha war eine Anbindung an die chinesische Chronologie. Das gilt zumindest für die irdische Zeitrechnung. In anderen Sphären war der Freiraum größer. Allerdings entsprach den Sutren zufolge ein Tag im Himmel auch bis zu 100 Jahren im Diesseits; im Fall der Hölle gar bis zu 480 000 Jahren.

Gewicht und Hohlmaß
(Umgebung von Xi'an, Shaanxi; 3. Jahrhundert v. Chr.)

Nachdem er die Fürsten der [einzelnen] Staaten an sich gebunden und die Bevölkerung befriedet hatte, erfolgte [221 v. Chr.] die Proklamation zum Kaiser. Um die Maße zu vereinheitlichen, erließ er ein Edikt [...], wonach Abweichungen zu unterbinden und Unklarheiten zu beseitigen seien.

[...] Entgegen der Verordnung des Ersten Kaisers halten sich die Menschen derzeit [unter der Regentschaft des Zweiten Kaisers 210 v. Chr.] nicht mehr an die damals [...] gesetzten Normen. Dieser Rückschritt ist im Verlauf der Zeit begründet. Sollte sich [die Tendenz freilich] verstärken, dann wird von den großartigen Errungenschaften nichts bleiben. [1]

壬辰

29. Maß und Macht

Die beiden Bronzeobjekte wurden unabhängig voneinander in der Nähe der Qin-Hauptstadt Xianyang – unweit des heutigen Xi'an – entdeckt. Das Hohlmaß (Länge ohne Griff 20,8 cm, Breite 12,5 cm, Höhe 7 cm) stammt aus Nanyan (Bezirk Liquan). Im Falle des Gewichts (Bodendurchmesser 12,9 cm, Höhe 9,5 cm) ist der genaue Fundort nicht mehr rekonstruierbar; es ist mit Blei gefüllt, wiegt 7,615 kg und entspricht damit in etwa der damaligen Einheit *jun*. Das Fassungsvermögen des Scheffels beträgt 980 Milliliter und kommt annähernd einem halben *dou* gleich.

1 *shi* = 4 *jun* = 30,72 kg
1 *jun* = 30 *jin* = 7,68 kg   *Rekonstruktion und Umrechnung*
1 *jin* = 16 *liang* = 0,256 kg   *offizieller Gewichtseinheiten*
1 *liang* = 24 *zhu* = 0,016 kg   *unter der Qin-Dynastie*
1 *zhu* = 0,00067 kg

1 *hu* = 10 *dou* = 20 l
1 *dou* = 10 *sheng* = 2 l   *Rekonstruktion und Umrechnung*
1 *sheng* = 10 *ge* = 0,2 l   *offizieller Hohlmaße*
1 *ge* = 0,02 l   *unter der Qin-Dynastie*

1 *li* = 300 *bu* = 423 m
1 *zhang* = 10 *chi* = 2,35 m   *Rekonstruktion und Umrechnung*
1 *bu* = 6 *chi* = 1,41 m   *offizieller Längenmaße*
1 *chi* = 10 *cun* = 0,235 m   *unter der Qin-Dynastie*
1 *cun* = 0,0235 m

Auf beiden Gegenständen sind die eingangs auszugsweise zitierten Edikte eingraviert, auf dem Hohlmaß überdies ein Hinweis auf die Verwendung in der «nördlichen Privatresidenz», welche zur kaiserlichen Palastanlage gehörte. Fixiert sind die Texte, die in exakt demselben Wortlaut auf einer ganzen Reihe von metrologischen Objekten des ausgehenden 3. Jahrhunderts v. Chr. anzutreffen sind, jeweils in der «kleinen Siegelschrift» |40|, die ihr Entstehen ebenfalls dem Vereinheitlichungsstreben jener Epoche verdankt: ebenso wie etwa die Kodifizierung des Rechts |30|, die Neuordnung der Währung |36| oder die Normierung der Wagenspurbreite.

Qin Shihuangdi, dem Gründer des chinesischen Kaiserreiches, ging es dabei sicherlich nicht nur um Vorschriften, die die Kompatibilität innerhalb eines stetig gewachsenen Territoriums sicherstellen sollten. Die korrekte Eichung der Marktwaagen und Meßbehältnisse – heute würde man sagen: der Verbraucherschutz – scherte ihn vermutlich wenig! Ja, nicht einmal die Sicherung der Steuereinnahmen dürfte im Vordergrund der Überlegungen gestanden haben. Vielmehr dienten all diese Aktionen wohl in erster Linie der Demonstration von Macht, der Veranschaulichung der Reichseinigung und der Legitimation des Herrschaftsanspruches |1|. Dies zeigt die Inschrift auf einer Stele, die 121 v. Chr. in Erinnerung an eine Inspektionsreise des Qin Shihuangdi errichtet wurde:

«Der Kaiser setzt den Anfang und sorgt für die Übereinstimmung von Normen und Maßen. […] Überall unter dem Himmel wirkt er auf ein einheitliches Sinnen und Trachten [der Menschen] hin. Die Maße der Gefäße und Gerätschaften sind ebenso standardisiert wie die Schreibweise der Schriftzeichen.»[2]

Archäologische Funde belegen jedoch, daß selbst unter der rigiden Qin-Dynastie Abweichungen nicht verhindert werden konnten: trotz der Androhung schwerer Strafen. So schwanken aus dem ausgehenden 3. Jahrhundert v. Chr. stammende Gewichte, die laut Inschrift jeweils ein *jin* (256 g) wiegen sollten, immerhin zwischen 234,6 g und 273,8 g; bei den zum Abfüllen eines *sheng* verwendeten Hohlmaßen sind die Diskrepanzen ähnlich. Diese «Ungenauigkeiten» mögen zum Teil in der unzureichenden Beherrschung der Gußtechnik oder der zwischenzeitlichen Korrosion begründet sein, oft genug waren sie aber auch – wie zeitgenössische Rechtstexte |30| zeigen – das Ergebnis von bewußten Manipulationen, die dazu dienen sollten, den Profit von einzelnen Beamten |2| und Privatleuten zu maximieren.

Am Gewicht *(liang* oder *shu)* orientierte sich im Prinzip auch der Wert der meisten Qin- und Han-Münzen. |36| Allerdings nur im Prinzip! Denn Nachahmungen, die erheblich leichter waren, als es die Aufschrift glauben machte, oder Fälschungen, die durch die Beimengung von Blei oder Eisen schwerer gemacht wurden, befanden sich in großer Zahl im Umlauf. Hinzu kamen regionale Unterschiede, die nie ganz ausgerottet werden konnten. So beklagt eine Throneingabe aus dem Jahre 175 v. Chr., daß sich «die Münzen, die die Bevölkerung verwendet, von Provinz zu Provinz, von Kreis zu Kreis unterscheiden». In späteren Epochen sollten zeitweilig gar mehrere Währungssysteme nebeneinander bestehen.

Archäologische Hinterlassenschaften zeigen auch, daß die Vereinheitlichung der Wagenspurbreite nur bedingt durchgesetzt werden konnte. Außerhalb der größeren Städte |171| und deren unmittelbarer Umgebung galten die Standards meist nur dann, wenn besondere administrative, ökonomische oder militärische Optionen dies erforderlich machten. Daran sollte sich bis zum Ende der Kaiserzeit nur wenig ändern. Ohnehin muß festgehalten werden, daß die nicht zuletzt durch den Begriff «Reich der Mitte» suggerierte Vorstellung von einem strikt hierarchisch durchorganisierten Zentralstaat nur selten im Verlauf der Geschichte eine realistische Grundlage hatte.

Hals- und Fußfessel aus Eisen
(Zhengzhuang, Shaanxi; 3. Jahrhundert v. Chr.)

Qin Shihuangdi vernichtete die Gesetze, welche die Könige der Vorzeit erlassen hatten, und zerschlug die Werte, die auf ein von [der korrekten Durchführung der] Riten bestimmtes Verhalten und Rechtschaffenheit gründeten. [Statt dessen] setzte er ausschließlich auf [die abschreckende Wirkung von] Verstümmelungsstrafen und Hinrichtungen. [1]

30. Recht und Gnade

Als 1973 unweit von Lintong eine Steinmetzwerkstatt der Qin-Zeit freigelegt wurde, stieß man unter anderem auf die beiden Fesseln. Die Fundumstände und die unmittelbare Nähe zum Mausoleum des Kaisers Qin Shihuangdi lassen vermuten, daß die Eisenobjekte einst zur Ankettung von Zwangsarbeitern dienten, die bei der Errichtung der Grabanlage eingesetzt wurden. |1|

Zwangsarbeit zählte zu den häufig verhängten Strafen im antiken China: ebenso wie Verbannung, Versklavung, Auspeitschung, Prügel, Tatauierung, Brandmarkung, Kastration und Verstümmelung (Amputation der Nase oder von Extremitäten). Im Falle eines Todesurteils gab es verschiedene Formen der Vollstreckung, darunter die Enthauptung und Zerstückelung. Die Erdrosselung galt hingegen – trotz der größeren Qualen für den Delinquenten – als Gnadenerweis, blieb dadurch doch der Körper unversehrt, so daß die für Bestattungsriten und Ahnenkult geltenden Vorschriften eingehalten werden konnten. |16, 46| Verbrechen, die als besonders schwer eingestuft wurden, ahndeten die Richter nicht nur mit der Hinrichtung des Täters, sondern mit der Ausrottung seiner ganzen Familie |10|. Im übrigen erstreckte sich die Kollektivhaftung auch auf die Behörden. Vorgesetzte wurden also bei Verfehlungen ihrer Untergebenen mitbestraft: meist indes in abgemilderter Form.

Spätestens seit der Reichseinigung, die sich auch in einer Reform der Rechtsprechung niederschlug, waren die einzelnen Verfahrensschritte klar gegliedert. Trotz gelegentlicher Modifikationen orientierten sich die Abläufe auch unter den nachfolgenden Dynastien an Konventionen, welche sich zur Qin- und Han-Zeit herausgebildet hatten und in zahlreichen Rechtstexten festgehalten sind, die in Gräbern des 3. und 2. vorchristlichen Jahrhunderts hinterlegt wurden. Mit Hilfe dieser Schriften und historiographischer Quellen läßt sich rekonstruieren, daß auf Anzeige, Fahndung und Festnahme ein Prozeß am Sitz der Präfektur folgte. Große Sorgfalt wurde dabei auf die Vernehmung des Angeklagten und die Befragung der Zeugen verwendet:

«Zunächst ist es zwingend geboten, die unabhängig voneinander vorgetragenen Aussagen in aller Ausführlichkeit zur Kenntnis zu nehmen und schriftlich festzuhalten. Selbst wenn sich [der Befragte] dabei offenkundig in Lügen verstrickt, muß nicht unmittelbar nachgehakt werden. Erst wenn das Protokoll fertiggestellt ist und sich daraus keine Rechtfertigung [für die Tat] ergibt, soll der Beschuldigte damit konfrontiert werden. [...] Nur wenn er nach mehrfacher Befragung immer noch lügt und zu keinem Geständnis bereit ist, soll unter Berücksichtigung der einschlägigen Vorschriften die Folter angewandt werden.»[2]

Diese bestand im allgemeinen aus Stockschlägen und mußte im Protokoll vermerkt werden. Im Falle eines Geständnisses konnte dann zur Urteilsfindung übergegangen werden, wobei strafmildernde und -verschärfende Umstände wie Schuldfähigkeit, Alter, Geschlecht und soziale Stellung angemessen zu berücksichtigen waren. So galt die Tötung des Ehemannes oder Vaters durchweg als besonders schweres Verbrechen, die Ermordung der Ehefrau oder des Sohnes hingegen – zumindest in manchen Epochen – geradezu als Bagatellfall. |10, 11, 14, 15| Oft war die Beweisführung indes schwierig, die Grundlage für die Entscheidung widersprüchlich; dann konnte eine übergeordnete Instanz angerufen werden:

«Wenn in Zweifelsfällen keiner der [zuständigen] Beamten es wagt, eine Entscheidung zu treffen, führt dies dazu, daß erwiesene Täter lange nicht verurteilt werden können und Unschuldige für geraume Zeit inhaftiert bleiben müssen. [...] Ab jetzt sind [...] ungeklärte Strafsachen der vorgesetzten [Provinz-]Behörde zur Urteilsfindung vorzulegen. [...] Kommt es dort zu keiner Entscheidung, ist die Angelegenheit an den Präsidenten des Kaiserlichen Gerichtshofs weiterzuleiten. Sollte auch dieser zu keiner Entscheidung kommen, hat er den Fall unter sorgfältiger Abwägung der relevanten Präzedenzfälle, Gesetze und Bestimmungen [Seiner Majestät] zu unterbreiten.»[3]

Nach der Verurteilung erfolgte die Vollstreckung in der Regel relativ rasch. Gefängnisse dienten in erster Linie nicht dem Vollzug von Freiheitsstrafen, sondern der Unterbringung von Untersuchungshäftlingen und Delinquenten, die auf ihre Hinrichtung warteten. Von wenigen Ausnahmen abgesehen, durften Exekutionen nämlich keineswegs zu jedem beliebigen Zeitpunkt |28| durchgeführt werden. Untersagt waren sie insbesondere zu Jahresbeginn, in den Monaten zwischen Frühlingsanfang und Herbstmitte sowie an allen Feiertagen |56|; selbst Regen konnte einen Aufschub bewirken.

Der öffentlichen Vollstreckung entgingen gemeinhin – aber keineswegs immer – die Angehörigen der Nobilität, denen es gestattet war, in ihrem Wohnhaus Suizid zu begehen; bei leichteren Vergehen war ihnen überdies oft ein Freikauf von der Bestrafung möglich. Weniger begüterte Gesetzesbrecher konnten hingegen nur auf eine Amnestie hoffen. Die Chancen, von einem derartigen Gnadenakt zu profitieren, standen gar nicht so schlecht. So gab es alleine unter der Tang-Dynastie 174 landesweite Amnestien. Ausgenommen davon waren freilich all jene Personen, die wegen einer der zehn «Greueltaten» verurteilt waren: darunter nicht nur Rebellion und Hochverrat, sondern auch Inzest und Pietätlosigkeit [15]. Ein Verstoß gegen die Trauervorschriften [16] wurde folglich unter Umständen härter geahndet als ein Mord. So bestimmte es zumindest der 653 in Kraft gesetzte Tang-Kodex, das älteste chinesische Strafgesetzbuch, das in vollständiger Form bis heute überliefert ist.

Weit schwieriger gestaltet sich die Erschließung des antiken Privatrechts, das vom Staat nicht für ausreichend wichtig erachtet wurde, um verbindlich festgelegt zu werden. Regionale Traditionen standen daher im Vordergrund, wenn Angelegenheiten aus dem Sachen-, Schuld-, Familien- und Erbrecht zu regeln waren. Eine Reihe von Kaufverträgen, die mehrheitlich aus der Tang- und Song-Zeit stammen und im Wüstenklima von Dunhuang (Provinz Gansu) überlebt haben, gewähren aber zumindest Aufschluß darüber, daß der Rücktritt von einem Vertrag und die Nichterfüllung von Vereinbarungen mit individuell verabredeten Konventionalstrafen verbunden waren. Aus diesen Dokumenten geht indes nicht hervor, wie die durch einen Verstoß gegen die Übereinkunft begründeten Forderungen durchgesetzt werden konnten, und auch die wenigen Paragraphen des Tang-Kodex, die überhaupt das Vertragsrecht berühren, erhellen die konkreten Abläufe nicht.

Andererseits widmet dieses Werk eine beträchtliche Anzahl von Paragraphen dem Diebstahl, der Fälschung und dem Betrug. Das Nachahmen von Gegenständen und die Aneignung geistigen Eigentums standen aber wohl nur dann unter Verdikt, wenn die direkten Interessen des Hofes betroffen waren: etwa durch das Kopieren von Siegeln oder die Manipulation von Erlassen. Aber auch die nicht autorisierte Verbreitung von Landkarten, Almanachen und Kalendern wurde drakonisch bestraft; denn zumindest indirekt konnte dadurch die Legitimation des Kaisers bedroht werden, welcher sich nicht zuletzt als Gebieter über Raum und Zeit verstand. Insofern ging es den Mächtigen primär um die Kontrolle des Informationsflusses und nicht um die Wahrung des Urheberrechts. Das heute vielfach monierte Nebeneinander von Zensur und Produktpiraterie hat also durchaus eine weit zurückreichende Geschichte.

Bildrolle mit Darstellung eines Kräutersammlers
(Yingxian, Shanxi; 12. Jahrhundert)

Jemand, der im Falle einer Erkrankung durch die Behandlung eines Quacksalbers […] geschädigt wird, hätte besser daran getan, sich [selbst rechtzeitig] bescheidene Kenntnisse darüber anzueignen, wie man mit seinem Körper umzugehen hat, und diesen bereits zu einem Zeitpunkt zu pflegen, zu dem […] noch keine [gesundheitlichen] Probleme vorhanden sind. [1]

甲午

31. Allerlei Mittelchen, um dem Tod zu entfliehen

Die 1056 errichtete Shakyamuni-Pagode |50| des Klosters Fogongsi gilt als der höchste erhaltene Holzbau des alten China. Als 1974 die im Inneren des Bauwerks aufgestellten Statuen auf Schäden untersucht wurden, die nicht zuletzt auf den Vandalismus der Kulturrevolution zurückgingen, stieß man auf einige Überraschungen. So entdeckte man bei der Öffnung der zentralen Plastik einer Figurengruppe des vierten Stockwerks mehrere darin verborgene Objekte, von denen manche eine Datierung in das frühe 12. Jahrhundert nahelegen: also eine Zeit, in der die Region von den Fremddynastien Liao und Jin beherrscht wurde.

Unter den Funden befand sich auch eine bemalte Hängerolle (Länge 70 cm, Breite 38,6 cm) aus Hanfpapier, die eine barfüßige Person zeigt, welche einen mit Kräutern gefüllten Korb auf dem Rücken trägt; in der Linken hält sie eine Hacke, in der Rechten einen Pilz. Ob es sich dabei um die Wiedergabe eines zeitgenössischen Kräutersammlers handelt oder um eine Darstellung Shennongs, des mythischen Begründers der Pharmazie, ist umstritten. Auf diesen Kulturheros bezogen sich seit der Han-Zeit zahllose drogenkundliche Werke, von denen nicht wenige sogar seinen Namen im Titel trugen. Zurückzuführen ist diese Popularität auf eine Passage im *Huainanzi*, einem Text, der in der zweiten Hälfte des 2. Jahrhunderts v. Chr. verfaßt wurde:

«Shennong [...] kostete die Geschmacksrichtung sämtlicher Kräuter und überprüfte die Gewässer auf Süße und Bitterkeit. Davon leitete er seine Meidevorschriften und Empfehlungen für die Bevölkerung ab. [Durch Probieren] stieß er damals an einem einzigen Tag auf siebzig arzneilich wirksame [Materien].»[2]

Zwar bildeten Kräuter die größte Gruppe unter den Medikamenten, doch wurden auch tierischen und mineralischen Substanzen Heilkräfte zugesprochen. Weit verbreitet waren zudem Rezepturen, für die verschiedene Bestandteile zusammengemischt wurden. Eine ganze Reihe von Elixieren verhieß überdies nicht nur die Genesung von einem spezifischen Leiden, sondern sogar Unsterblichkeit, doch ist gerade in diesen Fällen – etwa durch den unsachgemäßen Umgang mit Quecksilbersulfid – wohl eher mit einer lebensverkürzenden Wirkung zu rechnen. |16, 27| Dieses Risiko gilt im übrigen auch für manches vermeintliche «Naturprodukt», das heute primär für die Märkte in Europa und Amerika hergestellt wird.

Die im Westen ebenfalls expandierende chinesische Entsprechungsmedizin entstammt hingegen einer ganz anderen Tradition. Ihre unter der Han-Dynastie ausformulierte Systematik war stark an philosophische Überlegungen angelehnt und orientierte sich an dualistischen Assoziationsreihen (*yin* und *yang*) |13|, Wandlungsphasen (Metall, Holz, Wasser, Feuer, Erde) und sozialen Ordnungsmustern (etwa im Hinblick auf hierarchische Beziehungen). Die davon abgeleitete Physiologie unterschied zwölf Organe, von denen zehn (Nieren, Leber, Herz, Milz, Lunge, Magen, Dünndarm, Dickdarm, Harnblase und Galle) leicht zu identifizieren sind, sowie eine größere Anzahl von Leitbahnen, die der Weitergabe von Blut *(xue)* und Feinmaterie *(qi)* dienten. |12|

In diesem Zusammenhang hat gegen Ende des letzten Jahrhunderts ein Fund große Aufmerksamkeit erregt, der in Grab 2 von Shuangbaoshan (15 km südlich von Mianyang, Sichuan) gemacht wurde: die Lackfigur eines nackten, kahlköpfigen Mannes (Höhe 28,1 cm), auf dessen schwarzen Körper rote Linien aufgemalt waren. Diese markierten offenkundig jene Leitbahnen, denen die Versorgung mit lebenswichtigen Substanzen *(xue* und *qi)* oblag. Datiert wird das Objekt in das 2. Jahrhundert v. Chr. und damit in eine Epoche, aus der auch mehrere heilkundliche Schriften stammen, zu denen es in Bezug gesetzt werden kann. Allerdings mit begrenztem Erfolg; denn nur der kleinere Teil der Linien läßt sich den Beschreibungen in den Texten zuordnen.

Andererseits war die kleine Skulptur schon deshalb eine Sensation, weil sie über ein Jahrtausend älter war als das früheste bis dahin bekannte dreidimensionale Modell zur Leitbahnanordnung. Im Unterschied zu diesem späteren Exemplar, das primär der Markierung – und Standardisierung – der Akupunkturpunkte diente, waren freilich bei der Figur aus Shuangbaoshan noch keine Stellen ausgewiesen, die als Orientierungshilfen für eine Behandlung durch Stechen oder Brennen hätten dienen können. Ohnehin ist es fragwürdig, ob sich die Akupunktur für diese frühe Zeit mit ausreichender Sicherheit belegen läßt. Zumindest ein Indiz – neun Gold- und Silbernadeln aus dem Grab des 113 v. Chr. verstorbenen Liu Sheng |8, 16| – erscheint jedoch stichhaltig, da sich unter den dort deponierten Beigaben auch Medizingerät befand, dessen funktionale Zuordnung gesichert ist.

Der hohe Standard der chinesischen Heilkunde äußerte sich nicht zuletzt in der frühen Spezialisierung auf bestimmte Teilbereiche. Spätestens unter der Tang-Dynastie existierte hierzu eine deutlich ausdifferenzierte Literatur, die sich mit Gynäkologie, Pädiatrie, Orthopädie, Ophthalmologie, Pharmakologie und Epidemiologie befaßte. Dem theoretischen Anspruch konnte die Praxis freilich nicht immer genügen. Überdies gaben sich manche Patienten unrealistischen Hoffnungen hin, worauf ein Gedicht verweist, dem Bo Juyi (772–846) den aufschlußreichen Titel «Warnung vor Arzneien» gab:

> *Begrenzt ist nur das Leben,*
> *doch nicht die Sehnsucht danach. [...]*
> *Selbst die Alten versuchen*
> *mit allerlei Mittelchen*
> *dem Tod zu entfliehen.*
> *Am Morgen schlucken sie*
> *«Sonnenessenzpillen»,*
> *am Abend «Herbststeinkraut».*
> *Aber statt das Glück zu erzwingen,*
> *bewirken sie nur Katastrophen;*
> *denn zahllos sind die Fehler*
> *beim Umgang mit der Arznei.* [3]

In Einzelfällen konnte eine erfolglose Behandlung allerdings nicht nur zum Ableben des Erkrankten führen, sondern auch zum Tod des Therapeuten. Besonders hoch war das Risiko dann, wenn Angehörige des Herrscherhauses kuriert werden sollten. So ließ Kaiser Yizong im Jahre 870 gleich ein zwanzigköpfiges Ärzteteam hinrichten, als dieses das Leben seiner ältesten Tochter nicht retten konnte.

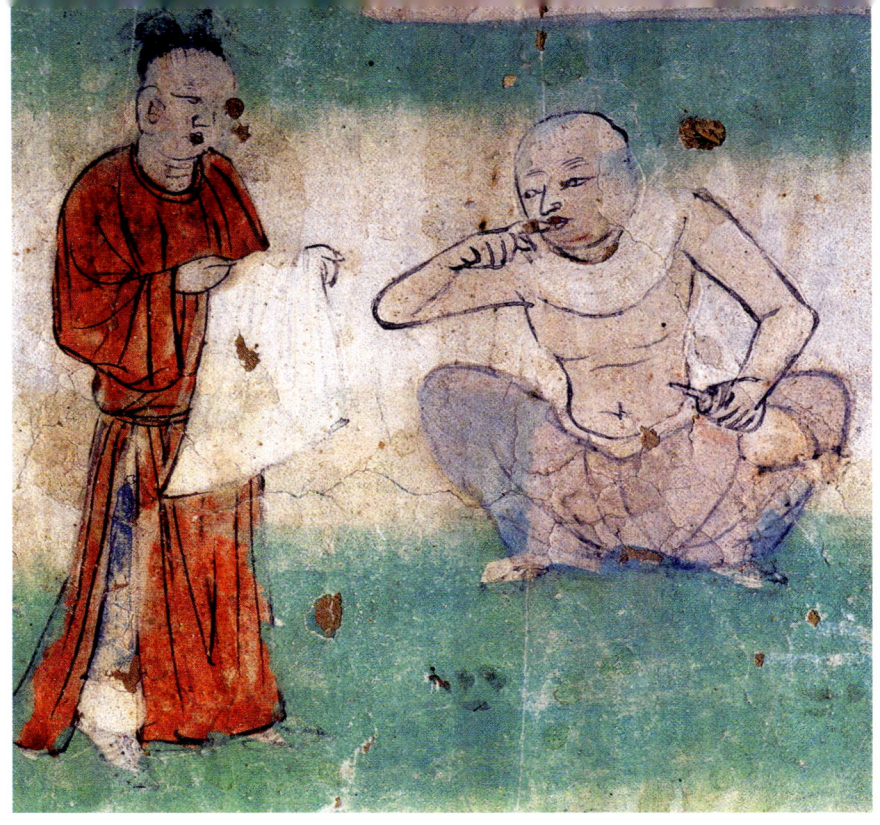

Mann beim Zähneputzen. Darstellung in Höhle 159 von Mogao
(Dunhuang, Gansu; 9. Jahrhundert)

Beim Kauen des Zahnhölzchens
sollten [die Gläubigen] wünschen, daß alle Wesen
das Leid ausnahmslos überwinden:
in Harmonie und reiner Gesinnung.

Beim Toilettengang
sollten sie wünschen, daß alle Wesen
der Gier, dem Haß und der Torheit widerstehen
und sich der Verfehlungen entledigen. [1]

乙未

32. Vom Zähneputzen und vom Lesen auf dem Klo

Zwar dominieren unter den Wandmalereien in Dunhuang religiöse Motive, doch wird auch der Alltag in der Klosteranlage immer wieder thematisiert. |10, 13, 17| So zeigt eine Malerei an der Südwand der vermutlich zu Beginn des 9. Jahrhunderts entstandenen Höhle 159 einen buddhistischen Mönch |49, 50| bei der körperlichen Reinigung. Sein Oberkörper ist entblößt; in seiner linken Hand hält er eine Wasserflasche, mit der Rechten putzt er die Zähne. Neben dem Mönch steht ein vollständig bekleideter Diener, der das Handtuch zum Abtrocknen bereithält. Für die Reinigung der Zähne wurden damals meist Hölzchen verwendet: bevorzugt Pflaumenzweige, die an einem Ende weichgekaut und ausgefranst waren. Auch kannte man bereits Zahnstocher, von denen die wertvollsten aus Gold und Silber gefertigt waren, sowie eine Art Zahnpasta, die aus pflanzlichen und mineralischen Substanzen bestand. Die Verwendung von Zahnbürsten und Zahnseide kam hingegen erst später auf.

An der Decke einer auf das darauffolgende Jahrhundert zurückgehenden Höhle (Nr. 146) sind wiederum mehrere Männer wiedergegeben, die gerade dabei sind, ihren Oberkörper oder Kopf zu waschen. Das Wasser, das sie hierzu verwenden, befindet sich in riesigen Schüsseln, die in geringem Abstand zueinander auf den Boden gestellt sind. Schließlich lassen sich in einer vermutlich an der Wende zum 7. Jahrhundert ausgemalten Höhle (Nr. 302) zwei Personen erkennen, die ihre Reinigung in einem nach außen durch Stellschirme abgeschirmten Tümpel vornehmen. Zeitgenössischen Schriftquellen läßt sich entnehmen, daß man beim Waschen überdies verschiedene Mixturen verwendete, die auf der Grundlage von Leguminosen und Kräutern hergestellt wurden.

Zwar sind größere Wasserbecken archäologisch bereits seit dem 3. Jahrhundert v. Chr. belegt, doch kam eine lebendige Badekultur in China wohl erst mit dem Eindringen des Buddhismus auf. Es ist daher auch kein Zufall, daß der Palastkomplex, den Shi Hu, der tiefgläubige Herrscher über das Spätere Zhao-Reich, im 4. Jahrhundert in seiner Hauptstadt Ye errichten ließ, besonders aufwendige Wasch- und Badeanlagen umfaßte, welche durch ein Kanalnetz gespeist wurden:

«Das Wasser wurde in Abständen von sechs bis sieben *bu* [ca. 8,00 bis ca. 9,50 Meter] durch Filter geleitet, die aus Bronzegittern bestanden, hinter denen Lagen von grobem Stoff und feiner Seide [angebracht waren]. [Am Ende des Zulaufs] war eine Jadeschüssel aufgestellt, welche über ein Fassungsvermögen von zehn *hu* [ca. 20 Liter] verfügte. Eine aus Bronze gefertigte Schildkröte schluckte das Abwasser. [...] [In einem anderen Trakt des Palastes] war in eine Steinkammer ein [ebenfalls] durch Kanäle gespeistes Badebecken eingelassen, neben dem sich eine Ruhebank befand.»[2]

Aus anderen Quellen geht überdies hervor, daß man dem Wasser, welches im Winter auf angenehme Temperaturen erwärmt werden konnte, eine riesige Auswahl von Duftstoffen beimengte. Derlei Luxus – und die damit assoziierte Verruchtheit – war den öffentlichen Bädern, die sich bis zur Song-Zeit vornehmlich auf dem Gelände buddhistischer Klöster und Tempel befanden, meist ebenso fremd wie den Thermalquellen, denen neben dem Schwefelgeruch auch das Odium übernatürlicher Wirkkraft anhing.

Auf einer der Wandmalereien in den Höhlen von Mogao (Nr. 290) wird sogar mit großer Detailfreude eine Person beim Stuhlgang gezeigt. Sie befindet sich in Hockstellung über einer Grube, die durch einen Verschlag geschützt ist. Archäologisch sind Toiletten vor allem durch Tonmodelle der Han-Dynastie belegt, die zeigen, daß Aborte häufig über Schweinekoben errichtet wurden. Damit korrespondierende Befunde liegen hingegen nicht vor. Lediglich in einigen Grabkomplexen, die aus dieser Zeit stammen, lassen sich Abtritte identifizieren. Zumindest auf dem Lande dürfte der größte Teil der Bevölkerung ohnehin seine Notdurft unter freiem Himmel verrichtet haben. Eigens dafür gebaute Häuschen waren also die Ausnahme, und Gebäude, die auch nur annähernd den öffentlichen Prachtlatrinen des antiken Rom entsprachen, waren in China unbekannt.

Zudem wurde das Klo von vielen Menschen wohl auch deswegen gemieden, weil es als Heimstätte von Geistern und Dämonen galt. Wie man sich dort – gegebenenfalls nach Überwindung entsprechender Ängste – zu verhalten hatte, läßt sich einer buddhistischen Schrift des 7. Jahrhunderts entnehmen. Demnach war das Fingerschnippen das wichtigste Kommunikationsmedium während des Toilettengangs: entweder um anzukündigen, daß man einzutreten gedenke, oder um anzuzeigen, daß besetzt war. Selbst die korrekte Haltung wurde vorgegeben; man hatte sich, ohne den Körper anzulehnen, mit parallel gestellten Füßen hinzuhocken und den Blick nach vorne zu richten. Es war untersagt, zu viel Erde zum Bedecken der Notdurft in die Grube zu schütten, Wasser bei der anschließenden Reinigung zu verschwenden und Graffiti an den Wänden anzubringen. Als unschicklich galt es schließlich, «wenn das Gesicht rot anlief, weil der Atem zu lange angehalten wurde».³

Ouyang Xiu, eine der prägenden Gestalten des 11. Jahrhunderts, erwähnt in einer wenige Jahre vor seinem Tod zu Papier gebrachten Anekdotensammlung einen Gelehrten, der konfuzianische und historiographische Klassiker im Sitzen studiert, unterhaltende Prosa im Liegen verschlungen und Lyrik auf dem Abtritt gelesen habe. Und er fügt ergänzend hinzu: ‹Die Tatsache, daß ich meine Schriften im allgemeinen […] zu Pferde, auf dem Kopfkissen [d. h. im Liegen] oder auf dem Klo verfasse, [erscheint] fürwahr bemerkenswert.»⁴ Es ist anzunehmen, daß den beiden Herren anheimelndere Toiletten zur Verfügung standen als der Bevölkerungsmehrheit.

Transaktionen

申酉戌亥子丑寅
丙丁戊己庚辛壬

Kamelreiter: figürliche Darstellung aus Keramik mit Resten von Bemalung (Grab des Wang Chen in Changzhi, Shanxi; 7. Jahrhundert)

Der Preis für die Ausleihe eines fünfjährigen Kamelhengstes beträgt 16 Ballen ortsüblichen Stoffes in Standardmaßen. […] Deren Übergabe erfolgt nach der Rückkehr [von einer Reise nach Turfan]. Falls unterwegs ein Überfall durch Banditen erfolgt oder das Tier durch Krankheit zu Tode kommt, muß dies durch die Mitreisenden unter Eid bezeugt werden. […] Der Besitzer hat bei Verletzung oder Verlust des Kamels umfassende Regreßansprüche. [1]

丙申

33. Reise und Transport

Das beinahe 90 cm hohe Objekt wurde im Jahre 1954 ausgegraben. Es ist die bedeutendste unter mehr als vierzig Tonfiguren, die unter anderem Gelehrte, Offiziere, Diener und Tänzer, aber auch Pferde und Rinder sowie landwirtschaftliches Gerät wiedergeben. Der Name des 679 bestatteten Grabherrn war – dem Sepulkralkult der Tang-Oberschicht entsprechend – auf einer Inschriftentafel vermerkt.

Großzügig angelegte Straßen gehörten im kaiserzeitlichen China – und ansatzweise schon zuvor – zu den bestimmenden Faktoren einer Stadt |17|. Allerdings endeten die Boulevards meist wenige Kilometer außerhalb und nahmen relativ rasch den Charakter holpriger Wege an. Entsprechend mühsam und gefährlich war das Fortkommen auf Karren und Wagen; insbesondere in entlegenen Gebieten stellten Räuberbanden einen zusätzlichen Risikofaktor dar.

Terrain und Logistik ließen indes in weiten Teilen des Reichs auch nicht den Bau durchgehender, für eine Benutzung durch schwere Fuhrwerke geeigneter Straßen zu. Das bedeutet nicht, daß man große Bauvorhaben grundsätzlich scheute. Gerade in den Gebirgen gab es unter beträchtlichem Aufwand angelegte Wege, von denen manche Abschnitte sogar als Galerien in den Fels gehauen oder mit Hilfe von Stelzenkonstruktionen und Ketten fixiert waren. Dadurch ergaben sich jedoch zahllose Engstellen, die für größere Wagen und Gespanne unpassierbar waren.

In anderen Gebieten, insbesondere in Steppe und Wüste, wurde hingegen oftmals auf jegliche Befestigung verzichtet, und die Streckenführung war nur für kundige Führer erkennbar. Weniger erfahrene Reisende konnten sich dann – um eine Formulierung des zu Beginn des 5. Jahrhunderts die Taklamakan durchquerenden Mönchs Faxian zu übernehmen – bestenfalls noch «an den eingetrockneten Gebeinen der Toten als Wegmarkierung»[2] orientieren.

Wichtige Verbindungsstraßen wurden in China von Gasthäusern gesäumt. Zwar waren diese mit entsprechender Genehmigung auch für andere Reisende zugänglich, doch dienten sie primär dazu, Beamten |2| Unterkunft und Verköstigung zu gewähren, die sich auf einer Dienstreise befanden; vielfach verfügten sie daher sogar über Zellen, um gegebenenfalls im Troß mitgeführte Sträflinge unterzubringen. In unmittelbarer Nachbarschaft der offiziellen, gleichzeitig für Kurierdienste genutzten Quartiere entstanden häufig privat geführte Herbergen, die freilich meist nur geringen Komfort boten, und kleine Märkte |35|, auf denen unterwegs benötigte Waren feilgeboten wurden. Unter Kaufleuten |5| war es ansonsten durchaus üblich, bei Geschäftspartnern zu logieren, und nicht nur Pilger konnten in Hospizen oder Klöstern |50| unterkommen, die an der Wegstrecke lagen.

Spätestens seit der Tang-Zeit war das Kamel – genauer: das zweihöckrige Trampeltier – das dominierende Lasttier Nordchinas. Dieses kommt nämlich mit extrem niedrigen Temperaturen zurecht und ist überdies hervorragend für den Einsatz in der Wüste geeignet; denn Schwielensohlen mit Polstern zwischen den Zehen verhindern ein Einsinken in den Dünen, während lange Augenbrauen und verschließbare Nüstern vor den Unbilden der Sandstürme schützen. Im Hinblick auf die Ernährung ist das wuchtige Tier sehr genügsam. Im allgemeinen reichen harte Gräser und Zweige, und die Höcker sind hervorragende Energiespeicher. Vor allem aufgrund seiner Fähigkeit, die Körpertemperatur den Außenbedingungen anzupassen, verbraucht es vergleichsweise wenig Wasser, kann aber nach längerer Enthaltsamkeit innerhalb weniger Minuten mehr als 100 Liter trinken. Bei einer Last von etwa 250 Kilogramm und einer täglichen Wegstrecke von rund 30 Kilometern kommt das Trampeltier selbst während der Hitzeperioden bis zu zwei Wochen ohne Tränken aus.

Im Verhältnis zum Körpergewicht können Esel sogar noch größere Mengen Wasser in noch kürzerer Zeit trinken, um den Flüssigkeitsverlust wieder auszugleichen. Neben der Wüstentauglichkeit entsprechen auch Kälteunempfindlichkeit und zurückgelegte Tagesdistanz annähernd der des Trampeltiers. Immerhin bei etwa der Hälfte ist schließlich die Traglast anzusetzen, die bei längeren Strecken aufgeladen wird. Daher darf man die Bedeutung, die der Esel für die Güterbeförderung hatte, keineswegs unterschätzen.

Wegen ihrer ausgeprägten Trittsicherheit, Duldsamkeit und Furchtlosigkeit sind für höhere Gebirgslagen die ebenfalls sehr genügsamen Maulesel (die Kreuzung aus Pferdehengst und Eselstute) und Maultiere (die Kreuzung aus Eselhengst und Pferdestute) vorzüglich geeignet. Auch die Verwendung von Yaks erweist sich in diesen Zonen manchmal als zweckmäßig. Pferde |57| können in Regionen, in denen klimatische Bedingungen und natürliche Barrieren das Fortkommen erschweren, nur begrenzt eingesetzt werden. Ausdauer und Bedürfnislosigkeit sind nämlich im Fernhandel |38, 39| – anders als etwa beim Kurierdienst – meist wichtiger als die kurzfristig größere Schnelligkeit.

Obschon manche Quellen einen anderen Eindruck vermitteln, sollte nicht übersehen werden, daß die Lasttiere über weite Strecken geführt und nur vergleichsweise selten geritten wurden. Die Karawanenführer waren großenteils Fremde: Nicht nur im Bereich der Seidenstraße lag das Transportwesen – wie zahllose Grabfiguren durch ihre Barttracht, Kopfbedeckung und Gewandung zeigen – in den Händen von Männern aus Zentralasien.

Im übrigen kann auch der Mensch beträchtliche Lasten bewältigen, und in China war er letztlich bis in das 20. Jahrhundert hinein das meistgenutzte Transportmittel. Besonders bewährte er sich natürlich auf engen Pfaden und steilen Anstiegen, wo die Vorteile von Tragestangen, -gestellen und -körben voll zur Geltung kamen. Bis zu einem gewissen Grad erwiesen sich darüber hinaus sogar die sogenannten «Holzochsen» als bergtauglich: Schubkarren, bei denen die Auflagefläche über und neben dem Rad angebracht war. Die lebendigen Namensgeber dieses Gefährts hatten in unwegsamem Gelände indes keine Chance; denn nur auf angemessen breiten und befestigten Wegen konnte der Vorteil großer Zugkraft, der das Ochsengespann auszeichnet, umgesetzt werden. Auch dann wurden im allgemeinen zweirädrige Karren eingesetzt, nur selten vierrädrige Wagen.

Schiffsmodell aus Keramik
(Dongjiao, Guangdong; 1. Jahrhundert)

Mit Hilfe des axialen Steuerruders kann man das Schiff auf Kurs halten und verhindern, daß es abdriftet. [1]

丁酉

34. Nautik und Navigation

In einem Grab, das 1955 in Dongjiao, einem Stadtteil von Guangzhou (Kanton), entdeckt und in die Spätere Han-Zeit datiert wurde, stieß man unter anderem auf ein Schiffsmodell (Länge 56 cm, Breite 15,5 cm, Höhe 16 cm). Es verfügte bereits über ein axiales Heckruder und damit über eine Technologie, die sich in Europa erst mehr als eintausend Jahre später durchsetzen konnte. Das Wasserfahrzeug wurde mit besonderer Sorgfalt und Detailfreude nachgebildet, so daß an Baum und Blatt des Ruders sogar die Löcher sichtbar sind, durch welche üblicherweise die Taue zur Halterung geführt waren. Dieselbe Präzision der Darstellung gilt auch für den zweiarmigen Holzanker, der an einem senkrechten Spill auf der Bugplatte befestigt war. Eher schemenhaft ist dagegen die sechsköpfige Besatzung wiedergegeben, die beidseits der vermutlich mattengedeckten Ruder- und Deckhäuser postiert war.

Leider fehlen konkrete Anhaltspunkte für den Antrieb. Zwar wird vermutet, daß das Schiff besegelt war, doch sind Mast und Takelage nicht erkennbar. Im Unterschied zu anderen Bootsminiaturen der Han-Zeit, die mit Riemen ausgestattet waren, dürfte das Vorbild für dieses Modell auch nicht durch Rudern fortbewegt worden sein. Vielmehr lässt eine backbords und steuerbords überstehende Deckbeplankung erwarten, daß die dadurch geschaffenen Flächen zum Staken benutzt wurden. Schließlich ist auch Treideln keineswegs auszuschließen, während Wriggen erst sehr viel später aufkam.

Dies setzt freilich voraus, daß das Schiff primär Flüsse und Kanäle befuhr und nicht das Meer. Überraschend wäre das nicht; denn Guangzhou war über ein weitverzweigtes Netz von Wasserstraßen mit den Zentren des Han-Imperiums verbunden: Die wichtigste Verkehrsader führte über mehrere Flüsse bis zum Yangzi und dann weiter nordwärts bis zur Hauptstadt Chang'an, und in umgekehrter Richtung erreichte die Binnenschiffahrt den Golf von Tongking (im Bereich des heutigen Hanoi). Ansonsten wurde wohl bestenfalls der küstennahe Seeraum erschlossen.

Das offene Meer mieden chinesische Kapitäne auch dann, wenn sie sich über die Grenzen des Reichs hinauswagten, um weiter nach Süden vorzustoßen. Zwar belegen archäologische Funde der Han-Zeit einen Güteraustausch mit Regionen jenseits des Indischen Ozeans, doch dürfte ein Großteil des maritimen Handels über Schiffe und Mannschaften abgewickelt worden sein, die aus anderen Teilen Asiens stammten. Selbst weite Teile des Südchinesischen Meeres mit den Inselwelten der Philippinen und Indonesiens wurden wohl erst unter der Tang-Dynastie systematisch erschlossen, und großangelegte Fernreisen erfolgten erst im 15. Jahrhundert, als Flottenverbände unter Admiral Zheng He bis an die Küsten Afrikas vordrangen.

Es ist weitgehend unklar, wann sich jene beiden Schiffstypen durchgesetzt hatten, die europäischen Reisenden ab dem 13. Jahrhundert ins Auge fielen: Sampan und Dschunke. Während Größe, Rumpfform und Decksaufbauten großen regionalen Abweichungen unterworfen waren, wiesen die Segel eine entscheidende Gemeinsamkeit auf: Sie waren meist nicht aus Leinwand, sondern aus vergleichsweise schweren Reisstrohmatten oder Bambusgeflecht gefertigt und durch Zwischenrahen verstärkt. Dadurch konnten sie relativ leicht gerefft und gestrichen werden, wenn die Monsunwinde, welche in saisonaler Folge die Richtung vorgaben, allzu heftig bliesen oder gar Taifune wüteten.

Die Längsfestigkeit der Schiffe wurde durch in Höhe der Wasserlinie angebrachte Barkhölzer gewährleistet, welche darüber hinaus die Außenbeplankung schützten. Als echter Durchbruch für die Sicherheit der Dschunken kann – lange vor der Übernahme dieser Technologie durch die Europäer im 18. Jahrhundert – die Unterteilung des Rumpfs durch mehrere abgedichtete Schotten gelten: also der Einbau von quer zur Kiellinie verlaufenden Trennwänden, die dafür sorgten, daß ein Schiff auch im Falle eines Lecks schwimmfähig blieb. Ein weiterer Faktor der Risikominderung war schließlich die durch kräftige Spanten bewirkte Zunahme der Stabilität, die überdies die Aufstellung mehrerer Masten begünstigte.

Ob allerdings die von Autoren des 3. Jahrhunderts beschriebenen Vier- und Siebenmaster auf chinesischen Werften hergestellt wurden, ist ungewiß; denn über den Schiffsbau jener Zeit ist im Grunde nur wenig bekannt. Chinesische Archäologen glauben zwar, 1974 im Stadtbereich von Guangzhou die Überreste einer Werft freigelegt zu haben, die sogar auf das dritte oder zweite vorchristliche Jahrhundert zurückgehen soll, doch sind die Befunde keineswegs eindeutig. Vielleicht aber trifft es ja zu, daß sich drei Bauplätze aus Schwellen, auf denen parallel angeordnete Bohlen mit senkrecht eingezapften Pfosten ruhen, tatsächlich als Hellingen identifizieren lassen; und möglicherweise stimmt es auch, daß ein südlich davon gelegener Grabungsabschnitt als Gelände interpretiert werden kann, auf dem man Schiffbauholz unter Einwirkung von Wärme gebogen und mit Hilfe von Beilen, Dechseln und Stemmeisen bearbeitet hat.

Zumindest auf Dauer waren Konstruktionsprinzipien und nautische Erfindungen einem intensiven überregionalen Austausch unterworfen. Nicht immer lassen sich Ursprung und Vermittlung indes so präzise rekonstruieren und datieren wie im Falle des Kompasses. Allerdings wurde die richtungweisende Eigenschaft des Magneteisensteins, die in China bereits seit vorchristlicher Zeit bekannt war, zunächst wohl nur von Geomanten benutzt, um geeignete Plätze für die Anlage von Gräbern zu bestimmen [50]. Erst im 11. Jahrhundert ist mit einiger Sicherheit die Verwendung eines davon abgeleiteten Instruments zur Orientierung auf See anzusetzen. Zumindest erregte sie in einer auf das frühe 12. Jahrhundert zurückgehenden Beschreibung, die sich auf die Region um Kanton bezieht, keinerlei Aufsehen mehr:

«Mit den küstennahen Gewässern sind die Lotsen vertraut. Bei Nacht orientieren sie sich an den Sternen, bei Tag an der Sonne. Bei schlechtem Wetter behelfen sie sich jedoch mit der südweisenden Nadel. Außerdem verwenden sie noch ein rund dreißig Meter langes Schlepptau mit einem Haken am Ende; denn [auch] anhand des Aussehens und des Geruchs der Proben, die damit dem Meeresgrund entnommen werden, können die Lotsen die Position bestimmen.»[2]

Für die Navigation wurde damals wahrscheinlich bereits eine durch das Thermoremanenzverfahren magnetisierte Metallnadel eingesetzt, die – durch Kork oder Holz an der Oberfläche gehalten – auf einer Flüssigkeit schwamm. Von China aus gelangte der Kompaß im Verlauf des 12. und 13. Jahrhunderts in die arabisch-persische Welt und in das Abendland. In Europa wurde die Erfindung freilich rasch weiterentwickelt, und mit der Kombination von Magnetnadel und Windrose entstand die Bussole: ein Trockenkompaß, der schließlich durch die westlichen Seemächte in der Gegenrichtung verbreitet wurde und um die Mitte des 16. Jahrhunderts als Neuerung im Reich der Mitte auftauchte.

Fleischerladen. Darstellung in Höhle 85 von Mogao
(Dunhuang, Gansu; 9. Jahrhundert)

Umgeben von aromatischen Düften, bieten die Lebensmittelhändler heiße Mahlzeiten, Teigtaschen und Kuchen an. Die Schankwirtschaften hängen ihre Werbebanner aus; die Becher und Schalen sind gewaschen und blankpoliert. Die Metzger schließlich stellen Schüsseln für das Fett auf und zerlegen Schweine und Schafe. Um sie herum ist alles kräftig mit Blut bespritzt. [1]

戊戌

35. Käufliche Freuden: das Treiben auf dem Markt

Die rund 500 Höhlen von Mogao sind zwar fast durchweg buddhistisch inspiriert, doch greifen die darin angebrachten Malereien, die inzwischen zum Weltkulturerbe zählen, bei der Illustration erfolgreicher Bekehrungsversuche auch Themen aus dem Alltagsleben auf, die sich nicht auf Anhieb mit den Vorstellungen dieser Religion in Einklang bringen lassen. |49, 50, 51| Das gilt unter anderem für die von strengem Vegetarismus geprägten Speisevorschriften. So ist im östlichen Deckenbereich der Höhle 85, die in die ausgehende Tang-Zeit datiert wird, der Laden eines bärtigen Metzgers wiedergegeben, der gerade mit Zerlegungsarbeiten beschäftigt ist. Etwas zurückversetzt sieht man ein Gebäude, in dem weitere Fleischstücke gelagert sind. Zu beiden Seiten des vorderen Tisches liegen Hunde.

Stände, auf denen Metzger ihre Produkte verkauften, gehörten wohl zum Standard chinesischer Märkte. Nicht nur auf dem Lande! So berichten Quellen aus der Tang-Zeit unter anderem, daß in einem Bereich des Ostmarkts der Metropole Chang'an Fleisch feilgeboten wurde. Zwar stimmen die Aussagen der Schriftzeugnisse und die archäologischen Befunde nicht in jedem Detail überein, doch lassen sich zumindest die Grundzüge von Architektur und Organisation erschließen, welche die kommerziellen Zentren der Hauptstadt |17| kennzeichneten: den eher etwas «biederen» Ostmarkt, der freilich nicht nur an die Wohngebiete der Oberschicht, sondern auch an das Amüsierviertel grenzte, und den «weltoffenen» Westmarkt, der die kulturelle Vielfalt der über die Seidenstraße dorthin gelangten Kaufleute widerspiegelte. Beide erstreckten sich auf ein ummauertes Gelände von annähernd hundert Hektar, auf dem – ähnlich einem Basar – jedes Gewerbe über ein festgelegtes Areal (wörtlich: «Reihe») verfügte, auf dem es seine Produkte vertreiben konnte.

Die Händler |5|, die dort – und im Prinzip nur dort – ihre Sättel, Eisenwaren, Seidenstoffe, Arzneimittel oder Bücher anbieten durften, wurden streng überwacht. Jeder Markt verfügte über einen größeren Verwaltungsapparat, der dem Finanzministerium unterstand. Ihm oblagen unter anderem die Erteilung von Lizenzen, die Beurkundung von Verträgen, die regelmäßige Festsetzung der Preise, die Kontrolle der Maße und Gewichte 29|, die Überprüfung des im Umlauf befindlichen Geldes |36|, die Aufsicht über die Produktqualität und die Observierung der Besucher. Bei geringeren Vergehen gegen die ausgesprochen strikten Vorschriften waren die Marktbehörden sogar für die Gerichtsbarkeit und den Strafvollzug |30| zuständig:

«Ergibt die Überprüfung von Hohlmaßen, Waagen und Längenmaßen Abweichungen von der Norm, ist dies in jedem Fall mit 70 Stockschlägen zu ahnden. [...] Jede Person, die Waren [...] aus ungeeigneten Materialien oder mit unzureichenden Abmessungen herstellt oder verkauft, wird mit 60 Stockschlägen bestraft. Sollte dadurch ein weit überhöhter Gewinn entstehen, ist [die Tat] überdies wie ein Diebstahlsdelikt zu behandeln.»[2]

Im übrigen sah das Gesetz auch schwere Strafen für die Inspektoren |2| vor, die irgendwelche Unregelmäßigkeiten übersahen. Da deren Dienststellen jedoch – wie fast alle Ämter in China – notorisch unterbesetzt waren und der Auftrag zur umfassenden Kontrolle somit kaum erfüllt werden konnte, kam man wohl nicht umhin, informelle Wege zur Schadensbegrenzung zu beschreiten. Hier spielt vor allem die Zusammenarbeit mit den Sprechern der verschiedenen Gewerbezweige eine besondere Rolle, die, wenn man den Quellen glauben kann, unter der Tang-Dynastie allerdings noch nicht über die Macht verfügten, die später die Oberhäupter der Gilden innehatten. Möglicherweise wurden auch – eher diskret – manche der zahlreichen Zwischenhändler einbezogen, die schon aus professionellen Gründen einen ausgezeichneten Überblick über die Randzonen der Legalität haben mußten.

Der Staat interessierte sich allerdings nicht nur für Warenströme, sondern auch für die auf dem Gelände ansässigen Dienstleistungsbetriebe, darunter Schreibbüros und Bestattungsunternehmen, und – in noch höherem Maße – für die zahlreichen Schankwirtschaften |24|, Teehäuser |23| und Hotels, die Labsal, Unterkunft und Unterhaltung gewährten. Auf dem Ostmarkt galt es vor allem die «Serviceorientierung» zu überprüfen, da manche Mädchen offenkundig unberechtigterweise dazu bereit waren, die Besucher nicht nur durch ihren Gesang oder die Beherrschung eines Musikinstruments zu erfreuen. Auf dem Westmarkt wiederum beunruhigte primär die hohe Ausländerdichte |9|, die von der Obrigkeit ängstlich beäugt und regelmäßig mit Konspiration in Verbindung gebracht wurde.

Neben den beiden vom 6. bis zum 10. Jahrhundert durchgehend genutzten Verkaufsflächen gab es in Chang'an aber auch kleinere Märkte, doch endeten deren Aktivitäten meist nach wenigen Jahrzehnten. Außerdem konnten sich insbesondere Lebensmittelgeschäfte und Restaurants auch in Stadtvierteln niederlassen, die als reine Wohngebiete ausgewiesen waren. Zuweilen wurden gar die starren Sperrzeiten durchbrochen, die die Mobilität in der Stadt ansonsten mit Einbruch der Dunkelheit zum Erliegen brachten, so daß Nachtmärkte ihr besonderes Flair entfalten konnten. Aber auch die weit gemächlicheren Wochenmärkte auf dem Lande strahlten ihren Charme aus:

> *Menschen [sieht man], bepackt mit Tee und Salz,*
> *[dazu] gackernde Hühner und bellende Hunde.*
> *[Alles] wird getauscht: Feuerholz gegen Reis*
> *[ebenso wie] Fisch gegen Alkohol.*
> *Hie und da [lassen sich]*
> *die grünen Wimpel der Schankwirtschaften [erkennen],*
> *in denen die alten Männer sitzen,*
> *aufgestützt und schläfrig vom [vielen] Trank.* [3]

Selbst im hektischen Treiben der Metropole ließ sich sicherlich so manches Idyll ausmachen. Freilich war der Markt in der Stadt nicht nur Ort der Lebensfreude, sondern auch Bühne des Schreckens. Seit alters diente er nämlich bevorzugt als Stätte für Hinrichtungen, die im allgemeinen als grausiges Spektakel inszeniert wurden. Daher kam es regelmäßig vor, daß auf dem Gelände nicht nur Waren, Wimpel und Werbetafeln zu sehen waren, sondern auch die Köpfe der Exekutierten.

Bronzemünzen
(Zhangcun, Zhejiang; 12. Jahrhundert)

Da die Münzen knapp sind, gelangt [immer mehr] Papiergeld in Umlauf. [1]

36. Geld und Glück

Unweit von Anji und Langcun, rund 60 km südwestlich des Taihu, wurden 1972 unter anderem ein kleines Bronzegefäß und mehr als zwanzig Münzen ausgegraben, die in dem Zustand belassen worden waren, in dem man sie der Form entnommen hatte. Da sie nicht von dem in den Gußkanälen erkalteten Metall abgetrennt wurden, entstand ein Gebilde (Länge 56,5 cm), das an einen Zweig mit beidseitig angeordneten Blättern erinnert. Die Legende enthält die Regierungsdevise *chongning* und erlaubt eine Datierung zwischen 1102 und 1106.

Die Münzen entsprechen dem im ausgehenden 3. Jahrhundert v. Chr. entwickelten und bis zur europäischen Einflußnahme fast durchgehend verbindlichen Standard. Gegossen – und nicht etwa geprägt –, kombinierten sie das «Runde» (in der Form) und das «Eckige» (durch das quadratische Loch) als symbolische Umsetzungen von Himmel und Erde und visualisierten somit das vom Kosmos abgeleitete Mandat des Kaisers |11|. Das bedeutet freilich nicht, daß es dem Hof stets gelang, den Herrschaftsanspruch überall im Lande gleichermaßen durchzusetzen. Regionale Besonderheiten konnten nämlich nie vollständig ausgemerzt werden, und die relativ einfache Herstellungstechnik erleichterte die Eigenproduktion und das Fälschen. Bildliche Darstellungen fehlten jedoch grundsätzlich, und als Informationsträger dienten ausschließlich Schriftzeichen |40|: zunächst nur Gewichtsangaben |29|, die den Wert bestimmten, später auch Regierungsdevisen.

Im allgemeinen wurden die Bronzemünzen, die zuweilen mehr Blei als Kupfer und Zinn enthielten, mit Hilfe einer durch das Loch gezogenen Kordel zusammengehalten und transportiert. Bei größeren Geldmengen erwies sich dies nicht selten als logistisches Problem, und wegen des vergleichsweise geringen Nenn- und Materialwerts waren die Ausgabezahlen entsprechend hoch. 1106 lagen sie bei annähernd drei Millionen Schnüren zu je tausend Münzen. Allerdings wurde in der Song-Zeit auch vermehrt Papiergeld |42| in Umlauf gebracht, welches sich rasch zum Hauptzahlungsmittel entwickeln sollte. Dies führte jedoch zu einer ständigen Abwertung, so daß man gegen Ende der Dynastie nur noch ein Viertel des Nennwerts in Münzen dafür erhielt.

Eine mögliche Alternative dazu – die Verwendung von Edelmetall – konnte sich in China zunächst nicht durchsetzen. Goldbarren sind archäologisch bislang nur in geringer Zahl für die Han-Zeit belegt, und Silberbarren waren zwar weit länger gebräuchlich, doch hatten diese unter den meisten Dynastien nur einen relativ geringen Umlauf. So betrug der Anteil am Steueraufkommen 1077 lediglich etwas mehr als zwei Tonnen Silber gegenüber annähernd sechs Milliarden Bronzemünzen, über einer Million Tonnen Getreide und fast 2,7 Millionen Seidenballen.

Obschon spätestens seit der Han-Zeit intensiver Fernhandel |38, 39| betrieben wurde, gelangten Fremdwährungen zunächst nur vereinzelt nach China. Dies änderte sich erst ab dem 4. Jahrhundert, als sassanidische und byzantinische Münzen zunehmend Anklang fanden. Allerdings gewähren sie nur begrenzt Aufschluß über ihre Rolle als Zahlungsmittel; denn in der Mehrzahl stammen sie nicht aus in Krisenzeiten angelegten Horten, sondern aus Gräbern, in denen sie an prominenter Stelle – oft als Mundbeigabe – deponiert wurden. Nicht wenige Goldsolidi waren überdies perforiert, was auf eine Verwendung als Schmuckstück oder Amulett schließen läßt. In manchen Fällen handelt es sich zudem – analog zu den Kopien chinesischer Münzen in Sogdien – nicht um Originale, sondern um einheimische Nachbildungen.

Betrachtet man das Handelsvolumen, dann fällt die Zahl der nach Westen gelangten chinesischen Münzen vergleichsweise gering aus. War es schon auf dem Binnenmarkt ein Problem, größere Zahlungen damit zu bewältigen, dann erst recht, wenn es galt, vor der Übergabe noch weite Strecken im Hochgebirge oder in der Wüste zurückzulegen. Die Verwendung von Schuldverschreibungen und das seit der Song-Zeit in Umlauf gebrachte Papiergeld setzten schließlich politische Stabilität und ökonomische Konstanz voraus. Gerade in Krisenzeiten waren daher fremde Kaufleute |5, 91| nur schwer von deren Vorzügen zu überzeugen.

Daneben war freilich auch entscheidend, daß die chinesische Seide |39| ein ungeheuer stabiles Zahlungsmittel darstellte: nicht nur im Inland, etwa bei der Besoldung der Staatsbediensteten |21|, sondern auch bei grenzüberschreitenden Geschäften. Sie war wohl, wenn man so will, die eigentliche Währung der Seidenstraße. Kein Geld – nicht einmal der auch weit außerhalb der islamischen Welt verbreitete *dirham* – erreichte eine auch nur annähernd vergleichbare Akzeptanz. Ganz davon abgesehen, daß manche Münzen offenkundig nur in den Oasen (z. B. Khotan, Kucha oder Turfan) eingesetzt werden konnten, in denen sie gegossen oder geprägt worden waren.

Sassanidische Silberdrachmen	
Herrscher	Regierungszeit
Shapur II.	309–379
Ardashir II.	379–383
Shapur III.	383–388
Yezdegerd II.	438–457
Peroz	459–484
Kavadh I.	488–496
	499–531
Zamasp	496–499
Khusrau I.	531–579
Hormizd IV.	579–590
Khusrau II.	590–628
Boran	629–631
Yezdegerd III.	632–651

Byzantinische Goldsolidi	
Herrscher	Regierungszeit
Konstantios II.	337–361
Theodosius II.	408–450
Leo I.	457–474
Anastasios I.	491–518
Justin I.	518–527
Justinian I.	527–565
Herakleios	610–641
Konstans II.	641–668
Konstantinos V.	741–775

In Zentralchina entdeckte Münzen aus dem Sassanidenreich und Byzanz (teilweise Umarbeitungen oder Nachbildungen)

Die Tatsache, daß das abgebildete Münzobjekt möglicherweise bewußt in ein Gefäß gestellt worden war, ließ die Ausgräber vermuten, daß es sich um einen «Geldbaum» handelte. Damit wurden im allgemeinen mit Münzen bestückte Zweige bezeichnet, die man in der späten Kaiserzeit, vor allem im 19. Jahrhundert, in Gefäße steckte und dann in der Hoffnung schüttelte, dadurch zu Reichtum zu gelangen. Darüber hinaus übertrugen Archäologen den Begriff auf Grabbeigaben aus der Späteren Han-Zeit, die an ein mit Münzen, Tieren und mythischen Wesen dekoriertes Geäst erinnern. Allerdings konnten aus der antiken Literatur bislang keinerlei gesicherte Hinweise auf die Benennung oder Funktion dieser Objektgruppe erschlossen werden, die ausschließlich im Westen des Landes belegt ist. Gegen eine übereilte Deutung als *missing link* spricht also nicht nur eine Zeitspanne von rund 1500 Jahren, sondern auch eine Entfernung von beinahe ebenso vielen Kilometern. Das schließt eine Deutung als Glückssymbol jedoch keineswegs aus; denn Reichtum und Erfüllung lagen in China meist näher beieinander, als dies der verklärte Blick aus dem Westen wahrhaben will.

Löwendarstellung auf einer Metallplatte
(Bafuzhuang, Shaanxi; 8. Jahrhundert)

Im neunten Jahr der Regierungsdevise zhenguan *[635] schickte [Samarkand] erneut Gesandte, um einen Löwen als Tribut darzubringen. Kaiser Taizong [...] beauftragte Yu Shinan, den Direktor der Hofbibliothek, ein Gedicht darüber zu verfassen.* [1]

庚子

37. Tribut und Titel

In einem Bereich von Xi'an, in dem sich zur Tang-Zeit die Parkanlagen des kaiserlichen Palastes erstreckten, wurden 1956 fünf Metallarbeiten entdeckt, die vermutlich in den Wirren von 755 dort vergraben worden waren. Das beeindruckendste Objekt ist eine auf drei Füßen ruhende vergoldete Silberplatte (Durchmesser 40 cm), welche im Zentrum einen Löwen zeigt: ein Tier, das in China nicht heimisch war, aber relativ regelmäßig als «Tribut» west- und zentralasiatischer Staaten an den Hof gelangte.

Dem chinesischen Kaiser |1/| oblag es nämlich, die Harmonie zwischen der Menschheit und dem Kosmos aufrechtzuerhalten. Sein Autoritätsanspruch war demnach nicht auf ein festumrissenes Territorium beschränkt, sondern erstreckte sich im Prinzip auf die ganze Welt: lediglich abgestuft nach dem Ausmaß, in dem sich die einzelnen Länder und Völker der konfuzianisch geprägten Staatsdoktrin unterwarfen. In diesem Zusammenhang wurde die Darbringung von Tribut nicht zuletzt als Bestätigung kaiserlicher Legitimation bewertet, jenes «Mandats des Himmels», dessen Entzug sich nicht nur in Naturkatastrophen |2/|, Aufständen und unglückverheißenden Vorzeichen manifestierte, sondern auch in unzureichender Akzeptanz am Rande und außerhalb des «Reichs der Mitte».

Welche Gaben dargebracht wurden, läßt sich der Historiographie nur selten entnehmen. Meist enthalten die Quellen lediglich den Hinweis auf «Lokalprodukte», die nicht weiter aufgeschlüsselt werden. Die in diesem Beitrag aufgeführten Beispiele aus der Tang-Zeit sind also nur bedingt repräsentativ.

Daß es sich dabei nicht durchweg um «Lokalprodukte» gehandelt haben kann, zeigt schon die Erwähnung von Adlerholz aus Persien und Bernstein aus Vietnam. Zudem steht die Zuordnung zu Staaten bzw. Herrscherhäusern nicht zwingend unter dem Diktat historischer Realität. So tauchte die Mehrzahl der persischen Gesandtschaften erst im 8. Jahrhundert in China auf: lange nach der Eroberung des Sassanidenreichs durch die Araber. Ohnehin war das Konzept des Tributs die einseitige chinesische Diktion für einen formalisierten Gabentausch, dessen politische Deutung – die Anerkennung des Hegemonieanspruchs – den Vertretern von Staatswesen, die

631	2 Musikerinnen	*733*	1 Bild
653	Stoffe	*748*	Gold, Silber, Baumwolle, Hofroben, Bezoar, Menschenhaar, Ginseng
723	1 Pferd		
724	2 Pferde, 3 Hunde, 100 Unzen [*liang,* ca. 37 g] Gold, 2000 Unzen Silber, 60 Ballen Baumwolle, 20 Unzen Bezoar, 200 Unzen Ginseng, 100 Unzen Menschenhaar, 16 Robbenfelle, Hofgewänder, Glöckchen	*773*	Gold, Silber, Bezoar, Hofroben, Seide
		810	Gold, Silber, 1 Bildnis des Buddha, Sutrentexte, Flaggen
		826	Falken

Tabelle: Tribut aus Silla (Südostkorea). 9 von 125 Berichten über Gesandtschaften zwischen 594 und 846 enthalten Angaben zu den überbrachten Präsenten.

624	Pferde	*718*	1 Zwerg, Tänzerinnen, 1 Leopard, Hunde, Kettenpanzer, 1 Bergkristallbecher, 1 Karneolkrug, Straußeneier, Kleidung
626	Pferde		
628	Pferde		
635	1 Löwe		
637	Pfirsichsämlinge	*724*	1 Zwerg, 2 Pferde, 2 Hunde
647	Pfirsiche	*726*	1 Leopard
717	Stoffe, Indigo	*727*	Tänzerinnen, 1 Leopard
		740	1 Weihrauchbrenner, Jaderinge, Karneol, Bergkristall
		750	10 Pferde

Tabelle: Tribut aus Samarkand. 13 von 30 Berichten über Gesandtschaften zwischen 624 und 772 enthalten Angaben zu den überbrachten Präsenten.

638	1 Frettchen	*747*	1 Karneolliege
722	1 Löwe	*747*	1 Leopard
730	aromatische Substanzen	*750*	Tanzmatten, Perlen
746	1 Nashorn, 1 Elefant	*771*	Perlen, Bernstein
		824	Adlerholz

Tribut aus Persien. 9 von 21 Berichten über Gesandtschaften zwischen 638 und 824 enthalten Angaben zu den überbrachten Präsenten.

nicht konfuzianisch [48] geprägt waren, keineswegs klar sein mußte. Schließlich war der Hof verpflichtet, entsprechende Gegenleistungen zu erbringen; im Falle von Silla waren dies unter anderem Textilien (Seide und Brokat sowie fertige Roben), Gold- und Silberobjekte, Stellschirme, Bücher und Kakadus.

Überdies wurden vom Kaiser gerne Titel verliehen, die allerdings mit keinerlei Befugnissen versehen waren, sondern lediglich den Oberbefehl über Phantasieregionen und -truppen verhießen. Im Gegensatz zu dieser weitgehend kostenneutralen Gunstbezeugung bedurfte der Unterhalt für die häufig vielköpfigen Delegationen eines beträchtlichen finanziellen Aufwands. Nicht zuletzt die opulente Bewirtung sorgte auch immer wieder dafür, daß die vorgeschriebene Missionsstärke übertroffen wurde oder daß gar Abgesandte von Ländern und Völkern erschienen, die reine Fiktion waren. Wohl nicht umsonst wurde unter der Song-Dynastie «jemand, der Tribut bringt, indem er vortäuscht, ein Ausländer zu sein, mit zwei Jahren Frondienst bestraft».[2]

627	1 zahmes Nashorn	713	5 Elefanten
630	1 Elefant, vergoldete Gefäße, Hofgewänder, 1 Brennlinse	731	4 Elefanten
		734	Adlerholz, Bernstein
631	1 fünffarbiger sprechender Papagei, 1 weißer Kakadu	735	1 zahmer Elefant
		736	1 weißer Elefant
640	10 Nashörner	748	Elfenbein, Baumwollstoffe
654	1 zahmer Elefant	749	100 Perlen, 30 Pfund [*jin*, annähernd 600 g] Adlerholz, weiße Baumwollstoffe
686	1 zahmer Elefant		
691	1 zahmer Elefant		
695	1 Kriegselefant		
699	1 zahmer Elefant	750	Elfenbein, Perlen, weiße Baumwollstoffe
707	1 zahmer Elefant		
709	1 weißer Elefant	793	1 Nashorn
		796	1 Nashorn

Tribut aus Linyi (Südvietnam). 21 von 40 Berichten über Gesandtschaften zwischen 595 und 796 enthalten Angaben zu den überbrachten Präsenten.

Fischförmiger Anhänger aus Jade und Schmuckperlen
(Naimanqi, Innere Mongolei; 11. Jahrhundert)

Am 3. Tag des 10. Monats des 7. Jahres der Regierungsdevise shaoxing (1137) bemerkte Seine Majestät [Kaiser Gaozong]: Da der Gewinn aus dem Seehandel äußerst hoch ist, sollte man diesen richtig organisieren, um dadurch [Einkünfte in Höhe von] Millionen von Münzschnüren zu erzielen. [1]

辛丑

38. Von Ambra bis Zobelfell: exotische Importgüter

Von 937 bis 1125 standen große Teile des heutigen Nordostchina unter der Herrschaft der von den Kitan gegründeten Dynastie Liao, mit der sich das Song-Reich regelmäßig auseinanderzusetzen hatte. Vor allem in der Inneren Mongolei und in der Provinz Liaoning wurden in den letzten Jahrzehnten viele Gräber aus dieser Zeit freigelegt: darunter eine größere Anlage, in welcher 1018 eine Prinzessin aus der kaiserlichen Linie mit ihrem Gatten beigesetzt worden war. Unter den zahllosen Beigaben, die in dem 1986 freigelegten Komplex angetroffen wurden, fand sich auch der fischförmige aufklappbare Jadeanhänger mit goldenem Verschluß und Perlen aus Türkis, Bernstein und Kristall (Gesamtlänge 23,5 cm). Die weiße Jade stammte vermutlich aus der an der Seidenstraße gelegenen Oase Khotan, und auch die anderen Materialien waren wohl mehrheitlich auf dem Handelsweg nach China gelangt.

Der Rhythmus der chinesischen Geschichte war nicht zuletzt durch den stetigen Wechsel divergierender Strategien bestimmt, die entweder auf die Öffnung oder die Abschottung des Reichs abzielten. Analog dazu boten sich auch zwei ökonomische Alternativen an: eine offensive Handelspolitik oder ein restriktiver Wirtschaftskurs. Setzte sich die letztgenannte Option durch, dann fiel dem Kaiser |1| die Rolle eines Vorbildes zu, das sich – glaubt man einer Denkschrift aus dem 1. Jahrhundert v. Chr. – weder auf «extravagante Kleidung» |2| noch auf «exotische Güter» kaprizieren sollte.

Selbst in jenen Phasen, in denen die Verfechter einer rigorosen Autarkie bei Hofe obsiegten, funktionierte die Abkapselung jedoch bestenfalls auf offizieller Ebene, und Einfuhrbeschränkungen bewirkten im allgemeinen nur eine rapide Zunahme der Schmuggelaktivitäten. Auch bei einer Reihe von Produkten, die im eigenen Lande vorkamen, blieb der Importanteil hoch. Einen kleinen Eindruck vom Bedarf vermittelt eine Warenliste, die ein hochrangiger Hafeninspektor im Jahre 1225 zusammenstellte.

Die vor allem auf Aussagen von Kaufleuten |3| basierende Liste Zhao Ruguas (ca. 1170–1230) berücksichtigt indes nur jene Güter, die über den maritimen Handel |4| nach China gelangten. Sie ist aber selbst bei dieser

Produkt	Erläuterung	Herkunft (z. B.)
Kampfer	Öl von *Cinnamomum camphora*	Borneo
Weihrauch	Harz von *Boswellia sacra*	Arabien
Myrrhe	Harz von *Commiphora* sp.	Arabien
Drachenblut	Harz von *Daemonorops draco*	Arabien
Benzoe	Harz von *Styrax benzoin*	Kambodscha
Dammar	Harz von *Shorea wiesneri*	Kambodscha
Storax	Harz von *Liquidambar orientalis*	Arabien
Gardenien	Getrocknete Blüten von *Gardenia* sp.	Arabien
Rosenwasser	Essenz aus den Blättern von *Rosa* sp.	Arabien
Adlerholz	Harz von *Aquilaria* sp.	Kambodscha
Sandelholz	*Santalum album*	Timor
Gewürznelken	Knospen von *Syzygium aromaticum*	Arabien
Muskatnuß	Endosperm von *Myristica fragrans*	Molukken
Jackfrucht	*Artocarpus* sp.	Java
Betelnuß	Same von *Areca catechu*	Hainan
Kokosnuß	Frucht von *Cocos nucifera*	Indien
Eichengalle	Gewebewucherung von *Quercus* sp.	Arabien
Ebenholz	*Diospyros* sp.	Vietnam
Sappan	Farbstoff aus *Caesalpinia sappan*	Kambodscha
Baumwolle	Fasern von *Gossypium* sp.	Java
Matten	nicht näher bestimmte Faserpflanze	Sumatra
Kostus	Wurzel von *Saussurea lappa*	Arabien
Kardamom	Frucht von *Elettaria cardamomum*	Kambodscha
Schwarzer Pfeffer	Frucht von *Piper nigrum*	Indien
Kubebenpfeffer	Frucht von *Piper cubeba*	Java
Asant	Gummiharz der Wurzel von *Ferula* sp.	Arabien
Aloe	Blätter von *Aloe* sp.	Arabien
Koralle	Kalkskelett von *Corallium* sp.	Arabien
Glas		Arabien
Opal		Indien
Perlen		Sri Lanka
Muscheln	Größere Schalen unbest. *Conchifera*	Vietnam
Elfenbein	Stoßzahn von *Loxodonta africana*	Arabien
Nashorn	Nasenhorn von *Rhinoceros* sp.	Arabien
Zibet	Drüsensekret von *Viverra* sp.	Arabien
Eisvogelfedern	Federn versch. *Alcedinidae*	Kambodscha
Papageien	nicht näher bestimmte *Psittacidae*	Vietnam
Ambra	Absonderung von *Physeter catodon*	Arabien
Schildkröten	Panzer versch. Cheloniidae (?)	Borneo
Bienenwachs	Ausscheidungsprodukt von *Apis* sp.	Philippinen

Handelsgüter, die über das Meer nach China gelangten; Aufstellung aus dem 13. Jahrhundert in der Reihenfolge ihrer Erwähnung.

eingeschränkten Perspektive keineswegs lückenlos, und bezieht man die Landrouten |133| mit ein, ist der Ergänzungsbedarf noch weitaus größer. So müßten beispielsweise bei den Schmucksteinen zumindest Lapislazuli, Karneol, Malachit, Gagat, Bergkristall, Jade, Diamanten und Bernstein nachgetragen werden, bei den Metallen wäre unter anderem auf Gold, Silber, Kupfer, Zinn, Zink und Blei zu verweisen, bei Tierprodukten auf die Felle von Zobel, Hermelin, Marder, Seehund, Murmeltier und Hirsch. Erwähnenswert sind schließlich noch manche mehr oder minder exotische Nahrungsmittel |22| wie Datteln, Safran, Lotus, Wasserlilie, Weintrauben und Pistazien; zu besonderer Berühmtheit gelangten die «goldenen Pfirsiche aus Samarkand».

Selbst der von Zhao Rugua am besten dokumentierte Bereich – Gewürze, Arzneimittel |34| und Farbsubstanzen – müßte um zahllose Erzeugnisse ergänzt werden. Allerdings erheben auch die in der folgenden Zusammenstellung zusätzlich erfaßten Artikel keineswegs den Anspruch auf Vollständigkeit; sie sollen lediglich eine bessere Vorstellung von der Vielfalt der importierten Waren vermitteln:

Kurkuma (Wurzel von *Curcuma* sp.), Myrrhe (Harz von *Commiphora* sp.), Senf (Körner von *Sinapis alba*), Dill (Früchte u. Blätter von *Anethum graveolens*), Knoblauch (Zwiebel von *Allium sativum*), Sterkuliensamen (von *Sterculia scaphigera*), Betelpfeffer (Blätter von *Piper betle*), Opium (Milchsaft von *Papaver somniferum*), Brechnußsamen (von *Strychnos nux-vomica*), Röhrenkassie (Fruchtpulpe von *Cassia fistula*), Rizinusöl (aus den Samen von *Ricinus communis*), Chaulmugraöl (aus den Samen von *Hydnocarpus* sp.), Agar (verschiedene *Rhodophyta*), Pythongalle (Galle von *Python* sp.), Hirschgeweih (Stangen verschiedener *Cervidae*), Vogelnester (getrockneter Speichel von *Collocalia* sp.), Blauvitriol (Kupfersulfat), Schwefel (Sulfur), Azurit (blaues Mineral), Auripigment (gelbes Mineral), Malachit (grünes Mineral), Indigo (blaues Gärungsprodukt von *Indigofera arrecta*), Schellack (rotes Sekret von *Laccifer lacca*), Gummigutt *(Garcinia morella)*, Salharz *(Shorea robusta)*.

Unter der Song-Dynastie behielt sich der Staat das Vorkaufsrecht für alle verzollten Güter vor. Die meisten der so erworbenen Waren gelangten – parallel zu dem von Gesandtschaften dargebrachten Tribut |37| – in den Besitz des Hofes, der einen Teil davon jedoch mit einem entsprechenden Aufschlag weiterveräußerte. Nur die weniger lukrativen Erzeugnisse wurden privaten Händlern überlassen. Zumindest will das die offizielle Historiographie so, doch die hat kommerzielle Aktivitäten, die außerhalb der Legalität stattfanden, häufig nicht wahrgenommen oder bewußt ausgeblendet.

Seidendecke
(Grab 3 von Niya, Xinjiang; 3. Jahrhundert)

[Um 370] schickte Liang Xi Gesandte in die Westlande [vor allem das heutige Xinjiang], um von Macht und Charisma des [Kaisers Fu] Jian zu künden. Überdies ließ er die Herrscher der [dort befindlichen] Staaten mit mehrfarbigen Seidenstoffen beschenken.» [1]

壬寅

39. Exportschlager Seide

Schon 1901 stieß Aurel Stein in der Taklamakan, rund 110 Kilometer nördlich von Minfeng, auf ein riesiges Fundareal, in welchem er 1906, 1913 und 1931 drei Grabungskampagnen durchführte. Daran knüpften chinesische Archäologen in den 1950er Jahren an, und bis heute werden – teilweise mit japanischer Unterstützung – prähistorische Untersuchungen am Unterlauf des Niya durchgeführt. In einem 1995 freigelegten Friedhofsabschnitt stieß man zunächst auf acht Schächte mit Baum- oder Plankensärgen: darunter die Doppelbestattung von Mann und Frau in Grab 8, die sich unter einer aus zwei Bahnen zusammengenähten polychromen Seidendecke (Länge 168 cm, Breite 94 cm) befand. Die zeitliche Anbindung ist schwierig, eine Datierung in das 3. Jahrhundert wohl am wahrscheinlichsten. Eine auf der Decke befindliche Inschrift lautet: «Die eheliche Verbindung zwischen Königs- und Fürstenlinie möge ewig währen und sich [zahlreicher] Nachkommenschaft erfreuen.» Die Textilie stammt vermutlich aus einer staatlichen Manufaktur in Zentralchina; möglicherweise gelangte sie als offizielles Geschenk in den Süden des Tarimbeckens.

Chinas wichtigstes Exportgut war über viele Jahrhunderte hinweg die Seide. Unter diesem Begriff werden im allgemeinen Gewebe zusammengefaßt, deren Fäden aus den Drüsensekreten hergestellt werden, welche beim Verpuppen verschiedener Schmetterlingsarten entstehen.[25] Eine besonders hochwertige Qualität garantiert dabei der Seidenspinner *(Bombyx mori)*, der sich im Raupenstadium bevorzugt von den Blättern des Weißen Maulbeerbaums *(Morus alba)* ernährt und in China lange vor der Gründung des Kaiserreichs domestiziert wurde. Die Feinheit des Fadens läßt sich vielleicht am besten an dessen Gewicht ermessen, das bei einer Länge von über neun Kilometern weniger als drei Gramm beträgt.

Allerdings sind noch einige Arbeitsschritte nötig, bis die Textilien auf dem Webstuhl Gestalt annehmen: angefangen mit dem Kochen der Kokons (zum Abtöten der Puppen) über das Haspeln (das Abspulen der Fäden) bis hin zum Entbasten (der Befreiung vom Seidenleim). Die Palette an Stoffen schloß bereits im China der Han-Dynastie Gaze, Krepp, Damast und Brokat ein; Muster wurden im wesentlichen durch die Verwendung unterschiedlich eingefärbter Fäden sowie durch nach dem Webvorgang aufgebrachte Drucke oder Stickereien erzielt.

«Die Bevölkerung von Qi [in der heutigen Provinz Shandong] hat sich seit Generationen auf die Stickerei verlegt, und es gibt keine Frau, die sich nicht darauf versteht. Die Einwohner von Xianyi [in der heutigen Provinz Henan] weben [hingegen] mehrfarbige Seiden, und sogar die dummen Mädchen beherrschen dies.»[2]

Spätestens in der Zeit um Christi Geburt gelangte die Seide auch in größerem Umfang nach Westasien, Nordafrika und Europa; besonders eindrucksvoll sind etwa die Hinterlassenschaften in Palmyra (im heutigen Syrien). Zwar verweisen einzelne archäologische Funde auf eine deutlich frühere Verbreitung, doch sind Hinweise darauf, daß Textilien aus dem fernen Osten bereits in der ersten Hälfte des 1. Jahrtausends v. Chr. bis nach Ägypten, in die Ägäis und nach Süddeutschland gelangten, heftig umstritten. Im übrigen ist auch die durch verschiedene Überlieferungsstränge genährte Vorstellung eines erst nach vielen Jahrhunderten durch «Industriespionage» durchbrochenen Monopols der Seidenherstellung kaum haltbar.

In welchem Umfang die Mode im Rom der frühen Kaiserzeit von der Verwendung der Seide geprägt wurde, zeigt zum einen die zunehmende Spezialisierung der mit dem Luxusprodukt befaßten Kaufleute. Zum anderen überliefern aber auch die Bemerkungen namhafter Denker den hohen Beliebtheitsgrad des Stoffes, der freilich wegen seiner Transparenz auch Anlaß zur Kritik gab. Entsprechende Mahnungen verfehlten allerdings die angestrebte Wirkung, und Sittenstrenge kann wohl kaum unter die Charakteristika gezählt werden, die die darauffolgenden Jahrhunderte kennzeichneten.

Auch die Begehrlichkeit nach Seide nahm eher noch zu. Ob indes jene Historiker recht haben, die die ungezügelte Nachfrage nach dem teuren Luxusgut für den wirtschaftlichen Niedergang – oder gar für den Zusammenbruch des Reiches – verantwortlich machen, muß füglich bezweifelt werden. Ganz davon abgesehen, daß das Gewebe auch dann noch einen entsprechenden Absatz fand, als Orient und Okzident vornehmlich durch die Dominanz von Islam und Christentum definiert wurden. So soll der abbasidische Kalif Harun ar-Raschid bei seinem Tod im Jahre 809 nicht nur Waffen, Schmuck und Duftessenzen hinterlassen haben, sondern insbesondere Textilien: darunter zahllose Gewänder sowie Unmengen von Kissen, Vorhängen und Teppichen aus Seide.

Auf der Nachlaßliste finden sich übrigens auch «eintausend Gefäße aus China». Vermutlich handelte es sich dabei – ebenso wie bei den in Samarra (im heutigen Irak) ausgegrabenen Keramiken der Tang-Zeit – um Steinzeug; denn Porzellan wurde damals im Reich der Mitte nur in äußerst geringem Umfang hergestellt, und seine Verwendung war eigentlich dem Hof vorbehalten. Das bestätigen auch 1987 in der Klosteranlage Famensi |54| ausgegrabene Teller und Schalen, die in einer Inventarliste als Gaben ausgewiesen sind, die 874 von Kaiser Xizong gestiftet worden waren. Im übrigen erlaubt die Inschrift eine Identifikation als besonders wertvolle *mise* (wörtlich «Geheimfarbe»): eine nur in wenigen Brennöfen produzierte Ware, die bis zu dieser Entdeckung lediglich durch zahlreiche Textbelege, vor allem aus der zeitgenössischen Lyrik |45|, bekannt war.

Die damalige Zurückhaltung bei der Weitergabe des «weißen Goldes» wird überdies durch die Ladung eines im 9. Jahrhundert unweit der Westküste von Borneo gesunkenen Schiffs bestätigt, dessen Heimathafen wahrscheinlich am Persischen Golf lag. Denn bei der Bergung des Wracks stieß man zwar auf nicht weniger als 67000 qualitativ meist hochwertige Tongefäße, aber auf kein einziges Objekt aus Porzellan, wozu strenggenommen nur die bei hoher Temperatur gebrannte Ware aus Kaolin, Feldspat und Quarz gezählt wird, die sich durch einen weißen, lichtdurchlässigen und klingenden Scherben auszeichnet. Eigens für den Export in die jenseits des Indischen Ozeans gelegenen Regionen wurden entsprechende Gefäße anscheinend nicht vor der Ming-Dynastie produziert, und auch die europäische Begeisterung für den Tee |23|, den man aus kostbaren Schälchen trank, kam deutlich später auf.

Verstetigungen

卯辰巳午未申
癸甲乙丙丁戊

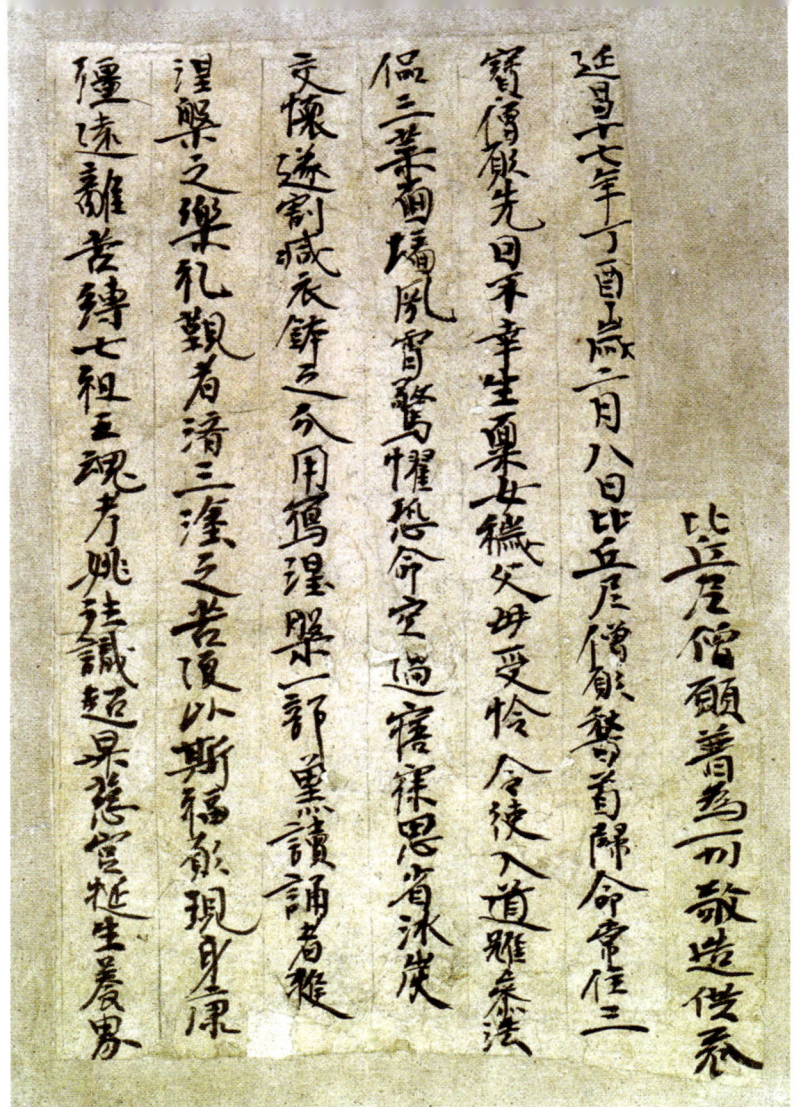

Fragment eines Sutrentextes
(Gaochang, Xinjiang; 6. Jahrhundert)

[Die Abschrift wurde in der Hoffnung angefertigt], daß diejenigen, die sie lesen oder rezitieren, die Wonnen des Nirvana erlangen werden.[1]

癸卯

40. Die chinesische Schrift

Die Oase Turfan wurde im 6. Jahrhundert von Kocho (Gaochang) aus regiert. Das dortige Herrscherhaus war zwar gegenüber dem chinesischen Kaiser |1| tributpflichtig |37|, konnte aber bis 640 seine Unabhängigkeit weitgehend bewahren. Nur wenige Kilometer von den Ruinen der Stadt entfernt wurde 1928 bei Ausgrabungen ein Blatt Papier (Länge 22,5 cm, Breite 14,8 cm) entdeckt, auf welchem eine buddhistische Nonne einen Auszug aus dem Nirvana-Sutra niedergelegt hatte. Die in der zweiten Zeile aufgeführte Datierung benennt 577 als Entstehungsjahr.

Der Text, eines der einflußreichsten Werke des Mahayana-Buddhismus |49|, ist mit Pinsel und Tusche |43| in Kursivschrift festgehalten: einem der fünf Schreibstile, die seit den Dynastien Qin und Han gebräuchlich waren:

	chinesische Benennung	*Einführung*
Kleine Siegelschrift	*xiaozhuan*	Qin-Zeit
Kanzleischrift	*lishu*	Qin-Zeit
Standardschrift	*kaishu*	Han-Zeit
Kursivschrift	*xingshu*	Han-Zeit
Konzeptschrift	*caoshu*	Han-Zeit

Die Kleine Siegelschrift wurde auch noch weiterverwendet, als sie ihren Status als verbindliches Medium schon lange verloren hatte. Sie wurde dann vor allem in der Kalligraphie verwendet: ebenso wie die äußerst kursive Konzeptschrift, deren Beherrschung als Ausdruck höchster ästhetischer Perfektion galt. Der oft geradezu rituell gepflegte Umgang mit dem Pinsel, einem – im doppelten Sinne des Wortes – höchst empfindsamen Instrument, war ohnehin ein Privileg der gebildeten Oberschicht, und manchem Kaiser und Minister trug seine Kalligraphie anhaltenderen Ruhm ein als sein politisches Handeln.

Der Großteil der Bevölkerung konnte hingegen nicht schreiben, und die Zahl der Analphabeten lag sicherlich bei über neunzig Prozent. Eine genaue Bestimmung ist jedoch nicht möglich. Einerseits lassen die zeitgenössischen Quellen kaum Rückschlüsse zu, andererseits stellt sich die Frage, an welcher Zeichenzahl (weniger als tausend, hundert oder zehn) man das Phänomen festmacht.

Anders als bei den in Europa gebräuchlichen Schriften, bei denen die Buchstaben für bestimmte Laute stehen, die erst in der Kombination Worte ergeben, sind die chinesischen Zeichen nämlich Begriffseinheiten, die sich überall im Lande verstehen lassen, auch wenn sich die Aussprache wegen der großen Dialektunterschiede deutlich unterscheidet. Das ist – neben der riesigen Zahl von Homonymen – einer der wesentlichen Gründe, warum im 20. Jahrhundert Versuche, ein am westlichen Vorbild orientiertes Alphabet einzuführen, zum Scheitern verurteilt waren.

Für die Eliten und die meist schlechtbezahlten Schreiber, die für die Aktenführung in den Behörden ausgebildet wurden, war der Lernaufwand indes gewaltig. Das im Jahre 121 dem Hof vorgelegte Wörterbuch *Shuowen jiezi* enthielt bereits 9353 Zeichen, und es ist anzunehmen, daß ein Gelehrter mindestens die Hälfte davon beherrschen mußte, wenn er sich keine Blöße geben wollte. Gegliedert war das paläographisch-etymologisch ausgerichtete Werk im übrigen nach 540 Radikalen: Vorgängern der mehrheitlich sinngebenden Zeichenelemente, mit deren Hilfe die Einträge bis heute in den Lexika nachgeschlagen werden. Für sein Nachwort erstellte Xu Shen, der Herausgeber, zudem eine systematische Übersicht über die Konstruktionsprinzipien der Schriftzeichen, die sich in sechs Typen unterscheiden lassen:

(1) Piktogramm (bildhafte Erfassung eines konkreten Objekts wie «Baum» oder «Sonne»);
(2) Ideogramm (symbolische Veranschaulichung eines Sachverhalts);
(3) Verbindung mehrerer sinngebender Elemente (die Doppelung des Elements Baum bedeutet «Hain», die Verdreifachung «Forst»);
(4) Bedeutungsabwandlung (Konstruktion einer Etymologie: «Sonne» und «Tag» werden mit demselben Zeichen geschrieben);
(5) Lautliche Entlehnung (Ersatz durch ein homophones Zeichen);
(6) Kombination von sinngebendem und lautgebendem Element (die mit Abstand häufigste Variante).

Orientiert man sich an den heutigen Staatsgrenzen, dann war die chinesische Schrift jedoch nicht das einzige Medium, das innerhalb dieses Territoriums verwendet wurde. Das gilt etwa für die zwar davon abgeleiteten, aber doch deutlich abgewandelten Zeichen, welche zwischen dem 10. und 12. Jahrhundert von den Dynastien Liao, Westliche Xia und Jin eingeführt wurden, um die Sprachen der an die Herrschaft gelangten Fremdvölker – Kitan, Tanguten und Dschurdschen – auf Papier zu bannen.

Eine große Auswahl an Schriften ist insbesondere aus den Randzonen von Gobi und Taklamakan überliefert. Namentlich aus Turfan und Dunhuang stammen zahllose, oftmals nur in winzigen Fragmenten erhaltene Texte, von denen freilich ein Großteil an der Wende zum 20. Jahrhundert außer Landes gebracht wurde, um in London, Paris oder Berlin archiviert zu werden. Annähernd zwanzig Schriften – darunter Sogdisch, Kharoshthi, Griechisch, Tibetisch und Arabisch – lassen sich anhand dieses Materials identifizieren; die Mehrzahl von ihnen läßt sich trotz mancherlei Modifikation auf zwei Vorbilder zurückführen: das linksläufige Aramäisch und das rechtsläufige Brahmi.

Die Zeit der Vielfalt ist allerdings längst vorbei. Lediglich das Tibetische (in Tibet) und das Arabische (in Xinjiang) sind noch – oder wieder – in größerem Umfang wahrnehmbar. Im übrigen war das Chinesische zeitweilig ein Exportschlager, als Japan, Korea und Vietnam die Zeichen übernahmen, um Sprachen zu fixieren, die vollkommen anderen Strukturen unterlagen. Weiter als zu den konfuzianisch geprägten Nachbarstaaten reichte die Einflußzone jedoch nie.

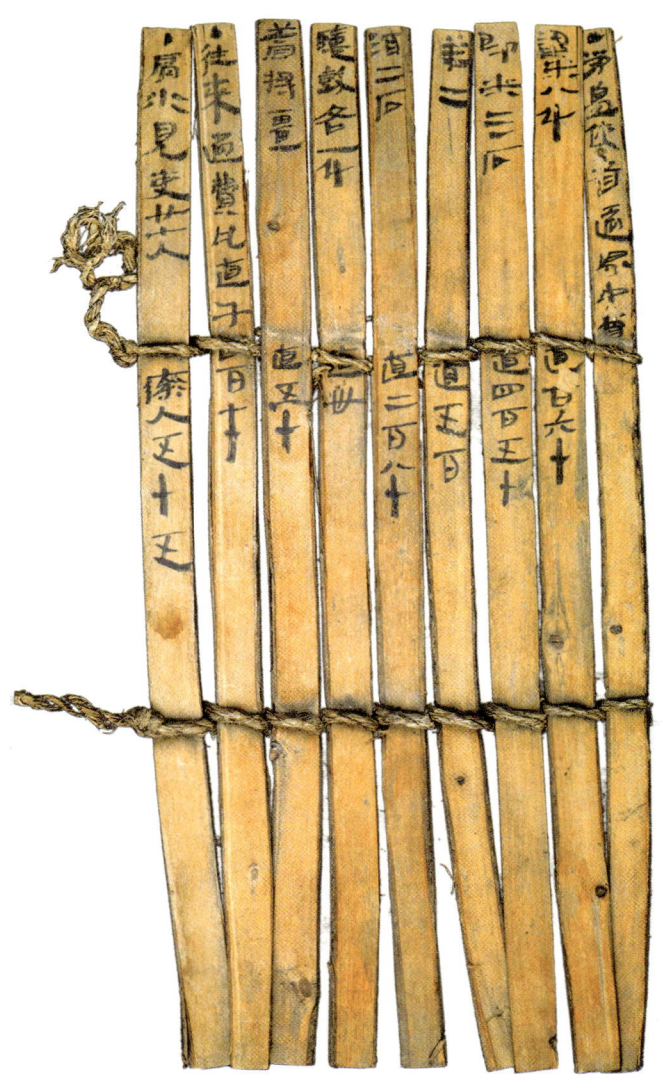

Kostenaufstellung auf Holzleisten
(Jianshui jinguan, Gansu; 1. Jahrhundert v. Chr.)

Man muß sich vor Augen halten, daß die Menschen der Antike, die wir uns [heute] zum Vorbild nehmen, Bambusstreifen benutzten, um Bücher zu kopieren. […] Als Wu Hui während der Späteren Han-Dynastie die Täfelchen für eine Abschrift des Hanshu zurechtschneiden lassen wollte, bemerkte sein Sohn Wu Yu sorgenvoll: «Falls dieses Werk [jemals] abgeschlossen vorliegen wird, muß es in einem Karren transportiert werden.» [1]

41. Die Herstellung und der Vertrieb von Büchern

Die nordwestliche Expansionszone Chinas wurde in einigen Abschnitten durch Wälle, Wachtürme und Garnisonen geschützt. |18| Davon künden bis heute zahlreiche Ruinen, in denen nicht nur Kleidung, Waffen und Ausrüstungsgegenstände die Jahrhunderte überdauerten, sondern auch zahllose Schriftdokumente. So wurden zwischen 1972 und 1976 alleine in einer unweit von Jinta gelegenen Befestigungsanlage mehr als 20 000 Täfelchen geborgen, auf denen Texte unterschiedlichen Inhalts fixiert waren. Ein beträchtlicher Anteil dieser für die Rekonstruktion des Alltagslebens äußerst aufschlußreichen Zeugnisse enthält Datumsangaben, welche eine Zeitspanne von 99 v. Chr. bis 32 n. Chr. abdecken.

Unter den Aufzeichnungen finden sich neben Abhandlungen über Politik, Kriegsführung |3|, Rechtsprechung |30| und Religion |46, 47| vor allem Verwaltungsakten: darunter die gezeigte Kostenaufstellung, welche aus neun Holzleisten (Länge 23 cm, Breite 1 cm) besteht, die mit Hilfe zweier Schnüre verbunden sind. Der darauf enthaltene Text ist, beginnend mit dem rechten Streifen, jeweils von oben nach unten zu lesen. Die dadurch entstehenden vertikalen Zeilen bildeten bis zum 20. Jahrhundert die Norm bei der Anordnung der Zeichen |40|, auch wenn die zunehmende Verwendung anderer Beschreibstoffe dies im Grunde weder zwingend noch plausibel machte.

Unter den Dynastien Qin und Han wurden neben den Bambus- und Holztäfelchen, deren Transport bei längeren Traktaten in der Tat ein logistisches Problem darstellte, vor allem Textilien zum Festhalten von Informationen verwendet. Mehrere Texte, die auf Seide |39| geschrieben waren, konnten in den letzten Jahrzehnten in Gräbern geborgen werden: auch umfangreiche Werke, die über die Religion, Philosophie |48| und Medizin |31| jener Zeit Aufschluß gewähren. Eine größere Stückzahl halbwegs erschwinglicher Kopien konnte freilich erst dann erstellt werden, als sich das Papier |42| in den Jahrhunderten nach der Zeitenwende durchsetzte.

Von den verschiedenen Arten der Buchherstellung, die sich dieses Material zunutze machten, seien hier nur vier erwähnt: 1. Querrollen aus fortlaufend aneinandergeklebten Blättern, die über einen am Ende befindlichen runden Holzstab gerollt sind. 2. Leporellos aus aneinandergeklebten Blättern, die harmonikaartig gefalzt sind und dadurch das Auffinden einer gesuchten Stelle erleichtern. 3. Bücher im Pothiformat, die meist über massive Deckel verfügen, zwischen denen die länglichen Einzelblätter mit Hilfe von durchlaufenden Fäden fixiert sind. 4. Schriften, die auf der rechten Seite des Buchblocks geklebt oder geheftet sind, was bei einem westlichen Betrachter den Eindruck vermittelt, man läse von hinten nach vorne. Die drei erstgenannten Verfahren wurden vor allem für die Verbreitung buddhistischer Texte verwendet.

Bereits für die Han-Zeit sind vereinzelt Buchhandlungen und Verlage belegt, die Abschriften und Abreibungen anboten. Der große Aufschwung für das Gewerbe begann indes erst unter der Tang-Dynastie, als die Drucktechnik 1421 rasch Fortschritte machte und höhere Auflagen ermöglichte. Der Aufwand war jedoch unter Umständen gewaltig. So mußte für die 130 000 Holzplatten, die für den 983 fertiggestellten buddhistischen Kanon (*Tripitaka*) benötigt wurden, ein eigenes Lagerhaus errichtet werden. Und für das daoistische Konkurrenzunternehmen, die Veröffentlichung des 1019 abgeschlossenen *Daozang*, bedurfte es immerhin noch mehr als 80 000 Druckstöcke. Derlei spektakuläre Unterfangen setzen, vom finanziellen Aufwand einmal abgesehen, ein beträchtliches Maß an Wissen, Organisationsstruktur und religiöser Inbrunst voraus; im Vergleich dazu muten die Ausgaben, die der Kaiserhof etwa gleichzeitig tätigte, um die für die Staatsideologie wichtigen konfuzianischen Klassiker in einer autorisierten Form zugänglich zu machen, eher bescheiden an.

Andererseits waren nicht nur die Investitionen hoch, sondern auch die Gewinnspannen. Sieht man einmal von Propagandaschriften ab, blieben Bücher zumindest bis zur Song-Zeit Luxusprodukte, für die, gemessen an den durchschnittlichen Lebenshaltungskosten, ein relativ hoher Preis entrichtet werden mußte. Selbst wenn die Auflage klein war, blieb dem Verleger nach Abzug der Auslagen – Herstellung oder Miete der Druckplatten, Papier, Tusche, Klebstoff und Arbeitskraft – meist ein ansehnlicher Ertrag.

Diese Aussicht verleitete manchen Unternehmer freilich auch zur Herausgabe von nicht autorisierten Nachdrucken, von Ausgaben, die stark verkürzt oder verändert waren, sowie von Werken, die mit falschen Verfasserangaben warben. Das führte gegen Ende des 12. Jahrhunderts dazu, daß erstmals Urheberrechte geschützt wurden. Allerdings konnte sich die Idee des Copyrights auf Dauer nicht durchsetzen.

Ein anderes Kontrollinstrument, das in der Song-Zeit für den Buchmarkt entwickelt wurde, wirkt zwar bis heute nach, war aber keineswegs immer erfolgreich: die Zensur. In konsequenter Fortführung einer ohnehin schon restriktiven Politik wurde 1090 schließlich festgelegt, daß jedes Manuskript vor seiner Veröffentlichung einem Genehmigungsverfahren zu unterwerfen sei. Trotz drakonischer Strafen wurde dieses aber immer wieder umgangen. Das gilt nicht nur für Rechtskodizes |30|, Kalender |28| und historiographische Werke, sondern auch für heterodoxe religiöse Schriften, ganz gleich, ob sie dem Buddhismus |49|, dem Daoismus |47| oder einer anderen Glaubensrichtung entstammten. Vor allem aber wurden immer wieder die Bestimmungen verletzt, welche eine Ausfuhr von Büchern in die Nachbarstaaten – und den damit unterstellten Verrat von Staatsgeheimnissen – verhindern sollten.

Darüber hinaus sollten die Leser nicht durch «schlüpfrige» Texte verdorben werden, und es gab sogar Zeiten, in denen die Drucklegung lediglich aufgrund stilistischer Mängel untersagt werden konnte. Alleine schon wegen der Unterbesetzung und Überforderung der mit der Prüfung befaßten Behörden wurde von dieser Regelung aber wohl eher selten Gebrauch gemacht. Im übrigen galten die ersten beiden Zeilen eines Gedichts von Hanshan, denen zufolge «Bücher weder vor dem Tod schützen noch vor Armut bewahren».[2] Ganz im Gegenteil: Nicht wenige Bücherfreunde ruinierten sich durch ihre Leidenschaft.

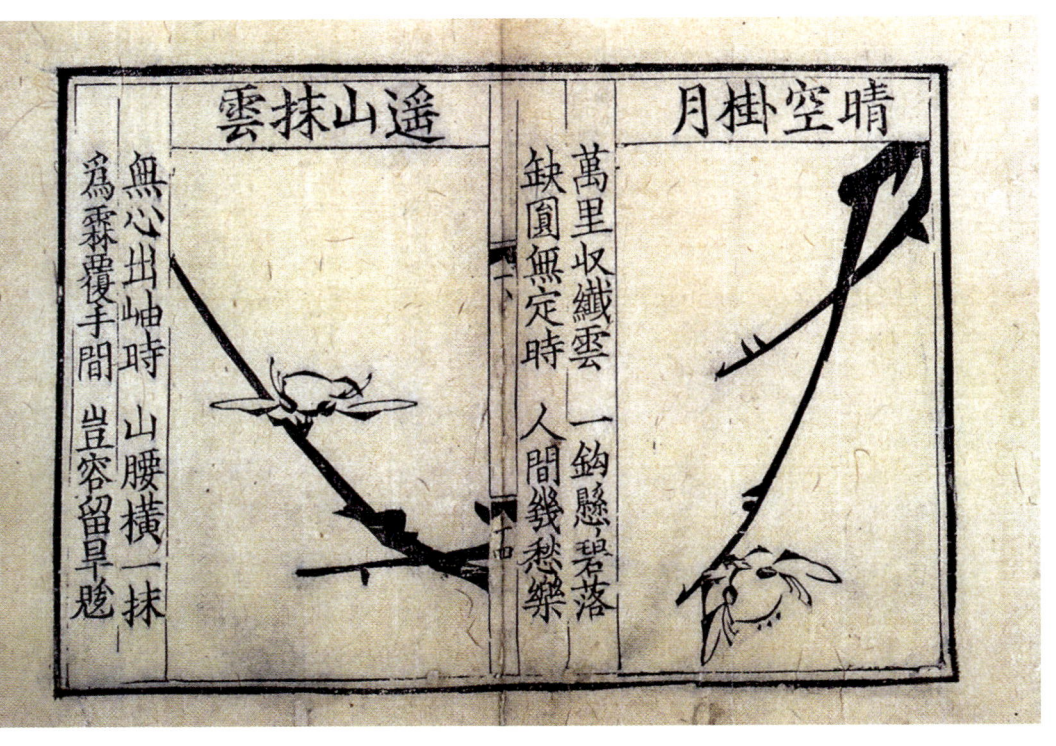

Albumblätter aus einem Malkompendium
(13. Jahrhundert)

Seit es Bücher in gedruckten Ausgaben gibt, lesen die Leute nicht mehr aufmerksam und konzentriert. […] Sie scheuen sich sogar davor, die Texte abzuschreiben.[1]

42. Zwei bahnbrechende Erfindungen: Papiererzeugung und Drucktechnik

1238 erschien erstmals das *Meihua xishen pu* des Malers und Dichters Song Boren, ein Bändchen mit einhundert von Kurzgedichten |45| begleiteten Holzschnitten (Blattformat 28,6 cm × 23,1 cm), welche – vom Knospen bis zum Verwelken – die verschiedenen Stadien der Pflaumenblüte wiedergeben. Der abgebildete Nachdruck aus dem Jahre 1261 befindet sich im Shanghai Museum.

Das Album gilt als das früheste Musterbuch Chinas. Obschon die Darstellungen im Grunde nur Studien kopieren sollten, die der Meister zuvor mit Pinsel und Tusche |43| festgehalten hatte, sind die Holzschnitte von einer Qualität, der man schwerlich künstlerischen Rang absprechen kann. Anders als frühere Graphiken, die fast ausschließlich zur Illustration von Texten verwendet wurden, weisen sie bereits den Weg zu einem eigenständigen Ausdrucksmittel.

So wurde das *Meihua xishen pu* zum Vorbild für die mehrfarbigen Malanleitungen späterer Dynastien: darunter die berühmten Werke über die Sammlungen des «Senfkorngartens» und der «Zehnbambushalle».

Die Fixierung von Bild |44| und Schrift |40| auf einem ebenso haltbaren wie preisgünstigen Medium war eine der wesentlichen Voraussetzungen für die überregionale Verbreitung von Ideen, Ideologien und Informationen. In China verwendete man hierfür bis zur Han-Zeit vor allem Bambusstreifen und Seide. Das eine Material erwies sich jedoch bei der Speicherung größerer Datenmengen als umständlich, das andere war schlichtweg zu teuer.

Die Historiographie will, daß der als Direktor der kaiserlichen Werkstätten amtierende Eunuch |4| Cai Lun im Jahre 105 n. Chr. erstmals ein Verfahren zur Papiererzeugung präsentierte. Die auf dieses Ereignis bezugnehmende exakte Datierung der Erfindung ist indes nicht richtig. Vermutlich wurde damals bei Hofe lediglich eine ausgeklügeltere Herstellungsmethode vorgestellt; denn aus Pflanzenfasern – insbesondere Hanf – produziertes Papier ist durch archäologische Funde schon aus vorchristlicher Zeit belegt. Immerhin ist es aber wohl nicht zuletzt der Experimentierfreude und der

Umtriebigkeit Cai Luns zu verdanken, daß das Material sich ab dem 2. Jahrhundert n. Chr. wachsender Beliebtheit erfreute.

Danach wurde das Verfahren im Grunde nur noch geringfügig verfeinert und ausdifferenziert. Neben Sorten, bei denen der Brei, aus dem die Bögen lagenweise geschöpft wurden, im wesentlichen aus den Fasern von Maulbeerbaum oder Bambus bestand, gab es auch Mischungen, denen zerkleinerte Stoffreste beigemengt waren. So verfügte man über einen Schriftträger, der nicht nur leicht, haltbar, saugfähig und preiswert war, sondern der sich überdies problemlos rollen, falten und zuschneiden ließ.

Zur Tang-Zeit gelangte die Kenntnis der Papierherstellung nach Indien und wenig später nach Zentralasien. Der Überlieferung zufolge wurde das entsprechende Know-how durch Handwerker vermittelt, die arabische Truppen nach dem Sieg gegen ein chinesisches Heer im Jahre 751 als Kriegsgefangene nach Samarkand verschleppt hatten. Nach heutigem Kenntnisstand muß die Datierung wohl eher ein wenig zurückverlegt werden. Fest steht hingegen, daß sich die Technik rasch im gesamten islamischen Machtbereich verbreitete und das christliche Süd- und Mitteleuropa von dort aus erst mit deutlicher Verzögerung erreichte.

Möglicherweise war keine Errungenschaft, die im Verlauf der Geschichte aus China in den Westen gelangte, so wirkmächtig wie das Papier. Allerdings steht ihr eine andere Erfindung, die sich ebenfalls in der Verbesserung der Kommunikation niederschlug, kaum nach: die Drucktechnik. Diese hatte mindestens drei Wurzeln: 1. Siegel, die zur Legitimation von Personen und Institutionen dienten; 2. Stempel, mit deren Hilfe einfache Bildmotive und Amulette in großer Stückzahl vervielfältigt wurden; 3. Steinstelen, von denen sich Abreibungen anfertigen ließen.

Größere Auflagen wurden freilich erst durch den Einsatz von Holzstöcken erzielt, in die die Vorlage als seitenverkehrtes Relief eingeschnitten war. Ab dem 7. Jahrhundert wurden mit Hilfe von Druckplatten vor allem religiöse Schriften, Flugblätter und Almanache vervielfältigt. Insbesondere bei den Kalendern |28| geschah dies unter strenger Aufsicht durch die Obrigkeit, die darauf achtete, daß der kaiserliche Herrschaftsanspruch |11|, der sich unter anderem in der Festlegung der zeitlichen Ordnung manifestierte, nicht durch abweichende Angaben in Frage gestellt wurde. In der Folgezeit traten philosophische Erörterungen und Enzyklopädien hinzu sowie – ab dem 11. Jahrhundert – ein völlig neues, aber bald in riesiger Stückzahl benötigtes Produkt: der Geldschein |36|.

Nur wenig später kam die Verwendung beweglicher Lettern auf, die zunächst aus Keramik, dann aus Holz und schließlich aus Kupfer gefertigt wurden. Zu einer vollständigen Ablösung des Blockdrucks kam es dadurch jedoch nicht. Dies lag in erster Linie an den Besonderheiten der chinesischen Schrift, die es – anders als das arabische oder lateinische Alphabet – erforderlich gemacht hätte, stets ein riesiges Sortiment von Typen mit mehreren tausend unterschiedlichen Zeichen bereitzuhalten. Nach Westen wurde die Drucktechnik erst unter der Mongolenherrschaft vermittelt. Zumindest für den islamischen Raum ist dies unumstritten. Im Hinblick auf Europa wird dagegen eine eigenständige Entwicklung nicht ausgeschlossen, auch wenn die zeitliche Abfolge dies nicht sehr wahrscheinlich macht.

Tuschreibstein aus dem Grab des Königs Zhao Mo
(Guangzhou, Guangdong; 2. Jahrhundert v. Chr.)

Nach dem Stampfen wird Ruß von besonders reiner Qualität durch feine Seidengaze in ein Behältnis gesiebt, um unerwünschte Bestandteile wie Sand, Staub und Schmutz zu entfernen. Es ist unbedingt darauf zu achten, daß dies nicht im Freien geschieht, da das extrem leichte und flüchtige Material ansonsten verweht. Auf ein Pfund [der so gewonnenen Substanz] kommen fünf Unzen besten Leims, den man in einem grünlichen Sud löst, welcher aus der Rinde der langspitzigen Esche [Fraxinus longicuspis bzw. Fraxinus pubinervis] hergestellt wird. [...] Zur Verbesserung des Farbtons können auch fünf Eiweiß von Hühnern beigemengt werden. Oder man nimmt je eine Unze vom echten Zinnober und vom Moschus, siebt und mischt [die beiden Ingredienzien] und stampft sie in einem ehernen Mörser: mit dreißigtausend – oder besser noch mehr – Stößelschlägen.

Der Herstellungsprozeß sollte mit dem zweiten bzw. neunten Monat beendet sein. Bei warmer Witterung verrottet die Tusche und nimmt einen üblen Geruch an. Bei Kälte trocknet sie schlecht und verliert ihre feste Konsistenz; dann zerbröckelt sie [bereits] bei einem Luftzug. Der wichtigste Kniff betrifft die richtige Größe der Tuschestücke. Sie sollten möglichst klein sein und ein Gewicht von zwei bis drei Unzen nicht überschreiten. [1]

丙午

43. Meister Tusche und Professor Pinsel

Im Jahre 1983 wurde unter einem Hügel im Zentrum Guangzhous (Kantons) ein mehrräumiges Steinkammergrab freigelegt. Mit Hilfe von Siegeln konnte die Anlage König Zhao Mo zugeordnet werden, der von 137 bis 122 v. Chr. über Nan Yue geherrscht hatte: eines jener Staatswesen, die sich damals noch der direkten Kontrolle durch das chinesische Kaiserreich entziehen konnten. Status und Reichtum des Potentaten lassen sich unter anderem aus seinem Totengewand |16| aus 2291 Jadeplättchen erschließen sowie aus der Tatsache, daß er von fünfzehn Personen seines Gefolges ins Grab «begleitet» wurde.

In einer der beiden Vorkammern, in denen vielfältige Beigaben hinterlegt waren, fand sich – gepolstert mit Stroh und eingewickelt in ein rotes Stoffsäckchen – ein Tuschreibstein. Dieser besteht aus zwei Teilen: einem Schieferzylinder (Höhe 2,2 cm, Durchmesser 3,3 cm) und einem flachen Kiesel (Länge 13,2 cm), der als Unterlage bei der Zerkleinerung diente; auf ihren Oberflächen lassen sich jeweils schwarze und rote Gebrauchsspuren erkennen. Dieselben Farbtöne weisen auch mehr als viertausend plättchenförmige Tuschestücke (Durchmesser maximal 1,31 cm) auf, als deren Hauptbestandteile Kiefernruß und Leim identifiziert wurden. Sie waren im Eingangsbereich deponiert und ursprünglich in einem leider nur noch durch Fragmente bezeugten Lackkasten aufbewahrt worden.

Die Verwendung von Tusche läßt sich archäologisch lange vor der Han-Zeit nachweisen. Die Schriftquellen befassen sich damit hingegen erstaunlich spät; die vermutlich älteste (und einleitend zitierte) Beschreibung des Herstellungsprozesses stammt aus dem *Qimin Yaoshu*, einem knapp gehaltenen Übersichtswerk über landwirtschaftliche Techniken, das auf das 6. Jahrhundert zurückgeht. Mit großer Detailfreude widmet sich das Bändchen freilich der Produktion von Leim, einem der beiden Hauptbestandteile der Tusche: «Ideal waren hierfür die Häute von Hausrind, Wasserbüffel und Schwein, etwas weniger geeignet die Häute von Affe, Pferd, Kamel und Esel.»[2] Aber auch gebrauchte Schuhsohlen und Riemen konnte man verwenden, solange das Leder naturbelassen war. Spätere Quellen erwähnen überdies Klebstoffe aus Hirschhorn und gekochten Karpfenschuppen.

Amur-Korkbaum	*Phellodendron amurense*	Holz
Baldrian	*Valeriana officinalis*	Wurzel, Rhizom
Bambus	*Phyllostachys edulis*	Sprossen
Chinesisches Liebstöckel	*Ligusticum sinense*	Wurzel, Rhizom
Chinesische Baumpäonie	*Paeonia moutan*	Rinde
Drachenblutpalme	*Daemonorops draco*	Harz
Echtes Eisenkraut	*Verbena sinensis*	versch. Pflanzenteile
Gardenie	*Gardenia* sp.	Samen
Gewürznelke	*Syzygium aromaticum*	Blütenknospe
Granatapfel	*Punica granatum*	Rinde
Großer Wiesenknopf	*Sanguisorba officinalis*	Blätter (?)
Helmkraut	*Scutellaria* sp.	versch. Pflanzenteile
Holzapfel	*Pyrus betulifolia*	Blätter
Indigo	*Indigofera* spp.	Blätter
Japanischer Goldfaden	*Coptis japonica*	Rhizom
Kampfer	*Cinnamomum camphora*	versch. Pflanzenteile
Krotonölbaum	*Croton tiglium*	Samen
Lacksumach	*Rhus verniciflua*	Harz
Langspitzige Esche	*Fraxinus longicuspis*	Rinde
Moosfarn	*Selaginella* sp.	(?)
Myrobalan	*Terminalia chebula*	Früchte
Perückenstrauch	*Rhus cotinus*	versch. Pflanzenteile
Purpurkraut	*Lithospermum erythrorhizon*	Rhizom
Rauschbeere	*Vaccinium uliginosum*	Früchte (?)
Saflor	*Carthamus tinctorius*	versch. Pflanzenteile
Sandelholz	*Santalum album*	Holz
Sappan	*Caesalpinia sappan*	versch. Pflanzenteile
Seifenbohne	*Gleditsia sinensis*	Früchte
Spitzblättriger Knöterich	*Fallopia japonica*	(?)
Tungbaum	*Aleurites fordii*	versch. Pflanzenteile
Walnuß	*Juglans regia*	Nußschale
Eisenhut	*Aconitum sinense*	versch. Pflanzenteile
Winterschachtelhalm	*Equisetum hyemale*	versch. Pflanzenteile

Pflanzliche Beimengungen der Tusche
(zusammengestellt nach den Erwähnungen im Mopu fashi*)*

Die Bindemittel bestimmten unter anderem die Festigkeit, Haltbarkeit und Reibfähigkeit der Tusche. Wichtigster Farbträger war hingegen der Ruß. Wie das *Mopu fashi*, ein illustriertes Handbuch aus dem 11. Jahrhundert, berichtet, verwendete man hierzu bevorzugt «kleine Scheite von alten, möglichst harzreichen Kiefern, deren Zweige und Nadeln man zuvor entfernt hatte».[3] Diese wurden in einem Ofen verbrannt, aus dem man schließlich nach einer längeren Wartephase die schwarzen Partikel, die sich darin niedergeschlagen hatten, ablöste. Ebenfalls beliebt war der Ruß, den die Erhitzung verschiedener Öle hervorbrachte, welche vor allem aus den Samen von Tongbaum und Hanf gewonnen wurden.

Schließlich gab es eine ganze Reihe weiterer Ingredienzien, die die Farbgebung beeinflussen, die Löslichkeit verbessern und den mitunter etwas strengen Leimgeruch neutralisieren sollten: darunter Mineralien (Zinnober), Sulfate (wie Kupfer- und Eisenvitriol) und Tiersekrete (wie Moschus und Stocklack). Besonders groß ist freilich die Vielfalt pflanzlicher Bestandteile, von denen alleine das *Mopu fashi* mehr als dreißig verzeichnet.

Zusammen mit dem Pinsel ist die Tusche bis heute nicht nur ein hochgeschätztes Schreibmaterial, sondern auch ein wichtiges Medium – vielleicht sogar das prägnanteste Ausdrucksmittel – chinesischer Kunst: in Kalligraphie |40| und Malerei |45| gleichermaßen. Insbesondere der Grad der Verdünnung bewirkt dabei eine fein abgestufte Skala des Auftrags, die von einer kreidig wirkenden trockenen Linienführung bis hin zu einer verwischt anmutenden Lavierung reicht.

Entsprechend stark ist denn auch der Niederschlag in der Literatur. Angefangen mit Yang Xiong (53 v. Chr. bis 18 n. Chr.) ließen es sich selbst bedeutende Denker nicht nehmen, «Meister Tusche» und «Professor Pinsel» zu preisen. Gerühmt wurden freilich oft auch jene Personen – gebildete Dilettanten und kreative Handwerker |6| gleichermaßen –, die die Tuschestücke herstellten. Und es gab eine große Schar passionierter Sammler, die sich nicht nur am hochwertigen Produkt, sondern auch an der Vielfalt von Formen und Verzierungen erfreute:

«Ein Leben lang habe ich keiner Leidenschaft gefrönt; meine ganze Hingabe galt indes der Tusche. Tausend Meilen waren nicht zu weit für mich, wenn es galt, vortreffliche Tuschestücke bei ihren Besitzern zu besichtigen. Ich selbst habe insgesamt mehr als hundert Sorten davon erworben. [...] Die Tusche, welche auf meinem Tisch liegt, ist für mich das Objekt selbstgenügsamer Muße und nicht nur das [schnöde] Schreibmaterial, das die [meisten] Zeitgenossen in ihr sehen.»[4]

Landschaftsmalerei
(Grab des Kronprinzen Jiemin in Nanling, Shaanxi; 8. Jahrhundert)

Berge und Gewässer, Felsen und Bäume malte er mit sicherem und kraftvollem Pinselstrich. […] Wolken und Dunst sind so zart und durchscheinend [wiedergegeben], daß man zuweilen das Werk von Unsterblichen zu erblicken [glaubt]. ¹

丁未

44. Gemalte Unendlichkeit

In unmittelbarer Nähe des bei Fuping gelegenen Mausoleums von Kaiser Zhongzong wurde 1995 das Grab des im Jahre 710 zu Tode gekommenen Kronprinzen Jiemin freigelegt. Die Anlage beeindruckt vor allem durch ihre imposante Architektur und die vergleichsweise gut erhaltene Wandmalerei; die Beigaben sind hingegen weit weniger signifikant.

Neben der Sargkammer war auch der annähernd 35 m lange Dromos ausgemalt, an dessen Ostwand neben anderen Motiven Felsen und Bäume dargestellt sind. Dies ist einer der frühesten Belege für eine Malerei, welche die Landschaft |26| als eigenständiges Sujet aufgreift. Zwar wurden Berge, Bäume und Gewässer schon in der Han-Zeit regelmäßig wiedergegeben, doch dienten diese Elemente damals primär zur Gliederung der von anderen Motiven, meist Menschen, dominierten Bildfläche, zur Füllung von Zwischenräumen oder zur Andeutung von räumlicher Tiefe.

Der gezeigte Ausschnitt (Länge ca. 150 cm, Höhe ca. 100 cm) läßt eine energische Pinselführung erkennen, durch die den in Braun- und Grüntönen gehaltenen Flächen kräftige Akzente verliehen werden. Von wem das Werk stammt, ist nicht bekannt. Anders verhält es sich im 706 errichteten Grab von Jiemins Halbbruder Yide, in dem Chang Bian seine Signatur hinterlassen hat. Glaubt man einer 140 Jahre später vollendeten Biographiensammlung, dann soll sich dessen Duktus am Stil von Li Sixun orientiert haben: dem bekanntesten Landschaftsmaler des frühen 8. Jahrhunderts. Der hochangesehene Künstler gehörte im übrigen einer Seitenlinie des Kaiserhauses an, und es ist durchaus denkbar, daß er die Gestaltung der Prinzengräber beeinflußte.

Von Beruf war Li Sixun General |31|. Überhaupt hatte die Mehrzahl der unter den Tang wirkenden Maler und Kalligraphen, deren Namen überliefert sind, hohe Staatsämter inne. Das gilt auch für Wang Wei (699–759), der überdies zu den bedeutendsten Poeten |45| seiner Zeit zählte; sein Ruhm war nicht zuletzt darin begründet, daß er «Gedichte [schuf], die das Fluidum von Bildern vermittelten, und Bilder, die Assoziationen an Gedichte weckten».[2] Die Anbindung an Status und Karriere liegt zum Teil sicherlich an den Kriterien, auf die sich spätere Biographen bei ihrer Auswahl stützten. Andererseits gestand die durch einen weiten Bildungshorizont ausgewiesene Elite im Prinzip ohnehin nur den Angehörigen der eigenen Schicht die Möglichkeit zu, Kunstwerke von Rang zu schaffen. Alles andere galt hingegen aus ihrer Sicht als mehr oder minder uninspiriertes Handwerk.

Überprüfen läßt sich die zeitgenössische Qualitätswahrnehmung im allgemeinen nicht mehr; denn nur wenige der auf Seide |39| und Papier |42| fixierten Bilder, die den berühmten Malern der Tang-Zeit zugeschrieben werden, sind wirklich im Original erhalten. Mehrheitlich handelt es sich um Kopien aus späteren Dynastien, oft genug auch um Fälschungen. Unrechtsbewußtsein war damit indes kaum verbunden; denn das die Perfektionierung begleitende Studium der alten Meister schloß zwingend auch die Nachahmung und Nachempfindung ihrer Werke ein.

Will man sich einen vom chronologischen Disput unabhängigen Eindruck verschaffen, ist man in erster Linie auf die Ausgestaltung von Grab- und Tempelanlagen angewiesen. Eine Identifizierung der dafür verantwortlichen Personen gelingt jedoch nur in Ausnahmefällen. Zwar wissen wir, daß auch mancher Prominente, darunter Wang Wei, nicht vor der Gestaltung riesiger Wandflächen zurückscheute, doch ist anzunehmen, daß ein Großteil der Arbeiter, die an der Ausführung beteiligt waren, einer Handwerkstradition |6| entstammte, bei der das Wissen vom Meister an den Schüler – häufig vom Vater auf den Sohn – weitergegeben wurde.

Für die Song-Zeit läßt sich das dann weit besser belegen. Zudem trug die Errichtung einer zentralen Malakademie dazu bei, bislang durch Standesunterschiede ausgegrenzte Kreativität an den Hof zu binden und neue Karrierewege zu erschließen. So konnte schließlich sogar ein gelernter Tischler wie Li Song (ca. 1190–1230) Ruhm und Rang erwerben. Manche Kaiser |1| aber förderten nicht nur die Künste, sondern griffen auch selbst zum Pinsel. Unter ihnen hat sich insbesondere Huizong (reg. 1101–1125) einen Namen gemacht: nicht nur als bedeutender Kalligraph, sondern auch als Maler, dessen Lieblingsmotive Vögel und Blumen waren.

Zwar gab es eine ganze Reihe weiterer Gattungen – darunter das Porträt und viele Themen, die in religiösem Kontext standen –, doch war die Landschaftsmalerei das Genre, in dem China wohl seinen originärsten und originellsten Beitrag leistete. Dabei lassen sich zwei im Grundtenor voneinander abweichende Traditionen festhalten: eine eher monumentale Darstellungsweise, welche die festgefügte Ordnung der Welt veranschaulicht, und eine eher luftig anmutende Komposition, die weit stärker die innere Verfaßtheit ihres Schöpfers widerspiegelt.

Beim letztgenannten Sujet wird die Natur lediglich mit schwarzer Tusche |43| auf einem hellen Untergrund fixiert. Ein Großteil der Bildfläche bleibt üblicherweise unbemalt, so daß der Eindruck von Weite und Unendlichkeit entsteht: eine Wahrnehmung, die noch dadurch verstärkt wird, daß Menschen, Häuser und Boote, wenn überhaupt, vergleichsweise klein wiedergegeben sind. Dieser Richtung lassen sich im übrigen auch zahlreiche buddhistische Mönche zuordnen, die, insbesondere wenn sie in der Chan-Tradition standen, ihre die Grenzen zur Abstraktion auslotende Spontaneität demonstrierten. Daneben gab es aber immer wieder Exzentriker, die ihre Inspiration aus ganz anderer Quelle bezogen:

«[Der Anfang des 9. Jahrhunderts verstorbene] Wang Mo liebte den Alkohol, und jedesmal, wenn er sich an die Gestaltung einer Hängerolle machte, begann er zu trinken. Sobald er beschwipst war, pflegte er – ununterbrochen lachend und singend – Tusche zu verspritzen, die er […] dann mit der Hand verschmierte. Unter schwungvoller Führung des Pinsels und mit Hilfe von helleren und dunkleren Tönen schuf er schließlich Strukturen, aus denen [am Ende] Berge, Felsen, Wolken und Wasser hervorgingen.»[3]

Fragment einer Schriftrolle mit Auszug aus einer Anthologie
(Höhle 17 von Dunhuang, Gansu; 7. Jahrhundert)

Das menschliche Leben ist befristet, der Ruhm […] ebenso vergänglich wie das Vergnügen. […] Anders die Literatur! Ihr kommt Unsterblichkeit zu. [1]

45. Literatur zwischen ästhetischem Anspruch und moralischer Verpflichtung

Das *Wenxuan* (wörtlich «Literaturauswahl») gilt als eine der bedeutendsten chinesischen Anthologien. Es wurde im Jahre 531 von Xiao Tong kompiliert, dem ältesten Sohn des Kaisers. Insgesamt enthält das umfangreiche Werk 731 Texte: darunter das *Yunming lun* («Traktat über das Schicksal») von Li Kang aus dem frühen 6. Jahrhundert, von dem ein mit Tusche |143| auf Papier |42| fixierter Auszug 1900 in der sogenannten Bibliothekshöhle von Dunhuang gefunden wurde. Das in elegantem Duktus beschriebene Blatt (Länge 42,5 cm, Breite 28,3 cm) war zwischenzeitlich in Privatbesitz, bevor es wieder für die Forschung gesichert werden konnte. Anhaltspunkte für die Datierung bieten vor allem die Kalligraphie und die Beachtung von Namenstabus. Einige Wissenschaftler schlagen auf dieser Grundlage eine Entstehung in der Sui-Zeit vor, doch ist eine Niederschrift in den ersten Jahrzehnten der Nachfolgedynastie Tang wahrscheinlicher.

Xiao Tong wurde in eine Epoche hineingeboren, in der die Beurteilung von Literatur zu den wesentlichen Erfordernissen eines Mannes von Stand zählten. Illustre Zirkel trafen sich regelmäßig, um – nicht selten unter heftigem Alkoholzuspruch – über Klassiker und Neuerscheinungen zu diskutieren. Darüber hinaus feierten sich die elitären Gemeinschaften bei diesen Treffen durch Improvisationen und das gemeinsame Verfassen von Texten: insbesondere von Kettengedichten, bei denen mehrere Teilnehmer mit je einer Strophe zu Wort kamen. Aber auch bei Hofe wurde die Dichtkunst gefördert. So wird von Kaiser Wu, dem Vater von Xiao Tong, berichtet, daß er seinen Ministern wiederholt literarische Kostproben abverlangte, welche er bei Wohlgefallen durch großzügige Geschenke vergalt.

Die frühesten Autoren, die im *Wenxuan* berücksichtigt sind, lebten im 4. Jahrhundert v. Chr., die spätesten waren Zeitgenossen des Kompilators. Die darin vertretenen Genres umfassen neben mancher Prosa vor allem die unterschiedlichen Formen der Lyrik. Schon bald nach seiner Fertigstellung erhielt das Werk den Rang eines Kanons, mit dem sich nicht nur die zitierfreudigen Gelehrten auseinanderzusetzen hatten, sondern auch alle Studenten |14|, die bei den Staatsprüfungen damit konfrontiert wurden.

Unter seinen Auswahlkriterien rückte Xiao Tong die ästhetische Dimension der Texte in den Vordergrund. Zwar nahm er auch Briefe, Eingaben und sogar Prüfungsaufgaben in die Sammlung auf, doch orientierte er sich dabei in erster Linie an der sprachlichen Qualität. Das zeigt schon der im Titel des Werks und dem Eingangszitat mit «Literatur» übersetzte Begriff *wen* an, der durch die ursprüngliche Bedeutung «Muster» und die Konnotation «Verfeinerung» den formalen Aspekt der Beurteilung betont.

Viele Schriften wurden überhaupt nur durch ihre Aufnahme in das *Wenxuan* für die Nachwelt gesichert. Zu diesen Texten zählt auch ein Abschnitt des um 220 verfaßten *Dianlun* («Grundsätzliche Erörterungen») des Cao Pi, von dem ein hymnisch wirkender Auszug an den Anfang dieses Beitrags gestellt wurde. Der darin postulierte Ewigkeitsanspruch spiegelt indes vermutlich ebensowenig eine spezifisch chinesische Sichtweise wider wie die lakonische Bemerkung, daß «Poeten sich üblicherweise gegenseitig diffamieren».[2] Von größerer Signifikanz ist der Umstand, daß der durchaus machtbewußte Autor, der seinem Vater später als Kaiser |1| nachfolgen sollte, in seinen Ausführungen insbesondere den gesellschaftlichen Auftrag der Dichtung reduzierte. Heute wird in dem Traktat der Beginn der chinesischen Literaturtheorie gesehen.

Einen ganz anderen Zugang hatte das wahrscheinlich 502 vollendete *Wenxin diaolong* («Der Gehalt der Literatur und das Schnitzen von Drachen») von Liu Xie. Das Buch rückt nämlich die moralische und didaktische Verpflichtung der Dichtung wieder in den Vordergrund und weist im Grunde jeder Schrifttradition – also auch der Historiographie oder der philosophischen Erörterung – Form und Funktion zu. Wahrer Lektüregenuß ist dabei freilich die Ausnahme:

«Herausragende Werke machen in einer Sammlung bestenfalls ein Zehntel [des Gesamtbestands] aus, treffliche Zeilen wiederum nur ein Zwanzigstel eines [solchen] Werks. Diese erschließen sich jeweils nur durch eine besondere [Art der] Gedankenverbindung, nicht durch gründliche Betrachtung.»[3]

Alle Schriften werden zudem in einem Spannungsfeld zwischen Kontinuität und Wandel verortet: Sie sind also einerseits die Umsetzung überkommener Ordnungsprinzipien, andererseits aber auch Spiegel ihrer Zeit. Unter der Voraussetzung, daß der Autor über einen breitangelegten Bildungshorizont verfügt, hat allerdings auch die Beschreibung und Reflexion individueller Erfahrung und Empfindung ihre Berechtigung. Dem Leser bleibt es überlassen, sich im Verlauf der Lektüre an diese Wahrnehmungen heranzutasten:

«Kein Geheimnis wird ihm dabei verschlossen bleiben. Auch wenn sich eine längst vergangene Epoche [anderweitig] dem Verständnis entzieht, so ist es doch durch das Studium der [damals entstandenen] Schriften möglich, den Geist [der Zeit und ihrer Denker] zu erfassen.»[4]

Vielleicht war die Verknüpfung von Gegenwart und Vergangenheit, die dieser Rückbezug ermöglichte, einer der Gründe, warum Qin Shihuangdi 213 v. Chr. nicht nur die Vernichtung mißliebiger historiographischer und philosophischer Werke angeordnet haben soll, sondern auch die Verbrennung anderer Literaturbestände. Das von der Geschichtsschreibung vermutlich auch für Propagandazwecke ausgeschmückte Fanal war keineswegs der einzige Versuch der Staatsmacht, die Intellektuellen in ihre Schranken zu weisen und kulturelles Erbe zu eliminieren. Gerade die konfuzianisch geprägten Gelehrten [2, 48], die sich im nachhinein geradezu exklusiv die Opferrolle zuwiesen, waren oft genug beteiligt, wenn Bücher zensiert, verboten und beschlagnahmt wurden. Ein vielleicht ebenso großer Überlieferungsfundus ging im übrigen auf weit subtilere Weise verloren: durch die Überarbeitung und Vereinheitlichung tradierter Texte, deren sich die Gelehrten stets mit Hingabe widmeten.

überzeugungen

酉戌亥子丑寅卯辰
己庚辛壬癸甲乙丙

Seidenbanner
(Grab 1 von Mawangdui, Hunan; 2. Jahrhundert v. Chr.)

Der Körper vergeht, der Name wird vermerkt. [1]

己酉

46. Die Sphären der Lebenden und der Toten

In zweien der drei Gräber, die 1972 und 1973 in einem Vorort von Changsha freigelegt und dem Fürstenhaus von Dai zugeordnet wurden, befand sich auf dem Sarg jeweils ein T-förmiges Banner, das vermutlich beim Trauerzug mitgeführt wurde. Im Falle von Grab 3 ist die Beisetzung in das Jahr 168 v. Chr. zu datieren, im Falle von Grab 1 kurze Zeit darauf. Der Stoff |39| ist jeweils ganzflächig bemalt, die Motive variieren nur geringfügig. Von den Farben lassen sich Zinnober, Ocker, Silber, Indigo, Gummigutt und Austernweiß identifizieren; die Konturen sind teilweise mit Tusche nachgezogen.

Das Seidenobjekt aus Grab 1 (Länge 221 cm, maximale Breite 92 cm) läßt sich in mehrere Bereiche untergliedern. Das Zentrum des Längsstreifens bildet eine Ringscheibe, in der sich die Körper jener beiden Drachen kreuzen, welche die Darstellung zu beiden Seiten säumen. Darüber wird eine auf einen Stock gestützte Frau durch die Größe der Wiedergabe aus ihrer Umgebung hervorgehoben. Daß es sich dabei um das Abbild der Bestatteten handelt, legen nicht zuletzt die medizinischen Befunde – unter anderem Adipositas und Arteriosklerose – nahe, welche am ausgezeichnet erhaltenen Leichnam erhoben wurden. |22|

Darunter sind, nach oben durch einen riesigen Klangstein abgeschirmt, einige Personen und mehrere große Speisegefäße zu erkennen, die auf eine Opferhandlung oder ein rituelles Totenmahl verweisen. Gestützt wird der Untergrund, auf dem die riesigen Halstöpfe und Dreifüße stehen, durch eine Atlasfigur, die ihrerseits auf zwei Fischen steht: zusammen mit weiteren Symboltieren und Mischwesen vermutlich ein Indiz dafür, daß hier die Unterwelt beschrieben wird.

Das Zentrum des Querstreifens bildet eine Glocke, die – zusammen mit dem soeben angesprochenen Klangstein – zu den wichtigsten Instrumenten antiker Sakralmusik zählt. |54| Darüber flankieren die Mondsichel (mit ihren Symbolen Kröte und Hase) und die Sonne (zusätzlich repräsentiert durch den Raben) eine menschliche Gestalt, die in einen Schlangenleib übergeht: vermutlich Nügua, eine weibliche Schöpfungsgottheit. Zudem finden sich zwei gegenständige Drachen sowie verschiedene Genien, Mischwesen, Tiere und Pflanzen in der oberen Bildzone, die durch ein Tor begrenzt wird, an dem sich zwei menschliche Gestalten und Feliden postiert haben. Mit großer Wahrscheinlichkeit wird hier der Zugang zu den himmlischen Gefilden markiert, so daß sich eine Einteilung in drei Sphären ergibt: (von unten nach oben) in Unterwelt, Erde und Himmel.

Schon vor der Reichseinigung hatte eine Vorstellung allmählich Konturen angenommen, der zufolge dem Menschen zwei Kategorien von Seelen innewohnten: die Körperseele *po* und die Geistseele *hun*. Im Augenblick des Todes, so nahm man an, trennten sich die beiden voneinander. Während die Geistseele wieder zu den luftigen Gefilden aufsteige, denen sie entstammte, verharre die Körperseele noch für einige Zeit beim Leichnam. Erstere würde zum Gegenstand des Ahnenkults, während letzterer die Grabpflege gelte. |10, 16| Die damit verbundene Fürsorge durfte man schon wegen des beträchtlichen Gefährdungspotentials nicht vernachlässigen. Schließlich könnte sich die *po* in einen unheilbringenden Dämon verwandeln.

Wenn nun das Seidenbanner so gedeutet wird, daß neben der Sphäre der Lebenden jene Bereiche des Kosmos dargestellt seien, in welche sich *hun* und *po* nach dem Tod begäben, dann ist das gleichermaßen reizvoll wie konsequent. Möglicherweise ist diese Interpretation, zu der es keine wirklich überzeugende Alternative gibt, aber zu schematisch; denn der strikte Dualismus, der die Beziehung zwischen den beiden Seelen geprägt haben soll, findet in der schriftlichen Überlieferung keineswegs eine einhellige Resonanz. Das gleiche gilt für die jeweilige Anbindung an Himmel und Unterwelt, die in der Mehrzahl der zeitgenössischen Quellen keine Erwähnung findet. Gar nicht so selten wird hingegen berichtet, daß Geist- und Körperseelen einen gemeinsamen Bestimmungsort hätten: zumeist einen «heiligen» Berg.

Parallel dazu – oder verschränkt damit – gab es einen Umgang mit dem Tod, der sich wie der Vollzug von Verwaltungsrichtlinien ausnimmt, und auch in Mawangdui fanden sich Dokumente, welche die Beisetzung in erster Linie wie einen bürokratischen Akt wirken lassen. Das gilt insbesondere für die Auswahl und Zahl der Beigaben. Die verbreitete Annahme, die im Grab deponierten Objekte seien dazu gedacht, den Aufenthalt im Jenseits annehmlicher zu gestalten, ist nämlich keineswegs gesichert. Im Vordergrund stand in der Regel die angemessene Würdigung des Verstorbenen, die Dokumentation seines Ranges und die Beschreibung seiner Persönlichkeit. An wen sich dieser Brauch richtete, bleibt weitgehend unklar, doch bieten sich zumindest zwei Adressaten an: die Welt der Lebenden, in der die Hinterbliebenen die Situation nutzten, um ihr Ansehen zu demonstrieren, oder die Sphäre der Toten, in welcher nur ein materiell unterfüttertes «Zulassungsgesuch» einen angemessenen Status verbürgte.

Viele Abweichungen von den in den Schriftquellen vermeintlich fixierten Normen gehen vermutlich auf regionale und soziale Unterschiede zurück, die bislang allerdings nur höchst unzureichend erschlossen sind. Die meisten Vorstellungen stimmten indes darin überein, daß «jeder, der geboren ist, mit Sicherheit auch sterben muß».[2] Andererseits begann in der frühen Kaiserzeit eine Entwicklung, in welcher sich der eher rationale Umgang mit dem Tod zunehmend der Konkurrenz durch eine andersartige Idee erwehren mußte: die Vorstellung von Paradiesen |16, 26|.

Meist in den Randzonen des von der chinesischen Kultur erschlossenen Territoriums verortet, zuweilen aber auch im Himmel lokalisiert, tummelten sich dort angeblich jene Menschen, die – namentlich durch die Einnahme von seltenen Drogen – Unsterblichkeit erlangt hatten. Ganz davon abgesehen, daß die Einnahme von Substanzen, denen regelmäßig Blei oder Quecksilber beigemengt war, oft zu einem besonders qualvollen Tod führte, war der Einzug ins Paradies keineswegs für jeden erstrebenswert, und selbst hartgesottene Alchemisten sollen sich so ihre Gedanken gemacht haben:

«Wie kann man im Himmel genauso fröhlich wie unter den Menschen sein. Es bleiben einem doch lediglich Alter und Tod erspart. Dafür begegnet man zahllosen Honoratioren, denen man die Reverenz erweisen muß. In dieser Hinsicht ist es sogar noch schlimmer als unter den Lebenden.»[3]

Laozi und der Jadekaiser: Relief auf einer Steinplatte
(ungeklärte Herkunft; 6. Jahrhundert)

*[Obschon] meine Worte gut zu begreifen
und leicht [in Taten] umzusetzen sind,
gibt es unter dem Himmel niemanden,
der sie verstehen und befolgen kann.* [1]

庚戌

47. Zwischen Spontaneität und Reglementierungswut: der Daoismus

Der beidseitig behauene Sandsteinblock (Höhe 27,8 cm, Breite 27,5 cm) zeigt auf der Vorderseite zwei Personen, von denen sich die linke durch eine Inschrift als Jadekaiser (Yuhuang) identifizieren läßt; vom Betrachter aus rechts davon ist vermutlich Laozi zu erkennen. Dahinter stehen drei Begleitfiguren. Zwar erinnern Aufbau und Darstellungsweise der Skulptur – insbesondere der Faltenwurf der Gewänder – stark an buddhistische Vorbilder |49|, doch verweisen die Kopfbedeckungen |25| und die überlangen Bärte |12| klar auf einen daoistischen Kontext. Eine Datumsangabe an der linken Seitenfläche benennt den 25. Tag des 11. Monats des 1. Jahres der Regierungsdevise *longxu* (527) als Zeitpunkt der Auftragsvergabe durch eine dem Klerus angehörende Frau, die die Stiftung mit guten Wünschen für ihre Mutter und ihren Sohn verbindet. Die Provenienz der Platte ist ungeklärt; heute befindet sich das Objekt im Chinesischen Nationalmuseum in Beijing.

Die Verehrung des völlig ahistorischen Jadekaisers ist vergleichsweise jung. Sie ist nicht vor dem 6. Jahrhundert belegt und fand erst unter der Tang-Dynastie weite Verbreitung. In der Song-Zeit wurde die Gottheit schließlich in den Staatskult einbezogen. Zudem war sie nicht nur eine der wichtigsten Gestalten des daoistischen Pantheons, sondern auch Bestandteil von synkretistischen Glaubensvorstellungen, die dazu führten, daß Yuhuang zusammen mit Ahnen und Dämonen angerufen wurde.

Laozi («alter Meister») ist hingegen der ursprüngliche Titel des Buches, das später – auch im Westen – als *Daodejing* bekannt wurde, und nicht der Name seines Autors. Als Verfasser will die Historiographie einen gewissen Lao Dan ausgemacht haben, der im 6. Jahrhundert v. Chr. gelebt haben soll. Diese Zuschreibung ist indes höchst fragwürdig. Zumindest geht der Kern des Textes frühestens auf das 4. Jahrhundert v. Chr. zurück. Die Personifizierung des Buchtitels erfolgte dann ebenso in der Han-Zeit wie die Gewährung göttlicher Ehren. Sogar der Kaiserhof |1| konnte sich der zunehmenden Popularität des *Laozi* nicht entziehen und verlieh dem mit ihm verbundenen Kult einen offiziellen Status.

Die Einbeziehung in die staatliche Ordnung und in die religiöse Orthodoxie muß fast als Ironie des Schicksals gedeutet werden; denn eines scheint trotz mancher kryptischer Passagen sicher: Hinter der in 81 kleine Abschnitte gegliederten Philosophie steckt eine eher anarchistisch anmutende Grundhaltung, die zwar keineswegs apolitisch ist, sich aber nur schwer mit «Verwaltungs- oder Kirchenstrukturen» in Einklang bringen läßt. Nicht umsonst enthält der Text die Aufforderung:

Beseitigt die Weisheit, eliminiert das Wissen!
Das wird für das Volk von hundertfachem Nutzen sein.
Beseitigt die Menschlichkeit, eliminiert das Pflichtbewußtsein!
Dann werden Respekt und Güte wieder beim Volk [Einzug halten]. [2]

Zu diesen provokanten Gedanken paßt scheinbar auch einer der zentralen Begriffe des Daoismus: *wuwei*. Häufig mit «Nichtstun» übersetzt, war dieser Terminus jedoch manchem Mißverständnis ausgesetzt. Gemeint ist damit nämlich keineswegs Passivität oder gar Faulheit, sondern lediglich der Verzicht auf ein Handeln, das den in der kosmischen Ordnung festgelegten Lauf der Dinge stören könnte. Noch weit schwieriger zu fassen ist der Ausdruck *dao*, welcher der auf *Laozi* zurückgeführten Philosophie und Religion den Namen gab. Zwar ist die Etymologie, an deren Anfang die Bedeutung «Weg» steht, relativ klar, doch weist das stetig erweiterte semantische Spektrum höchst heterogene Züge auf. Dem entspricht auch die Vielfalt der Übersetzungsversuche, deren Bandbreite von «Prinzip» über «Sinn» bis zu «letzter Wahrheit» reicht.

Der große Interpretationsspielraum war vielleicht einer der Gründe, warum sich von einer Spontaneität betonenden Philosophie eine Religion ableiten ließ, zu deren Wesenszügen eine Götterhierarchie gehörte, die sich wie ein Spiegel irdischer Bürokratie ausnahm. Analog dazu gab man sich im 2. und 3. Jahrhundert auch auf Erden eine straffere Organisation. Der damals dominierenden Richtung stand ein «Himmelsmeister» vor, der sich als Statthalter des Jadekaisers betrachtete und es als seine wesentliche Aufgabe ansah, konkurrierende Kulte zu bekämpfen, womit aber oft ungewollt eine Integration von deren «ausschweifenden» Traditionen einherging. Heute repräsentiert das Oberhaupt der *Tianshi*-Schule nur noch einen kleineren Teil der Daoisten, doch ist sein Amt, das seit der Han-Zeit in genealogischer Linie weitergegeben wird, immerhin so respektheischend, daß es zuweilen mit «Papst» übersetzt wird.

Allerdings ist dieses Ansehen auf die Binnenwarte der eigenen Anhängerschaft und auf die Außenwahrnehmung durch Angehörige anderer Religionen beschränkt. Aus der Perspektive konkurrierender daoistischer Richtungen ist das Ansehen der «Himmelsmeister» indessen eher gering. Diese Abschätzigkeit geht im Prinzip bis auf das 4. Jahrhundert zurück. Damals konstituierten sich neue Schulen, namentlich *Shangqing* und *Lingbao*, die sich elitär gaben und alternative Organisationsformen schufen, welche – in Orientierung an buddhistischen Vorbildern – ganz wesentlich mit der Gründung von Klöstern |50| verbunden waren. Die ‹Bürokratisierung› ließ aber auch in diesem Fall nicht lange auf sich warten, bis schließlich jedes Detail des Alltags von Mönchen und Nonnen geregelt war:

[Wenn sich der Meister auf Reisen begibt,] verabschiede dich stets von ihm in korrekter Ehrerbietung. Beim Niederknien zeige dein tiefempfundenes Bedauern, und wenn du mit der Stirn den Boden berührst, äußere Bestürzung und Dankbarkeit. Nach dem Aufstehen verbeuge dich erneut ...

Auch wenn du dringende Angelegenheiten zu erledigen hast, sollst du bei Regen und Wind, bei Morast und Graupeln, bei eisiger Kälte und drückender Hitze nicht draußen herumlaufen; denn mit derangierter Kleidung wollen die Leute dich nicht sehen ...

Wenn du unterwegs Menschen beobachtest, die sich unschicklich oder rechtswidrig verhalten, oder wenn du Unfreundlichkeiten und Anzüglichkeiten hörst, dann senke den Kopf und schreite voran, ohne [den Dingen] Beachtung zu schenken ...

[Während der Einnahme der Mahlzeiten] ist stets auf [das Tempo] der anderen zu achten. Bist du hinterher, dann beeile dich beim Essen. Bist du schon weiter, dann gehe es langsamer an. [3]

Verfasser und Bearbeiter des *Laozi* – oder der etwa zeitgleichen und philosophisch ähnlich wirkmächtigen Schrift *Zhuangzi* – wären wohl arg verwundert gewesen, hätten sie miterleben müssen, mit welch starren Bestimmungen sie im nachhinein in Verbindung gebracht wurden.

Bronzespiegel
(Taiyuan, Shanxi; 8. Jahrhundert)

Wenn man sich noch nicht in den Dienst der Menschen gestellt hat, wie soll man sich dann den Geistern zuwenden? […] Wenn man das Leben noch nicht durchschaut hat, wie soll man dann den Tod begreifen? [1]

辛亥

48. Konfuzianische Normen

Über die Herkunft des 1979 entdeckten Spiegels (Durchmesser 13,1 cm) liegen nur wenige Informationen vor; die Datierung in die Tang-Zeit ist schlüssig, die Zuordnung in das 8. Jahrhundert nur ein Näherungswert. Das zentrale Motiv zeigt zwei Männer, die durch eine Inschrift als Konfuzius und Rong Qiqi ausgewiesen sind. Glaubt man der Überlieferung, dann führten die beiden einst einen Dialog, bei dem sich der Meister nach dem Grund für die Fröhlichkeit des Greises erkundigte; dieser soll dann auf die Frage erwidert haben: «Armut ist der ständige Begleiter des Gelehrten, der Tod das Ende jedes Menschen. Wenn es dem Ende entgegengeht und alles in ruhigen Bahnen bleibt, wie soll man da traurig sein?»[2]

Eine wie auch immer geartete Ähnlichkeit mit Konfuzius (Kongfuzi, Kongzi, Kong Qiu), der von 551 bis 479 v. Chr. gelebt haben soll, ist nicht zu vermuten, da annähernd zeitgenössische Porträts, die als Vorbild gedient haben könnten, fehlen. Außerdem dürfte die bildliche Verstetigung einer Person kaum sein Wohlgefallen gefunden haben, erschien ihm doch die Erwähnung auf der Ahnentafel als einzig angemessener Umgang mit den Verstorbenen, für die er kein «Weiterleben» im Jenseits vorsah. Nicht das Sinnieren über den Tod |16, 46| stand im Vordergrund, sondern das Verhalten gegenüber den Angehörigen des Verschiedenen. Zwar wurde die Trauer keineswegs nur auf einen formalisierten Akt reduziert, doch hatte die korrekte Form der Beileidsbezeugung darin einen hohen Stellenwert. Ein in konfuzianischer Tradition stehendes Ritenkompendium aus der Han-Zeit leitete davon dann geradezu bürokratisch anmutende Konventionen ab:

«Kennt man bei einem Trauerfall den Toten und die Hinterbliebenen, dann zeigt man seinen Kummer und spendet Trost. Kennt man hingegen nur die Hinterbliebenen, nicht aber den Toten, so spendet man Trost, ohne den Kummer zu zeigen. Kennt man [umgekehrt] nur den Toten, nicht aber die Hinterbliebenen, dann zeigt man seinen Kummer, ohne Trost zu spenden. Bei der Bestattung zeigt man einen betrübten Gesichtsausdruck; während des Leichenzugs lacht man nicht.»[3]

Konfuzius und seine Anhänger formulierten in erster Linie ethische Normen für das Diesseits, für das sie allerdings einen nicht unbeträchtlichen Regelungsbedarf sahen. Nur Freundschaften waren nicht von vornherein durch soziale Diskrepanz geprägt. Die Mehrzahl der zwischenmenschlichen Beziehungen war hingegen hierarchisch strukturiert, so daß die Pflichten von Herrscher und Untertan, von Vater und Sohn, von älterem Bruder und jüngerem Bruder sowie von Mann und Frau deutlich voneinander abwichen. |10| Darüber hinaus konnten im Grunde nur Angehörige der Oberschicht aufgrund ihrer vermeintlichen moralischen Überlegenheit und kulturellen Verfeinerung den Status von «Edlen» erlangen, während es für die Bevölkerungsmehrheit kaum ein Entrinnen aus der Schar der «Gemeinen» gab.

Das Verhalten des einzelnen war dabei durch einige Vorgaben bestimmt, für die Begriffe überliefert sind, die sich nicht immer eindeutig übersetzen lassen: darunter *li* (Ritus, Norm, sittliches Empfinden), *ren* (Menschlichkeit), *xiao* (Pietät, Kindesliebe), *zhi* (Wissen), *yi* (Pflichterfüllung, Rechtlichkeit) und *de* (Charisma, Tugend). Auf dieser Terminologie aufbauend, setzten im 3. Jahrhundert v. Chr. Mengzi und Xunzi neue Akzente in der bis dahin weitgehend unstrukturierten Lehre, wobei freilich ihre Prämissen deutlich auseinanderklafften. Während ersterer von der Annahme ausging, daß jede Person von Geburt an über positive Eigenschaften verfüge, unterstellte letzterer, daß der Mensch im Grunde schlecht sei und erst durch Normsetzung und Unterweisung diszipliniert werden müsse.

Unter der Han-Dynastie wurden dann verstärkt legalistische Elemente einbezogen: ein Anpassungsprozeß, der die Entstehung einer bis zum Ende des Kaiserreichs wirksamen Doktrin ermöglichte. Nahezu gleichzeitig begann die Verehrung von Konfuzius, die allmählich auch religiöse Züge annahm. Die Errichtung von Tempeln und Stelen diente ferner der Demonstration eines umfassenden Bildungsideals, und die klassischen Schriften erhielten einen Status, der nicht nur von Gelehrsamkeit, sondern auch von Sakralität bestimmt war. Vor diesem Hintergrund überrascht es daher nicht, daß Beamte |2|, die für die Exegese der Bücher |4/1| zuständig waren, und Studenten |14|, die sich in den Prüfungen damit auseinanderzusetzen hatten, zu den beflissensten Anhängern des Kults zählten.

Gegebenenfalls unterlagen sogar mit Magie verbrämte Praktiken der Staatsraison. Dies zeigt, auch wenn die Schilderung nicht frei von Ironie ist, die Vorgehensweise von Han Yu, dem Gouverneur von Chaozhou (in der heutigen Provinz Guangdong), dem es im Jahre 819 nach eigenem Bekunden gelang, ein riesiges Krokodil zu vertreiben. Abgesehen davon, daß er ein Schwein und ein Schaf ins Wasser werfen ließ, will er der Bestie folgende Weisung erteilt haben:

«Die Dynastie der Tang setzt nunmehr ein Kaiser [Xianzong] von allumfassendem Wissen fort, der sich im Frieden gnädig und im Krieg grimmig zeigt. [Sein Reich] wird durch Gouverneure und Präfekten verwaltet, die in ihren Gemarkungen die Abgaben aufbringen, welche die Opfer für Himmel und Erde, für die Ahnenaltäre und für alle Gottheiten ermöglichen. Daher ist die Koexistenz von Gouverneur und Krokodil in diesem Gebiet schlichtweg undenkbar. Während ich vom Kaiser den Auftrag erhalten habe, das Territorium und seine Bewohner zu schützen, gibst du, Glubschauge, dich nämlich nicht mit den tiefen Zonen der Gewässer zufrieden, sondern verschlingst Mensch und Tier, [...] um deinen Wanst zu füllen und die Nachkommenschaft zu mehren. Folglich legst du dich mit dem Gouverneur an. [...] Südlich von Chaozhou liegt das Meer, das Lebensraum und Nahrung für große und kleine Lebewesen [...] bietet. Solltest du, Krokodil, am Morgen dorthin aufbrechen, dann könntest du am Abend schon da sein. Laß uns daher zu folgender Vereinbarung kommen: Innerhalb von drei Tagen begibst du dich mit deiner häßlichen Brut dorthin und weichst dem Beauftragten des Kaisers. Falls du das innerhalb von drei Tagen nicht schaffst, gebe ich dir fünf, gegebenenfalls auch sieben Tage. Wenn du dich dann aber noch immer nicht in der Lage dazu siehst, dann bedeutet dies, daß du dem Befehl des Gouverneurs nicht nachzukommen gedenkst. [...] Dann werde ich einige erfahrene Krieger auswählen und das Problem mit Bogen und vergifteten Pfeilen beheben lassen. [...] Zeige deine Reue also nicht zu spät!»[4]

Noch am selben Abend soll heftiger Wind aufgekommen sein, der den Rückzug des Krokodils anzeigte.

Guanyin: Marmorskulptur des Bodhisattva mit Resten von Blattgold und Farbauftrag (Xicha, Shaanxi; 6. Jahrhundert)

Faxian [ein buddhistischer Mönch, der sich im Jahre 414 auf dem Rückweg von einer Pilgerreise nach Indien befand] konzentrierte all seine Gedanken auf Guanyin [und sagte]: «Ich habe diese weite Reise unternommen, um nach dem Gesetz [des Buddha] zu suchen. Steh mir bei mit deiner ehrfurchtgebietenden Kraft, damit ich [heil] in meine Heimat zurückkehren werde.» ¹

壬子

49. Buddhas und Bodhisattvas

1992 wurden in einem Vorort von Xi'an drei ähnlich gestaltete Marmorskulpturen ausgegraben, die – erkennbar an der fürstlichen Gewandung – einen Bodhisattva zeigen: einen künftigen Buddha, der aus Mitleid mit den Geschöpfen auf das Eingehen in das *Nirvana* verzichtet hat; die Höhe der gezeigten Figur beträgt 79 cm (einschließlich Sockel). Die Miniatur des Buddha Amitabha in einem als Bestandteil der Bekrönung getragenen Medaillon sowie die in den Händen gehaltenen Objekte – Wasserflasche und Weidenzweig – ermöglichen eine Identifizierung als Avalokiteshvara. Dieser hatte in China den Namen Guanyin erhalten, wurde vor allem wegen seiner Barmherzigkeit angerufen und sollte später weibliche Form annehmen. Der Stil der Darstellung legt eine Datierung in die Nördliche Zhou-Dynastie (559–581) nahe, doch ist eine etwas spätere Einordnung nicht völlig auszuschließen.

Die Lebensdaten des Siddhartha Gautama, den man später den *Buddha* (den «Erleuchteten») nennen sollte, sind umstritten; auch im Hinblick auf seinen Wirkungskreis gibt es manche Unklarheiten. Immerhin läßt sich aber festhalten, daß der Religionsstifter vermutlich seit dem ausgehenden 6. oder frühen 5. Jahrhundert v. Chr. im Norden Indiens wirkte und seine asketische Lehre erst lange nach seinem Tod eine größere Anhängerschaft anzog.

Im Laufe seiner Geschichte brachte der Buddhismus zahllose Schulen hervor. Als die beiden grundlegenden Strömungen werden zumeist das historisch weiter zurückreichende *Hinayana* («kleines Fahrzeug») und das später auftretende *Mahayana* («großes Fahrzeug») unterschieden. Ziel aller Gläubigen ist es, einen Ausstieg aus dem ansonsten endlosen Geburtenkreislauf zu finden und schließlich das *Nirvana* (wörtlich «Verwehen») zu erreichen. Die völlige Überwindung von Leid und Begierde, die den unmittelbaren Weg dorthin ebnet, bleibt jedoch wenigen «Vollendeten» vorbehalten; denn Voraussetzung hierfür ist ein Grad an Entsagung, der im allgemeinen ein Leben in klösterlicher Zurückgezogenheit verlangt. |50| Der Mehrheit der Menschen gelingt es hingegen bestenfalls, die Entscheidung über die künftige Daseinsform positiv zu beeinflussen; ihre Taten, Verfehlungen wie Verdienste, bestimmen nämlich die Qualität der nachfolgenden Existenz.

Die Anhänger des dezidiert monastisch ausgerichteten *Hinayana* müssen ihre Erlösung allerdings vollständig aus sich selbst heraus und ohne fremde Hilfe erlangen. Dagegen können im stärker weltzugewandten und lokale Traditionen einbeziehenden *Mahayana* nicht nur Mönche, sondern auch Laien auf Unterstützung bei ihrem Heilsweg hoffen: vor allem durch die *Bodhisattvas*, von denen Guanyin, der Beistand in Gefahr und Not gewähren soll, in China die größte Verehrung genoß.

Dieser stand in enger Verbindung mit Amitabha, dem Buddha des unermeßlichen Glanzes, der über das «glückreiche Land» gebot. Dieses im fernen Westen gelegene Paradies |26| bildete zwar aus Sicht der Gelehrten lediglich den Vorhof zur Erlösung, war aber für die Bevölkerungsmehrheit extrem verlockend: schon deshalb, weil es mit ihrer konkreten Vorstellung leichter vereinbar war als das schwer faßbare *Nirvana*. Nicht die filigrane theologische Gedankenführung, sondern die leicht vermittelbare Legitimation des Machtanspruchs war es schließlich wohl, die manchen Herrscher |1, 11| dazu veranlaßte, sich selbst als *Bodhisattva* verklären zu lassen.

Ansonsten war insbesondere Maitreya populär, von dem sich die Gläubigen erhofften, daß er, wenn seine Zeit gekommen sei, die Welt auf einen Schlag von den Unbilden irdischen Leids erlöse. Ganz strikt sind die Trennlinien zwischen den verschiedenen Ausrichtungen des Buddhismus aber nicht, und auch die zeitliche Abfolge ist nicht immer eindeutig. Man kann indes davon ausgehen, daß die Religion spätestens im 2. Jahrhundert n. Chr. entlang der Landrouten der Seidenstraße – und etwa zeitgleich über das Meer – nach China gelangte. |33| Daß sie sich dort festsetzen und zeitweilig zur dominanten religiösen Strömung werden konnte, war im übrigen nicht vorherzusehen. Viele ihrer Wesenszüge waren nämlich kaum verknüpfbar mit den Normen, die bis dahin Weltbild und Ritus bestimmt hatten.

Für den Hof muß der Buddhismus im Grunde eine Provokation gewesen sein: Der individuelle Rückzug in klösterliche Abgeschiedenheit und der um sich greifende Reliquienkult |51| stellten nämlich die Grundlagen menschlichen Zusammenlebens in Frage und unterminierten den Ahnenkult ebenso wie die soziale Dominanz der Familie. Daneben begrenzte die Errichtung von Pagoden |50|, die weiter in die Höhe ragten als die kaiserlichen Palastanlagen, mit architektonischen Mitteln die herausgehobene Stellung des «Himmelssohnes». |1|

Ähnliches gilt für die buddhistische Großplastik, für die es in China keine profanen Gegenstücke gab. Allerdings war zuvor auch im Lande des Religionsstifters geraume Zeit vergangen, bevor sich seine Anhänger dazu entschlossen, anthropomorphe Darstellungen in den Kult einzubeziehen. Und es dauerte noch länger, bis Werke von Rang daraus hervorgingen. Besonders einflußreich wurde dabei ein Stil, der nach seinem einstigen Zentrum in Gandhara benannt ist: einer Region, die als archäologische Einheit im Norden Pakistans und im Osten Afghanistans verortet wird.

Während die aus den buddhistischen «Kernlanden» Indiens eingeführten Inhalte der Religion weitgehend beibehalten wurden, unterlag ihre ästhetische Umsetzung einer umfassenden Revision. In der vermutlich kurz nach der Zeitenwende entwickelten Kunstrichtung kamen verstärkt Elemente zum Tragen, die auf westlichen Einfluß zurückzuführen sind und Abwandlungen von späthellenistischen, parthischen und römischen Gestaltungsprinzipien dokumentieren. Bei den meist als Skulpturen überlieferten Bildnissen des Buddha zeigt sich dies insbesondere an den Proportionen, dem Faltenwurf der Kleidung und einem Profil, bei dem gewelltes Haar, offene Augen und ein deutlich konturierter Mund auffallen. Diese Komponenten wurden in den folgenden Jahrhunderten bis weit nach Osten verbreitet, wo sie durch die Begegnung mit chinesischen Traditionen weitere Modifikationen erfuhren.

Sieht man einmal von Plastiken, Skulpturen und Reliefs ab, dann ist die religiöse Kunst vor allem durch Wandmalereien repräsentiert, die das transzendente Reich des Buddha in einem physisch faßbaren Raum visualisieren sollten. Vor allem die Klosterkomplexe in den Randzonen von Gobi und Taklamakan vermitteln bis in die Gegenwart einen lebendigen Eindruck von antiker und mittelalterlicher Frömmigkeit. Alleine in den knapp fünfhundert erhaltenen Höhlen von Dunhuang (Provinz Gansu) summiert sich die bemalte Fläche auf rund 45 000 Quadratmeter. |10, 13, 17, 26, 32|

Die dort – und vor allem auch in Kizil und Turfan – anzutreffenden Darstellungen sind freilich nicht nur als Zeugnisse tiefempfundener Religiosität von Bedeutung; besonders aufschlußreich sind vor allem jene Motive, die überdies einen Einblick in das Alltagsleben gewähren und dadurch die Rekonstruktion von sozialen Bedingungen und historischen Zusammenhängen ermöglichen: und das für einen Zeitraum von insgesamt rund eintausend Jahren; denn erst die Eroberung durch die Mongolen und die Verbreitung des im Grundsatz bilderfeindlichen Islam setzten jeweils den Schlußpunkt.

Große Wildganspagode
(Xi'an, Shaanxi; 7. Jahrhundert)

*Mächtig, wie [der Erde] entsprungen, [steht] die Pagode,
ragt einsam hinauf in die himmlischen Sphären.
Wir steigen nach oben und verlassen die vergängliche Welt
auf einer Treppe, die sich emporwindet ins Nichts.* [1]

50. Klöster, Tempel und Pagoden

Mit vermutlich mehr als einer Million Einwohner war die chinesische Hauptstadt Chang'an (heute Xi'an) in der ersten Hälfte des 8. Jahrhunderts eine der wenigen echten Metropolen der Welt. |17| Besucher waren sicherlich beeindruckt von den prunkvollen Palastanlagen, riesigen Verwaltungskomplexen und geschäftigen Märkten |35|. Die stärksten architektonischen Akzente setzten freilich die Pagoden, welche alle anderen Gebäude überragten. Zwei davon stehen bis heute. Sie bildeten ursprünglich Bestandteile riesiger buddhistischer Tempel- und Klosteranlagen, die in mehrere Höfe gegliedert waren, und zählen immer noch zu den bedeutendsten Monumenten der Stadt.

Die «Große Wildganspagode» *(Da Yanta,* Gesamthöhe heute 64,1 m) wurde 652 im «Großen Kloster der Barmherzigkeit und Gnade» *(Da Ci'ensi)* errichtet, in welchem damals der berühmte Indienpilger Xuanzang als Abt wirkte. Allerdings erwies sich das gedrungene Gebäude, dessen Wände aus Ziegeln bestanden, als nicht besonders solide, so daß bereits zu Beginn des 8. Jahrhunderts eine Generalsanierung zu erfolgen hatte, die gleichzeitig für eine Aufstockung genutzt wurde; weitere Renovierungsmaßnahmen sollten in regelmäßigen Abständen folgen.

Die durch Spendenmittel der Palastdamen finanzierte und im Jahre 707 vollendete «Kleine Wildganspagode» *(Xiao Yanta,* Gesamthöhe heute 45,8 m) stand hingegen auf dem Areal des «Großen Tempels der Anempfehlung des Glücks» *(Da Jianfusi);* wegen der Zerstörungen, die ein Erdbeben 1555 anrichtete, sind heute nur noch 13 der einst 15 Geschosse des deutlich schlankeren Backsteinbaus vorhanden.

In ihrer Funktion entspricht die Pagode dem indischen Stupa. Für die Gläubigen nicht immer zugänglich, wurden im Inneren der Bauten meist Reliquien – im Idealfall ein Knochen, Zahn oder Haar des Buddha – aufbewahrt oder besonders geschätzte Gegenstände und Schriften hinterlegt. |49, 51| Die Monumente dienten somit zur Erinnerung an den Religionsstifter und als Symbol seiner Lehre.

Die Rezeption dieser Idee und ihre architektonische Umsetzung waren indes höchst unterschiedlich. In den Regionen, in denen das Erbe des

Hinayana gepflegt wird und der indische Einfluß stärker zu erkennen ist, besteht der Stupa in der Regel aus drei Grundelementen: 1. einem gestuften Unterbau, der vielfach als «Weltberg» interpretiert wird; 2. einem Korpus, der für gewöhnlich eine gewölbte Form annimmt; 3. einem bekrönenden Aufsatz, zu dem sich auch noch Schirm, Windfahne und Diamantknospe gesellen können.

In China, wo hingegen verschiedene Strömungen des *Mahayana* vorherrschen, griff man in weit größerem Umfang auf eigenständige Architekturtraditionen – vor allem die seit der Han-Zeit gut dokumentierten Wachtürme |18| – zurück. So entstanden hoch aufragende Bauten, die im allgemeinen wie folgt gegliedert sind: 1. ein unterirdisches Gewölbe, in dem bevorzugt Reliquien und Schriften untergebracht wurden; 2. Fundament und Sockel; 3. ein polygonaler Korpus mit einer ungeraden Anzahl von Stockwerken; 4. eine Bekrönung, die unter Umständen über einen Hohlraum verfügt, der ebenfalls zur Deponierung von Objekten genutzt werden konnte.

Durch die vielen Geschosse wurde eine «himmlische» Sphäre erschlossen, die weit über allen umliegenden Dächern lag. Zudem fußte die Stabilität der Pagoden – anders als bei den meisten Palast- und Tempelkomplexen, die nach wie vor in einer nur begrenzt haltbaren Ständerbauweise |19| errichtet waren – nur mehr selten auf einer Holzkonstruktion. Die zunehmende Verwendung von Steinen und gebrannten Ziegeln sollte wohl nicht zuletzt demonstrieren, daß diese Monumente auf Dauer angelegt und mit dem Anspruch auf sakrale Superiorität verknüpft waren.

Einen besonders eindrucksvollen Beleg für den dadurch dokumentierten Respekt bildet die 1981 eingestürzte Pagode des «Klosters des Tors zur Lehre» (*Famensi*) |51|, unter deren Fundament zahlreiche Kostbarkeiten hinterlegt waren, von denen ein Großteil als Geschenke des Kaiserhauses ausgewiesen ist: darunter 121 Gegenstände aus Gold und Silber, 19 Porzellangefäße aus dem Bestand des Hofes sowie 19 Glasobjekte; letztere stammten zum Teil aus dem islamisch dominierten Westen Asiens und bezeugen – ebenso wie zahlreiche Metallarbeiten jener Zeit – ein großes Interesse an der Einfuhr und Nachahmung von Luxusgütern aus dieser Region.

Im urbanen Kontext hing die Höhe der Pagoden auch mit deren Wahrnehmbarkeit in einem Stadtbild zusammen, das über keine großen Plätze, keinen öffentlichen Raum verfügte, sondern durch umwallte Viertel stark segmentiert war. |17| Innerhalb der Sakralkomplexe wurde die Architektur zudem anders wahrgenommen als von der Straße aus. Die mehrgeschossigen Bauten waren – ebenso wie jene Reliquiare, die innerhalb von Tempel-

und Klosteranlagen auf dem Land errichtet wurden – in erster Linie Teil eines Ensembles: ganz anders als jene Pagoden, die alleine, paarweise oder in Gruppen abseits von anderweitiger Bebauung standen und nicht zuletzt dazu dienen sollten, die Harmonie einer Landschaft zu gewährleisten.

Den Hintergrund für diese Vorstellung bildet eine Lehre, für die sich erst im 20. Jahrhundert die Bezeichnung *fengshui* (wörtlich «Wind und Wasser», eine Verkürzung von *canfeng deshui* «Abhalten des Windes und Aneignen des Wassers») eingebürgert hat. Die Textüberlieferung zu den unter diesem Namen zusammengefaßten Verfahren, welche nicht nur den Hochbau, sondern auch die Grabarchitektur mit der natürlichen Umgebung und kosmischen Prinzipien in Bezug setzen, reicht indes nur sehr bedingt bis in die Antike zurück. Fast alle Schriften, die heute von den verschiedenen Schulen für den Nachweis jahrtausendealter Traditionen zitiert werden, sind lediglich in Versionen erhalten, die aus der Spätphase des Kaiserreichs stammen.

Immerhin ist festzuhalten, daß die Geomantik bis in die Gegenwart einen blühenden Geschäftszweig bildet, und manches chinesische Hochhaus erinnert wohl auch nicht zufällig an eine Pagode. Zudem ist inzwischen in Europa und Nordamerika ebenfalls ein lukrativer Markt entstanden, wobei der Begriff *fengshui* einen erstaunlichen semantischen Wandel vollzogen hat: vom gegeißelten Aberglauben zum esoterisch angehauchten Synonym für Wohlbefinden.

Stupa mit dem «Fingerknochen des Buddha»
(Famensi, Shaanxi; 9. Jahrhundert)

Eine Gruppe von Mönchen war – wie ich in Erfahrung bringen konnte – auf kaiserliches Geheiß nach Fengxiang aufgebrochen, um den Knochen des Buddha entgegenzunehmen. [Bei ihrer Rückkehr] habe Seine Majestät vom Turm aus beobachtet, wie [die Reliquie] in den Palast verbracht wurde, und den Befehl erlassen, diese in allen Tempeln mit Ehrerbietung zu empfangen [...] Das Volk ist dumm und unwissend. [...] Scharen werden zu den Tempeln pilgern, und manch einer wird sich den Arm abhacken, um das eigene Fleisch als Opfer darzubringen. Wenn man sich unter Mißachtung der sittlichen Normen zum Gespött der ganzen Welt macht, ist das keine Lappalie.

Der Buddha war von seiner Abstammung her [nicht mehr als ein] Barbar. Seine Sprache unterschied sich vom Chinesischen, und er bediente sich nicht der Worte, die die alten Könige vorgeschrieben hatten. Auch der Schnitt seiner Gewänder war anders, und er trug nicht die Kleider, die die alten Könige festgelegt hatten. [Schließlich] erkannte er weder die Beziehungen zwischen Fürst und Untertan an noch die Bande zwischen Vater und Sohn. Lebte er heutzutage und gelangte als Gesandter seines Landes an die kaiserliche Residenz, dann würde ihn Seine Majestät höflich empfangen. Nach einer Audienz in der Empfangshalle, einem für ihn veranstalteten Bankett und der Übergabe von Gewändern würde man ihn allerdings von Wachen zur Grenze geleiten lassen, damit er die Bevölkerung nicht verführt. [1]

甲寅

51. Reliquienverehrung und Selbstopferung

Im Jahre 1978 richtete ein Erdbeben im Famensi, einer im Bereich des antiken Fengxiang gelegenen Tempelanlage, schwere Schäden an. Drei Jahre später stürzte das architektonische Zentrum des rund 110 km westlich von Xi'an gelegenen Komplexes, eine auf die Ming-Dynastie zurückgehende Ziegelpagode |50|, ein: das bis dahin letzte Glied in einer Bautradition, welche – glaubt man den Schriftquellen – bereits in der Späteren Han-Zeit ihren Anfang genommen haben soll. Ein Jahr vor der Wiedererrichtung bot sich 1987 die Gelegenheit zu einer systematischen archäologischen Untersuchung. Dabei stieß man unterhalb des Fundaments auf eine «Krypta» mit Tausenden von Objekten aus der Tang-Zeit; die letzte große Donation war – wie Inschriften belegen – im Jahre 874 durch den damals zwölfjährigen Kaiser Xizong hinterlegt worden und bezeugt zusammen mit früheren Schenkungen die hohe Qualität höfischer Kunst.

Unter den im Famensi angetroffenen Hinterlassenschaften befanden sich auch vier Finger-Reliquien, die jeweils in mehreren ineinandergeschachtelten Behältnissen deponiert waren. Eines dieser Sets besteht zunächst aus sieben Kästchen, die aus Sandelholz, Silber, Gold, Türkis, Achat und Perlen gefertigt sind und neben floralem und zoomorphem Dekor Darstellungen des Buddha, des Bodhisattva Avalokiteshvara und der vier Weltenwächter zeigen. |49| Zur Verwahrung des osteologisch fragwürdigen Knochens, den die Inventarliste Shakyamuni, dem historischen Buddha, zuschreibt, dient schließlich ein kleiner goldener Stupa |50| (Höhe 7,1 cm), welcher sich – gekennzeichnet durch ein Zeltdach mit geschwungener Traufe und Lotosbekrönung – an der Architektur |17, 18| der Tang-Zeit orientiert.

Das «achtteilige Reliquiar», das für die Aufnahme des bereits seit Jahrhunderten im Famensi verehrten «wahrhaftigen Leibs» (so das Verzeichnis der Schenkung) bestimmt war, hatte Kaiser Yizong kurz vor seinem Tode im Jahre 873 gestiftet. Ein genaues Herstellungsdatum ist nicht nachweisbar; zumindest kann keineswegs ausgeschlossen werden, daß einzelne Komponenten des Sets bereits im 7. oder 8. Jahrhundert angefertigt wurden, bevor es seine endgültige Aufnahme in der Klosteranlage fand.

Yizong und Xizong stellten sich mit ihren Gaben in die weit zurückreichende Tradition jener Vorgänger, die durch ihr öffentliches Bekenntnis nicht nur Demut bezeugten, sondern auch auf eine Legitimation ihrer Herrschaft abzielten: bevorzugt in Verbindung mit glückverheißenden Zeichen, die mit der Zurschaustellung von Reliquien einhergingen. Obendrein hatte sich mancher Potentat nicht nur als «Sohn des Himmels», sondern auch als Buddha oder Bodhisattva preisen lassen. |1, 11|

Verehrten die Gläubigen zunächst lediglich die Reliquien des Shakyamuni, so wurden später auch die körperlichen Überreste bedeutender Mönche in die Kultpraxis einbezogen. Dies geschah natürlich insbesondere dann, wenn Tod und Verbrennung – wie in der legendenhaften Biographie des 824 verstorbenen Wuye – von entsprechenden Omina begleitet wurden:

«Nachdem man wohlriechendes Holz aufgeschichtet und seinen Körper verbrannt hatte, erschienen im Gefolge glückverheißender Wolken die fünf Farben am Himmel, und von Westen kommend, erfüllten wunderbare Düfte die Luft. Als das Holz heruntergebrannt und das Feuer ausgegangen war, konnte man Reliquien an sich nehmen, die wie Perlen und Jade glänzten.»[2]

Nicht immer freilich erfreute sich der Buddhismus einer Patronage durch den Hof. Zwischenzeitlich kam es zu massiven Einschränkungen, und 844 vermerkte der damals in der Hauptstadt Chang'an weilende japanische Mönch Ennin bestürzt in seinem Tagebuch, daß ein kaiserliches Edikt im Famensi lediglich Festlichkeiten für die Fingerknochen des Buddha gestatte; Opfergaben und Pilgerfahrten seien hingegen untersagt:

«Wenn jemand nur eine einzige Münze spendet, soll er mit zwanzig Stockschlägen auf den Rücken bestraft werden: ebenso wie der Mönch oder die Nonne, die die Gabe entgegennimmt.[…] Aus diesem Grunde kommt niemand mehr. […] Mönche, die sich nicht im Besitz einer amtlichen Legitimation befinden, werden auf der Stelle hingerichtet.»[3]

Die Gegner des Buddhismus konnten ihre Polemik im übrigen gegen ein Körperkonzept richten, das mit traditionellen chinesischen Normen in der Tat nicht in Einklang zu bringen war. Aus konfuzianischer Perspektive |48| mußte der um sich greifende Reliquienkult nämlich als echte Provokation empfunden werden, galt doch die Zurschaustellung von Körperteilen vor allem als ostentative Umsetzung von Gewalt. Zudem widersprach sie eklatant dem Streben nach physischer Unversehrtheit: einer entscheidenden Voraussetzung für den korrekten Vollzug des Toten- und Ahnenkults. |16, 46|

Selten wurde freilich die Skepsis so anschaulich und prägnant formuliert wie in jener (einleitend zitierten) Eingabe die der Staatsmann und Dichter Han Yu im Jahre 819 an den Kaiser richtete, um dessen Begeisterung für den vermeintlichen Fingerknochen des Religionsstifters zu dämpfen. Die freimütig vorgetragene Kritik erregte – kaum verwunderlich – den Zorn des Adressaten, und nur durch die Fürsprache einflußreicher Freunde entging der Autor der Hinrichtung.

Die Sachwalter des Buddhismus waren im übrigen keineswegs zurückhaltender in ihrer Argumentation. Überdies boten manche kanonischen Schriften – namentlich das Goldglanzsutra und das Lotossutra – all jenen Legitimation, die sich selbst verstümmelten oder töteten, und insbesondere aus der Tang-Zeit wird vielfach überliefert, wie Reliquienverehrung und Selbstopferung tatsächlich miteinander einhergingen.

In letzter Konsequenz versuchten vor allem Mönche und Nonnen häufig, sich bei lebendigem Leib zu verbrennen, um auf diese Weise eine nahezu vollständige Eliminierung ihres Körpers zu erzielen. Allerdings konnte eine derartige Hingabe auch den Charakter einer politischen Demonstration annehmen, und noch im 20. Jahrhundert sind mehrfach Suizide belegt, die sich als Fanal gegen die Unterdrückung der Religion verstanden wissen wollten. Von der Tang-Zeit bis in die Gegenwart reicht auch der Brauch, sich ein Stück Fleisch aus dem Körper herauszuschneiden, um einen erkrankten Angehörigen damit zu speisen und zu heilen. Dabei gingen konfuzianische Pietät und buddhistische Selbstopferung eine Verbindung ein, der auch regelmäßige Verbote nichts anhaben konnten.

Darstellung auf dem Steinsarkophag eines Sogdiers
(Xi'an, Shaanxi; 6. Jahrhundert)

In [diesem] Steinbau [ruht] das für [die Region] Liangzhou innerhalb des [Nördlichen] Zhou[-Reichs] zuständige Oberhaupt der Zoroastrier. […] Es stammt aus Shi in den fernen Westlanden […] und war von dort aus nach Chang'an gelangt. […] Es verstarb am 27. Tag des 1. Monats der Regierungsdevise daxiang *[579] im Alter von 86 Jahren.* [1]

乙卯

52. Rituale am Feueraltar: der Zoroastrismus

Im Inneren eines hausförmigen Schreins (Länge 246 cm, Breite 155 cm, Höhe 158 cm), der 2003 im Stadtbereich von Xi'an ausgegraben wurde, waren einst ein Mann und eine Frau bestattet. Der sogdischen Version des bilingualen Epitaphs läßt sich entnehmen, daß es sich bei den beiden im Jahre 580 beigesetzten Personen um einen aus Kesh (im heutigen Usbekistan) stammenden Herrn namens Wirkak und seine Gemahlin handelte; die chinesische Fassung nennt hingegen keinen Personennamen, sondern nur den Herkunftsort. Die schweren Platten, aus denen die an chinesische Holzarchitektur erinnernde Konstruktion zusammengesetzt war, sind reich dekoriert. Eines der Reliefs zeigt ein Mischwesen aus Mensch und Vogel. Ausgestattet mit einem Mundschutz, der eine Verunreinigung der sakralen Stätte verhindern soll, steht es mit einem Bündel von Zweigen in der rechten Hand vor einem Feueraltar, zu dessen Füßen Opfergaben aufgestellt sind. Eine Deutung, die einen Bezug zum Totenkult herstellt, ist durchaus plausibel, aber letztlich nicht verifizierbar.

Ein gleichermaßen bedeutendes Denkmal geht auf das Jahr 592 zurück. Es ist das etwa 500 km nordöstlich der damaligen Hauptstadt Chang'an gelegene Ziegelkammergrab des Yu Hong: eines aus den fernen Westlanden stammenden Mannes, der zu Lebzeiten an mehreren Gesandtschaften teilnahm und zeitweilig – wie Wirkak – eine führende Position in jener Behörde innehatte, in der die Aufsicht über die Zoroastrier angesiedelt war. Die Reliefs auf der Steinverkleidung des hausförmigen Schreins, in dem er – und später auch seine Frau – beigesetzt wurde, schildern nicht nur eine aus chinesischer Perspektive exotisch anmutende Lebenswelt, sondern verweisen auch ganz konkret auf zoroastrischen Ritus.

Über Zarathustra weiß man ausgesprochen wenig; möglicherweise wurde der Mann, den man als Stifter der auch unter den Namen Mazdaismus und Parsismus bekannten Religion identifizierte, im 7. Jahrhundert v. Chr. geboren. Die Texte, die unter dem Titel *Awesta* zur literarischen Grundlage dieser Lehre vereint wurden, erhielten ihre bis heute überlieferte Form freilich erst in nachchristlicher Zeit. Ausgangspunkt der Verbreitung war im wesentlichen Iran, wo die Sassaniden die Kodifizierung auch deswegen vorantrieben, weil sie der Bevölkerung ein einheitliches Weltbild und feste Normen verordnen wollten.

Von dort aus hinterließ der Zoroastrismus seine Spuren entlang der Seidenstraße. Vor allem die Darstellung von Feueraltären und Opferhandlungen auf den Wandmalereien von Pendschikent bezeugt auf eindrucksvolle Weise seine Präsenz in Sogdien. Vermutlich waren es auch Kaufleute |5, 33, 38| aus den zwischen Amudarya und Syrdarya gelegenen Handelszentren, die dafür sorgten, daß er schließlich das Reich der Mitte erreichte. Einige Motive, die seit dem ausgehenden 6. Jahrhundert in Nord- und Zentralchina bezeugt sind, erinnern jedenfalls stark an die Bildersprache in dem Gebiet, das heute zu Usbekistan und Tadschikistan gehört.

Der dadurch bildlich erfaßte Kult stand im Zentrum einer Religion, deren Kosmologie und Ethik vor allem durch einen strikten Antagonismus von gutem und bösem Prinzip gekennzeichnet sind. Es gibt keine Anhaltspunkte dafür, daß diese Überzeugung bei der einheimischen Bevölkerung Chinas großen Anklang fand; unter den Anhängern dominierten durchweg die Fremden |9|, die an ihren mitgebrachten Traditionen festhielten. Dennoch unterlag der Kult – wie im Prinzip jede religiöse Betätigung – einer strikten Kontrolle durch die staatlichen Behörden. Für die Zoroastrier war sogar ein eigenes Amt zuständig, dessen Mitarbeiter sich in erster Linie aus Sogdiern rekrutierten, welche erstaunlich hoch in der Beamtenhierarchie |2| aufsteigen konnten. Diese politischen und religiösen Repräsentanten trugen einen Titel *(sabao)*, der sich vermutlich von einer Bezeichnung ableiten läßt, die im Sogdischen, einer iranischen Sprache, «Karawanenführer» bedeutet.

In der Reichshauptstadt Chang'an |17| gab es im 7. und 8. Jahrhundert mehrere zoroastrische Tempel, die auf verschiedene Stadtviertel verteilt waren. Über deren Architektur lassen sich leider ebensowenig verläßliche Anhaltspunkte finden wie über die Durchführung der Riten. Anders als bei der Verankerung des Manichäismus |53| und des Nestorianismus in China scheint der schriftlichen Weitergabe der Glaubensinhalte wenig Bedeutung zugekommen zu sein; auch eine entsprechende Übersetzungsliteratur ist nicht belegt.

Die Mehrzahl der Anhänger waren sicherlich Kaufleute mit ihren Familien, aber auch Handwerker |6|, Künstler und Artisten |56| aus der Region um Buchara, Samarkand und Taschkent gelangten ab dem 4. Jahrhundert in größerer Zahl nach China. Manche Einwanderer aus den Westlanden wurden – zuweilen unter Zwang – als Offiziere |3| und Dolmetscher eingesetzt. Der Grad der Integration blieb dennoch vergleichsweise niedrig, und

Mischehen bildeten – wenn sich die Angaben in den Epitaphen verallgemeinern lassen – die Ausnahme.

Das bedeutet allerdings nicht, daß die Traditionen der Zoroastrier in Orthodoxie erstarrten. Besonders deutlich zeigt sich das Wechselspiel zwischen Wandel und Beharren beim Sepulkralkult. In Sogdien bestattete man die Knochen der Toten, nachdem der Leichnam unter dem Einfluß der Witterung vergangen war, in Ossuarien. In China hingegen orientierte man sich an der dort üblichen Körperbestattung, und zumindest die Oberschicht verwendete hierfür Sarkophage oder Bestattungsbetten aus Stein, deren reicher Dekor häufig Elemente aus beiden Kulturen miteinander verknüpfte: oft genug inspiriert durch Motive, die dem Buddhismus oder Manichäismus entlehnt wurden.

Manichäische Miniatur auf einer sogdischen Schriftrolle
(Höhle 65 von Bezeklik, Xinjiang; 9. Jahrhundert)

Ich wünschte, die Manichäer wären nicht so erpicht darauf, Unsummen Geldes für sauberes weißes Papier und glänzend schwarze Tusche auszugeben. Auch sollten sie der Kalligraphie keine derart hohe Bedeutung beimessen und die Schreiber weniger antreiben; denn in der Tat habe ich noch kein Papier und keine Schriftgestaltung [von einer Qualität] gesehen, die dem in ihren Büchern [erreichten Niveau] gleichkommt. [1]

53. Manichäismus und Nestorianismus

Am Rande der Oase Turfan liegen die mehrheitlich mit buddhistischen Motiven ausgemalten Höhlen von Bezeklik. In einer von ihnen (Nr. 65) wurde 1981 eine Schriftrolle (Länge 268 cm, Breite 26 cm) entdeckt. Es stellte sich heraus, daß es sich dabei um einen sogdischen Brief handelt, der zur Korrespondenz eines Manichäers gehörte. In das Schreiben war eine Miniatur eingeklebt, welche zwei mit Nimbus ausgestattete Wesen zeigt, die Flöte und Mundorgel spielen.

Die ästhetischen Normen, die die künstlerischen Ausdrucksformen des Manichäismus bestimmten, waren unmittelbar von dem ihm innewohnenden Dualismus abgeleitet. Ihre Aufgabe war es daher, die Sphäre des Lichts, der Reinheit und der Vergeistigung zu reflektieren. Wichtigste Medien hierfür waren – soweit sich das zurückverfolgen läßt – nicht große Formate, sondern Miniaturen und Bücher, die die Vollendung von Bild und Kalligraphie verkörpern sollten.

Anders als beim Zoroastrismus sind beim Manichäismus die Daten zur Person des Religionsstifters vergleichsweise kohärent. Der im Zweistromland geborene Mani starb 277 n. Chr. sechzigjährig, nachdem er ausgedehnte Reisen bis nach Iran und Indien unternommen hatte, um seine gnostische Lehre dort zu verkünden. Sein Plan, diese als verbindliche Doktrin im gesamten Sassanidenreich durchzusetzen, scheiterte indes. Unbeeindruckt von Anfeindung und Verfolgung, gelang es seinen Anhängern jedoch in den darauffolgenden Jahrhunderten, die Religion in einem Territorium zu verbreiten, das sich bis nach Westeuropa, Nordafrika und Ostasien erstreckte. Trotz des riesigen Missionsgebiets zwischen Atlantik und Pazifik hielt sich die Zahl der Gläubigen jedoch stets in Grenzen; denn die Gemeinden blieben meist überschaubar, und nur im Königreich Kocho (mit seinem Zentrum in der Oase Turfan) konnte man die Herrscher ab der Mitte des 9. Jahrhunderts zu einer kontinuierlichen Unterstützung der Glaubensgemeinschaft bewegen.

Der Prophet schöpfte aus unterschiedlichen Traditionen, insbesondere Zoroastrismus |52|, Christentum und Buddhismus |49, 50, 51|. Später sollten sich mancherorts freilich noch andere Elemente dazugesellen, und so wurden beispielsweise in manchen Teilen Chinas auch daoistische Vorstellungen |47| einbezogen. Besonders anschaulich vermitteln die Verschmelzung der einzelnen Überlieferungen zahllose Schriftzeugnisse, die in den Randzonen von Gobi und Taklamakan gefunden wurden. Neben liturgischen Texten, Lehrtraktaten, Parabelsammlungen und Beichtspiegeln befinden sich darunter auch jene Hymnen, in denen nicht nur Mani als «Buddha des Lichts» gepriesen wird, sondern auch Jesus, der «König des Nirwana», der dazu ausersehen ist, «das wohlriechende Wasser der Erlösung zu spenden».

Im Zentrum der Religion standen aber nicht Gottheiten, sondern Prinzipien: vor allem ein aus dem Zoroastrismus abgeleiteter Dualismus, der in Gegensatzpaaren wie Licht und Finsternis, Geist und Materie, Harmonie und Streit, Schönheit und Mißgestalt zum Ausdruck kommt. Dabei zeichnete sich der Manichäismus durch eine streng hierarchische Kirchenstruktur aus, die wenige «Auserwählte» privilegierte, die zur Askese verpflichtet und im allgemeinen monastisch organisiert waren. Vom Status her untergeordnet blieben hingegen die weit zahlreicheren Laien, deren wichtigste Aufgabe darin bestand, die materielle Versorgung der Priester sicherzustellen.

Dies dürfte zumindest in Zeiten wirtschaftlicher und politischer Stabilität kein großes Problem gewesen sein; denn überdurchschnittlich viele Gläubige rekrutierten sich aus der Schicht der Kaufleute |5|, wobei auch in diesem Fall den Sogdiern eine besondere Rolle zukam. Zeitweilig waren Herkunft, Beruf und Religionszugehörigkeit geradezu synonym, und es ist sicherlich kein Zufall, daß Mani in manchen Schriften als «großer Karawanenführer» adressiert wurde. |9| Sein in der Rückschau namhaftester Anhänger war jedoch kein begüterter Kaufmann, sondern ein ebenso begnadeter wie gefürchteter Rhetoriker: Aurelius Augustinus (354–430). Allerdings war dessen Begeisterung bekanntlich nicht von Dauer. Nach seiner Bekehrung zum Christentum überzog er die Gemeinschaft, der er als Laie angehört hatte, mit sarkastischer Polemik.

Im Fernhandel, der das Routennetz der Seidenstraße |33, 39| nutzte, spielten auch jüdische Kaufleute eine bedeutende Rolle. Ihren weiten Aktionsradius belegen unter anderem einige Textfragmente aus der Randzone der Taklamakan. Nicht verifizierbar ist hingegen die Überlieferung, daß jüdische Gemeinschaften bereits während des 1. Jahrtausends v. Chr. in China florierten; zumindest größere Gemeinden entstanden dort nicht vor der Tang-Zeit.

Damals gelangten auch erstmals größere Gruppen von Muslimen und Nestorianern in das Reich der Mitte. Letztere gründeten – wenn die Angaben einer später in der Hauptstadt Chang'an errichteten Stele zutreffen – dort ab dem 7. Jahrhundert ihre Klöster. Schon wenige Jahrzehnte nach ihrer Verurteilung auf dem 431 in Ephesos abgehaltenen Konzil hatte sich die Lehre des Nestorius, welche die zwei Naturen von Christus in den Vordergrund stellt und die Leibhaftigkeit der Auferstehung betont, im Nordosten Irans etabliert. Von Herat, Merw und Balkh aus waren die Missionare dann weiter nach Osten gezogen, um ihren Glauben zu verkünden.

Von der eigenständigen Dogmatik und Liturgie der oft auch «ostsyrische Kirche» genannten Ausrichtung des Christentums künden zahllose Schriftzeugnisse aus dem Tarimbecken; zudem konnten in Turfan Überreste eines Gotteshauses identifiziert werden. In ihren Traktaten griffen die Nestorianer gerne Ausdrücke auf, denen sie in buddhistischen Sutren begegnet waren. Allerdings erreichten sie nur höchst selten deren literarischen Rang. Wie wichtig der souveräne Umgang mit der Sprache für die Vermittlung religiöser Inhalte ist, zeigt zumindest indirekt die folgende Schilderung von Mariae Empfängnis:

«Der Himmlische Gott beauftragte den Kühlen Wind, sich der Jungfrau zu nähern. Der Kühle Wind kam dem Auftrag des Himmlischen Gottes nach und drang in den Bauch der Jungfrau ein, welche daraufhin schwanger wurde. Dies wurde vom Himmlischen Gott veranlaßt, weil er wußte, daß die Jungfrau noch unverheiratet war, und weil er beweisen wollte, daß sie auch ohne Ehemann schwanger werden konnte. Nach der Empfängnis gebar die Jungfrau einen Sohn, dessen Vater der Kühle Wind war.»[2]

Mit dem Ende des mongolischen Weltreichs ging auch der Nestorianismus in Ostasien unter. Zuvor erlebte er jedoch noch eine kurze Blüte, zunehmend allerdings in Konkurrenz zur katholischen Kirche, deren Vertreter sich am Hof des Großkhans aufhielten.

Passionen

巳午未申酉戌亥
丁戊己庚辛壬癸

Musikensemble aus Keramik
(Grab des Wei Jiong in Xi'an, Shaanxi; 8. Jahrhundert)

In jedem Ton, den sie der [Laute] entlockte,
[schwang] Sehnsucht [mit][…]:
Die dicken Saiten [klangen wie] prasselnder Regen,
die dünnen wie drängendes Liebesgeflüster. ¹

54. Sittsame und frivole Klänge

Im Jahre 692 wurde Wei Jiong hingerichtet. Er war damals nur 16 Jahre alt und fiel den Säuberungsmaßnahmen von Kaiserin Wu Zetian |111| zum Opfer, die zwei Jahre zuvor die kurzlebige Dynastie Zhou (690–705) ausgerufen hatte. Erst nach der Restauration des Herrscherhauses Tang wurde er 708 feierlich bestattet. Bei der Freilegung seines Grabes fand man 1959 unter den Tonfiguren auch sechs kniende Musiker, deren Höhe zwischen 11 und 11,5 cm variiert. Die von ihnen gespielten Instrumente lassen sich relativ gut identifizieren. Von links nach rechts sind dies: 1. eine Panflöte *(paixiao)* aus sechs nebeneinander angeordneten Pfeifen, von denen eine deutlich größer ist als die fünf anderen; 2. eine Streifenklapper *(paiban)* aus sechs schmalen Holz- oder Eisenplatten; 3. eine Laute *(pipa)* mit flachem Korpus, der fast ansatzlos in Hals und Wirbelkasten übergeht; 4. eine Querflöte *(di)* aus mehreren Bambusinternodien; 5. eine Bogenharfe *(konghou)* mit schlankem Resonanzkörper; 6. eine Mundorgel *(sheng),* bei der verschiedene Bambuspfeifen in den aus einer Kalebasse gefertigten Windkasten eingesteckt sind.

Physiognomie, Habitus und Kleidung der Männer sind eindeutig chinesisch. Das ist in der Tang-Dynastie keineswegs selbstverständlich; denn mehrheitlich sind in der Grabplastik jener Zeit Musiker wiedergegeben, die aus fernen Landen stammten: vorzugsweise aus West- und Zentralasien. Und das exotische Flair nahm noch zu, wenn das gesamte Orchester – einschließlich der Sängerinnen und Tänzerinnen |55| – so dargestellt wurde, daß es auf einem einzigen Kamel Platz fand. Damit sollte freilich keineswegs Mobilität angedeutet werden; schließlich unterlagen die Auftritte der Fremden |9| im allgemeinen der festen Kontrolle durch die Behörden.

Oft genug waren die Künstler zudem nicht freiwillig nach China gelangt, sondern aufgrund einer «Zwangsverschickung», die ausländische Potentaten als flankierende Maßnahme für ihre diplomatischen und kommerziellen Aktivitäten veranlaßten. So haben die Historiographen festgehalten, daß unter anderem Musiker aus Sogdien, Japan, Korea, Burma und Sumatra als Tribut |37| dargebracht wurden. Es gab aber auch Fälle der Zurückweisung: darunter im Jahre 631 zwei Musikerinnen aus Silla (im heutigen Korea), die Kaiser Taizong – ebenso wie «zwei Papageien [...], die unter Kälte und Heimweh litten»[2] – wieder in die Freiheit entließ.

Ansonsten hatten fremde Rhythmen und Melodien, die nicht dem Diktat von Maß und Mitte unterworfen waren, jedoch Konjunktur. Das zeigen bis zu einem gewissen Grad auch einige der dargestellten Instrumente. Während die Aerophone (Mundorgel, Querflöte und Panflöte) bereits auf eine lange Tradition in China zurückblicken konnten, dürften sich Bogenharfe und Klapper erst nach der Mitte des ersten Jahrtausends durchgesetzt haben; denn diese Instrumente stammten ursprünglich wohl aus anderen Regionen Asiens: ebenso wie die Laute, die jedoch schon unter der Han-Dynastie eingeführt worden war.

Zu jener Zeit dominierte indes noch die Zither (verschiedene Typen wie *qin* und *se*). Spätestens seit der Tang-Zeit fanden aber beide Chordophone gleichermaßen starken Widerhall in der Literatur und können vermutlich auch deshalb als die repräsentativsten Instrumente chinesischer Profanmusik betrachtet werden. In den unterschiedlichen Zusammensetzungen der Orchester fanden sich überdies Oboe *(sona)*, Längsflöte *(yue)* und Trommel *(gu)* besonders häufig; die zweisaitige Geige *(erhu)*, die heute aus keinem großen Ensemble wegzudenken ist, kam aber wohl erst später auf.

Von großer Bedeutung waren damals hingegen die sogenannten «hängenden Instrumente»: Klangsteine und Glocken, die man an eigens dafür geschaffene Ständer hängte und mit Hilfe von Schlegeln zum Klingen brachte. Zwar wurden sie zum Mißfallen konservativer Kritiker zuweilen auch in weltliche Vergnügungen einbezogen, doch lag ihre eigentliche «Bestimmung» in der Ritualmusik. Glockenspiel und Lithophon standen in einer Kontinuität, die bis in die Shang-Dynastie zurückreichte, und waren wesentliche Elemente in jenen Zeremonien, die zur Legitimation von Herrschaftsansprüchen |11| dienten. Die dabei vorgetragene Musik verknüpfte also religiöse Bestimmung mit sozialer Ordnung |10| und politischem Auftrag. Sie hatte ein Mandat:

«Wenn Musik im Ahnentempel des Herrschers zur Aufführung gelangt, gibt es keinen Zuhörer [...], der nicht der ehrfurchtgebietenden Atmosphäre erliegt. Wird sie zu Hause dargeboten, zieht sie alle Zuhörer – Vater wie Sohn, älteren Bruder wie jüngeren Bruder – gleichermaßen in den Bann familiärer Harmonie. In der [über Verwandtschaftsbeziehungen hinausreichenden] Gemeinschaft werden [schließlich] alle, die lauschen, unabhängig von ihrem Alter gefügig gemacht. So führt die Musik zu vollständiger Einheit und Harmonie.»[3]

Vor diesem Hintergrund kann es nicht überraschen, daß sich die Musik fortwährend in einen bürokratischen Rahmen einfügen mußte. In der Tang-Zeit waren zeitweilig sogar annähernd ein Dutzend Institutionen an einer Reglementierung beteiligt, die sich unter anderem auf Ausbildung, Entlohnung, Konzertorganisation, Protokoll und Zensur erstreckte. Unter den Han war die administrative Gängelung noch übersichtlicher, und mehrfach wurde gar die Auflösung des Musikamtes gefordert: insbesondere dann, wenn führende Kreise die Folgen von Naturkatastrophen |21| für ein Abwägen zwischen ökonomischem Zwang und kultureller Verpflichtung nutzten oder Musik und Tanz wieder einmal als «frivol» und «ordnungsstörend» empfanden. Derlei Vorhaltungen bezogen sich jedoch nicht nur auf «laszive» Rhythmen und Melodien, sondern mindestens ebensohäufig auf das Fehlverhalten einzelner: etwa im Falle des designierten Kaisers Liu He, der bereits nach Unterhaltungsmusik verlangt haben soll, als sein verstorbener Vorgänger noch im Palast aufgebahrt lag.

Seine Regentschaft währte denn auch nur 27 Tage, und viele seiner Gefährten wurden kurz darauf hingerichtet. Langfristige Folgen für die bürokratischen Strukturen hatten seine Verstöße gegen die Etikette |15, 16, 48| indes offenkundig nicht. Vermutlich galt die Musik einfach als zu wichtig, um sie der spontanen Begeisterung der Bevölkerung zu überlassen, war sie doch Ausdruck einer kosmologischen Ordnung, bei der das pentatonische System mit den fünf Wandlungsphasen korrespondierte, welche nahezu alle Aspekte des Lebens beeinflußten.

Tänzerinnen: figürliche Darstellungen aus Keramik mit Bemalung
(Baijiakou, Shaanxi; 2. Jahrhundert v. Chr.)

Die Ärmel schwingend, schritt sie anmutig voran, zog die Augenbrauen hoch und blinzelte in die Runde. Der Wohllaut ihrer Stimme war [getragen von] Klarheit und Inspiration; in raschem [Wechsel] kreuzte sie die Beine und stellte sie [wieder] nebeneinander. [1]

戊午

55. Zwischen Exotik und Erotik: der Tanz

Unter den Figuren, die 1954 in einem Grab in Baijiakou (im Stadtbereich von Xi'an) entdeckt wurden, befinden sich zwei Tänzerinnen. Sie sind etwa 50 cm hoch, und an beiden finden sich Reste der Kaltbemalung, die in einem Fall auf ein ganz in Rot gehaltenes Obergewand schließen lassen. Die schmal geschnittenen bodenlangen Wickelkleider entsprechen der Mode |25| der Früheren Han-Zeit. Die elegante Art, wie die weit über die Hände hinausreichenden Ärmel dargestellt sind, betont den Rhythmus der Bewegungen.

In China läßt sich der Tanz – ebenso wie die Musik |54| – auf der Ritus zurückführen, und trotz zunehmender Säkularisierung verweisen auch noch nach der Reichseinigung manche Elemente auf den ursprünglichen Kontext. In erster Linie war es nunmehr aber der Unterhaltungswert, der in schriftlichen wie archäologischen Quellen in den Vordergrund gerückt wird: häufig in Verbindung mit Banketten und der Präsentation von Gauklern |56|. Neben den namentlich in Dichtung |45| und Grabkunst widergespiegelten Aufführungen, welche bis zu einem gewissen Grad «öffentlichen» Charakter hatten, gab es freilich zahllose Anlässe, bei denen die private – zuweilen sehr private – Atmosphäre der Darbietung geschützt wurde: etwa dann, wenn bei Hofe die Sinnenfreude des Kaisers |11| und seiner Konsorten geweckt werden sollte.

Sieht man einmal von jenen begüterten Laien ab, welche sich mehr oder minder erfolgreich in «Selbstkultivierung» übten, dann stammte die Mehrzahl der Frauen und Männer, die sich der Musik oder dem Tanz verschrieben, aus Familien, in denen die Unterhaltungskunst bereits seit mehreren Generationen gepflegt wurde. Andererseits war es durchaus üblich, Mädchen und Jungen zur Ausbildung wegzugeben oder zu verkaufen, was zu sozialem Aufstieg, aber auch zu völliger Entrechtung führen konnte. Eine entsprechende Professionalität wurde auf alle Fälle meist schon in sehr jungen Jahren gefördert. Zudem gehörten Gesang und Tanz zu jenen Disziplinen, deren Beherrschung in den Frauengemächern der Paläste vermittelt wurde. |11|

Unter der Han-Dynastie oblag die Aufsicht über die Tanzensembles vornehmlich dem Musikamt, einer Einrichtung, die aus der Privatschatulle des Kaisers finanziert wurde und in erster Linie zu dessen Selbstinszenierung in aufwendigen Zeremonien beizutragen hatte. Daneben waren aber auch andere Institutionen damit befaßt, die Ausbildung des Nachwuchses, die Konzeption der Repertoires, die Einstudierung der Choreographien sowie die Organisation und Ausstattung der Veranstaltungen zu regeln.

Noch ausgeprägter war die administrative Gängelung der Künste unter den Tang. Damals unterschied man zwei choreographische Hauptrichtungen: «dynamische» und «grazile» Tänze, wobei freilich nicht ganz geklärt ist, ob sich die beiden Begriffe primär auf die Bewegungsabläufe oder auf die begleitende Musik bezogen; auch eine vorgegebene Handlung oder die spezifische Aufgabenstellung – mit der Betonung martialischer Elemente oder der Darstellung friedlicher Harmonie – könnte bei der Zuordnung eine Rolle gespielt haben. Außerhalb dieser beiden Kategorien gab es zudem eine Reihe weiterer Richtungen, darunter Formationen, die Schriftzeichen nachahmten:

«Die 140 Tanzenden tragen mit Gold und Bronze [verzierte] Kopfbedeckungen und farbige Gewänder. Die Schriftzeichen entstehen durch die Aufstellung, welche sie insgesamt 16mal ändern, so daß sich [beispielsweise] folgender Wortlaut ergibt: ‹Lang lebe der Kaiser, dessen göttliche [Vollkommenheit] alle Zeiten überdauert und dessen Einsicht die der hundert Könige übertrifft!› [Oder:] ‹Durch sein segensreiches [Wirken] möge sich [alles] zur höchsten Blüte entfalten!›»[2]

Die Darbietungen, die fremde Tanz- und Musikgruppen spätestens seit der Han-Zeit in den Zentren Chinas zeigten, wurden im allgemeinen unter die Kategorie «dynamisch» gerechnet. Zumindest gilt dies für die Künstler aus den Oasenstädten, welche – wie Samarkand, Taschkent oder Kucha – die verschiedenen Routen der Seidenstraße |33, 38, 39| säumten. Das bedeutet freilich nicht, daß bei den Veranstaltungen nur stämmige, kaftantragende Männer auftraten, die den strengen Rhythmen folgten, welche das Publikum mit dem harten Leben in der Steppenzone verband. Besondere Beachtung fanden etwa auch jene «Barbarentänze», die artistische Elemente enthielten so daß es «ganz wunderbar anmutete, wenn sich die Füße kaum von den Bällen lösten, auf denen sich [die Akteure] hüpfend hin und her bewegten».[3]

Es wurden indes noch ganz andere Erwartungen – und Projektionen – befriedigt. Die Dichter der Tang-Zeit, allen voran Bo Juyi, haben anschaulich die Empfindungen geschildert, die sie beim Anblick der entblößten Schultern, blumengeschmückten Taillen und güldenen Hüften der sogdischen Tänzerinnen überkamen. Deren Passion hatte im übrigen meist eine zusätzliche Konnotation: Viele der besungenen Frauen waren nicht wegen der Aussicht auf eine große Karriere nach China gelangt, sondern wegen des Geschäftssinnes zentralasiatischer Herrscher, die ihre Tributgaben |37| mit «lebender Ware» anreicherten.

So beliebt die Zurschaustellung von Exotik und Erotik auch gewesen sein mag, für die sich meist prüde gerierende Obrigkeit dürfte sie zumindest indirekt auch ein Instrument zur Ausgrenzung des Fremden |9| und zur Demonstration kultureller Überlegenheit gewesen sein. Bis zu einem gewissen Grad gilt dies bis heute. Schließlich ist es kein Zufall, daß den ethnischen Minderheiten bei der Inszenierung öffentlicher Großereignisse fast ausschließlich die Aufgabe zukommt, die in den Randzonen des Landes verortete Vielfalt durch ihre Tänze zu veranschaulichen.

Gaukler: figürliche Darstellung aus Keramik mit Resten der Bemalung (Majiashan, Sichuan; 2. Jahrhundert)

In bunter Folge gelangen seltsame Tänze zur Aufführung, und treffliche Artisten zeigen ihre Kunststücke. [1]

56. Narren und Akrobaten

Etliche Beigabentypen waren unter der Han-Dynastie geradezu flächendeckend im gesamten Reichsgebiet verbreitet. Daneben gab es aber eine vermutlich kaum geringere Zahl von Objekten, die nur in bestimmten Regionen deponiert wurden. Dazu sind auch einige bislang nur in der Provinz Sichuan zutage geförderte Tonfiguren zu rechnen, welche auf höchst expressive Weise Männer wiedergeben, die sich zum Rhythmus der von ihnen geschlagenen Trommeln bewegen. Wie im Falle der gezeigten Plastik (Höhe 48 cm), die 1982 in der Nähe von Sanhexiang ausgegraben wurde, sind sie im allgemeinen nur mit einer Hose bekleidet, über der ein wohlgerundeter Bauch sichtbar wird. Die Gesichter beeindrucken stets durch ihre lebendige Mimik, die häufig groteske Züge annimmt; manche schneiden Grimassen.

Darüber hinaus gewinnt man bei einer ganzen Reihe von Darstellungen den Eindruck, daß die Gestalten als kleinwüchsig charakterisiert werden sollten. Für diese Deutung spricht bis zu einem gewissen Grad auch die schriftliche Überlieferung, in der Narren und Possenreißer wiederholt als «Zwerge» geschildert wurden. Ebenfalls archäologisch und literarisch belegt ist der hohe Anteil von Ausländern unter den Gauklern, deren Kunststücke vor allem in den Städten |17| und Residenzen des Landes bewundert wurden. Unter ihnen mögen sich auch Schausteller befunden haben, die sich ohne Zwang auf Tournee begeben hatten, die Mehrzahl der Artisten war indes nicht freiwillig nach China gelangt, sondern als Handelsware, Geschenk oder Tributgabe. |37| So soll alleine der König von Shan im Jahre 120 rund eintausend Akrobaten, Feuerschlucker, Jongleure, Zauberer und Clowns, die nicht aus seinem eigenen Territorium, sondern aus noch entlegeneren Regionen «westlich des Meeres» stammten, an den Hof in Luoyang geschickt haben.

In diesem Zusammenhang ist auf zwei Bronzefigürchen aus dem Grab des 113 v. Chr. bestatteten Liu Sheng hinzuweisen, deren Physiognomie durch breite Nasen, volle Wangen und pralle Lippen gekennzeichnet ist. Die beiden mehrheitlich, aber letztlich nicht überzeugend als «Geschichtenerzähler» interpretierten Männer tragen einen Schnauzbart |12| und sind nur mit einem leichten Überwurf bekleidet, der einen großen Teil des Oberkörpers freiläßt. Der Umstand, daß die Plastik überdies annähernd schwarz ist, hat zu der Vermutung geführt, daß hier zwei Afrikaner wiedergegeben sind. Grundsätzlich ausschließen läßt sich diese Hypothese zwar nicht, doch ist ihr Wahrscheinlichkeitsgrad eher gering. Weitaus plausibler erscheint während der frühen Kaiserzeit eine Bezugnahme auf Fremde |91|, die aus Süd- oder Südostasien stammten, wo es ebenfalls Bevölkerungsgruppen gab, die über eine dunkle Hautfarbe verfügten.

Als ambitiöse Variante des Geschichtenerzählers kann vermutlich die Rolle des Hofnarren gelten. Allerdings war dessen Aufgabe mit deutlich höherem Risiko behaftet; schließlich soll bereits Konfuzius konstatiert haben, daß «die Verspottung des Herrschers ein Verbrechen ist, das mit der Todesstrafe geahndet werden muß».[2] Wichtig war es folglich, das Anliegen witzig und pointiert vorzutragen, ohne daß dabei der Eindruck intellektueller Überlegenheit vermittelt wurde. Dann war der Einfluß nicht zu unterschätzen:

«Dem Possenreißer [Huang] Fanchuo gelang es zu jener Zeit [in der ersten Hälfte des 8. Jahrhunderts], seinen Herrn [Kaiser Xuanzong] mit spöttischen Bemerkungen [vor Fehlentscheidungen] zu bewahren; er öffnete ihm die Augen, brachte die Dinge wieder ins Lot und unterstützte ihn bei vielen schwierigen [Angelegenheiten].»[3]

Sieht man einmal von Hofnarren und jenen Künstlern ab, denen es gelang, sich in Musik |54| und Tanz |55| einen Namen zu machen, dann waren die sozialen Aufstiegschancen im Unterhaltungssektor äußerst gering. Ohnehin war der Anteil der Sklaven |81| unter den Luft- und Bodenakrobaten, Equilibristen (unter anderem Seiltänzern), Jongleuren (mit Bällen und Schwertern), Dompteuren, Feuerschluckern, Illusionisten, Imitatoren und Clowns, die vor dem Kaiser und in den Residenzen der Nobilität auftraten, relativ hoch. Dennoch dürfte ihre Situation vielfach angenehmer gewesen sein als die Lebensumstände der Artisten, die über die Lande fuhren, um auf Jahrmärkten aufzutreten.

Zirzensische Aufführungen begleiteten häufig auch die Feste, die den Jahreslauf |28| gliederten. Der Obrigkeit war das bunte Treiben indes vielfach ein Dorn im Auge: vor allem dann, wenn es die Züge eines Karnevals annahm und Angst ob des möglichen Sittenverfalls aufkam. Diese Bedenken galten insbesondere im Hinblick auf das Laternenfest, das vom 14. bis zum 16. Tag des 1. Monats dauerte, die Neujahrsfeierlichkeiten abschloß und nicht selten ausuferte. Daher beklagten einige Throneingaben der Sui- und Tang-Dynastie das Verwischen der Standesunterschiede, den lockeren

Umgang zwischen den Geschlechtern |13|, die Maßlosigkeit bei Speis und Trank |22, 23, 24|, die Verschleuderung von Hab und Gut sowie den kurzfristigen Anstieg der Kriminalität |30|.

Diese Mahnungen verhallten jedoch fast wirkungslos; schließlich amüsierte sich auch der Hof, und insbesondere den Palastdamen |10, 21| wurde nachgesagt, daß sie sich erwartungsfroh in den Trubel stürzten. Die Begeisterung für das Laternenfest setzte sich bis in das 11. Jahrhundert fort, als sich in Hangzhou sogar die Tore des hell erleuchteten Kaiserpalasts für eine auserwählte Schar der Feiernden öffneten, nachdem die Bevölkerung den ganzen Tag durch Vorführungen von Musikern, Tänzern und Artisten unterhalten worden war. Der Bruch mit dieser Tradition kam mit der erzwungenen Verlegung der Hauptstadt. Angesichts der latenten Bedrohung der Staatsgrenzen wurden nunmehr die rituellen Elemente des Festes wieder in den Vordergrund gerückt, und die Bewohner waren nur noch für starre Jubelposen vorgesehen.

Statt dessen erlangten andere Vergnügungen zunehmende Popularität. Das gilt für die am 5. Tag des 5. Monats im ganzen Land abgehaltenen Drachenbootrennen |59| ebenso wie für das Fest, mit dem die Mitte des Herbstes begangen wurde. Zwar war es schon lange zuvor üblich gewesen, den am 15. Tag des 8. Monats besonders klaren Vollmond zu bewundern, doch setzte sich erst in der Song-Zeit der Brauch durch, mit Angehörigen und Freunden in die Nacht hineinzufeiern und bei dieser Gelegenheit Mondkuchen zu verzehren: ein durch seine runde Form gekennzeichnetes Gebäck mit höchst unterschiedlichen Füllungen, das sich bis heute großer Beliebtheit erfreut.

Pferdedressur: figürliche Darstellung aus Keramik mit Resten von Bemalung
(Umgebung von Xi'an, Shaanxi; 8. Jahrhundert)

*Kaiser Xuanzong [reg. 712–755] hatte befohlen, einhundert Pferde für Tanz[vorführungen]
abzurichten. […] Zuweilen wurden hierfür auch die erstklassigen Pferde eingesetzt,
die [aus den Regionen] jenseits der Grenzen als Tribut dargebracht worden waren.
Seine Majestät ließen diese mit großem Aufwand dressieren, und alle Beteiligten widmeten
sich mit äußerster Hingabe [der Arbeit an dem dabei entstehenden] Wunderwerk.
Zudem erging die Anweisung, bestickte Schabracken aufzulegen, mit Gold und Silber
[verzierte Riemen] aufzuzäumen und die Mähnen mit Perlen und Jade zu schmücken.* [1]

庚申

57. Roß und Reiter

Unter den herausragenden Keramikobjekten des Chinesischen Nationalmuseums in Beijing befindet sich ein wahrscheinlich aus der Nähe der Tang-Hauptstadt Chang'an (heute Xi'an) stammendes Pferd (Höhe 40 cm) mit seinem Dresseur (Höhe 36,8 cm). Dieser, durch Gesichtszüge und Kleidung als Ausländer |9| charakterisiert, ist dem Tier zugewandt, das sich unter seiner Anleitung versammelt. Entsprechend stark ist die Hankenbeugung, und die Stirn-Nasen-Linie befindet sich deutlich hinter der Senkrechten; das Maul ist geöffnet, das linke Vorderbein angewinkelt. Vom Halfter sind Nasenriemen und Backenstück deutlich herausgearbeitet; dasselbe gilt für den mit allerlei Zierat versehenen Schweifriemen sowie für Sattel, Schabracke und Steigbügel.

Zwar läßt sich die Pferdedressur in China sehr viel weiter zurückverfolgen, doch erreichte sie das Höchstmaß an Perfektion sicherlich unter der Tang-Dynastie. Vor allem der 712 an die Macht gelangte Kaiser Xuanzong ergötzte sich an Darbietungen, für welche ganze Herden von Rössern abgerichtet wurden. Bei den Vorführungen bewegten sich die Tiere dann nach einer festen Choreographie, die dem Rhythmus der oftmals eigens dafür komponierten Musik |54| folgte und auch verschiedene Kunststücke |6| einbeziehen konnte. Besonders eindrucksvoll müssen die Dressurakte bei den Feierlichkeiten gewesen sein, die jährlich aus Anlaß des Kaisergeburtstags gegeben wurden, und es verwundert daher nicht, daß die «tanzenden Pferde» auch zu einem wichtigen Motiv der Tang-Dichtung |45| wurden.

Aber noch in einer anderen Hinsicht war der Umgang mit Pferden am Hofe von Xuanzong wichtiger Gesprächsstoff. Der Kaiser |1| war nämlich begeisterter Anhänger des Polosports, der etwas mehr als ein Jahrhundert zuvor aus Zentralasien nach China gelangt war. So gab es denn auch im Palastbezirk ein Spielfeld, und wenn die gegnerischen Mannschaften – häufig zu den Klängen von Musik – aufeinandertrafen, wurden hohe Anforderungen an die Körper- und Ballbeherrschung der meist aristokratischen Reiter gestellt. Daß der Enthusiasmus nicht von allen Zeitgenossen geteilt wurde, bezeugt die zuweilen geharnischte Kritik, die vor allem von einigen der Leibesertüchtigung weniger zugeneigten konfuzianischen Intellektuellen |48|

vorgebracht wurde. Deren Vorbehalte sind freilich auch nachvollziehbar, wenn man die gelegentlichen Schikanen berücksichtigt, denen sie bei Hofe ausgesetzt waren:

«Seine Majestät [Xuanzongs Vorgänger Ruizong] begab sich zum Spielfeld. Auf sein Geheiß wurden dann alle Beamten und Offiziere, die mindestens der dritten Rangstufe angehörten, einer der beiden gegnerischen Polomannschaften zugeteilt. [...] Diejenigen, deren Konstitution schwach oder deren Alter bereits fortgeschritten war, gerieten ins Straucheln oder fielen einfach vom Pferd. Nur unter großen Schwierigkeiten gelang es ihnen, sich wieder zu erheben, was beim Kaiser, seiner Gemahlin und den Hofdamen schallendes Gelächter auslöste.» [2]

Gar nicht so selten – und durchaus mit Erfolg – stellten sich im übrigen auch Frauen |111| den Herausforderungen des schnellen, kräftezehrenden Sports |59|, der nicht umsonst von den Herrschern als militärisches Training |3| betrachtet wurde. Ähnliches galt für die berittene Jagd, die wie das Polospiel ein verbreitetes Motiv der höfischen Kunst der Tang-Zeit darstellt. Auch sie wurde nicht zuletzt als Manöver betrachtet, in dem strategisches Geschick und körperliche Fitneß für künftige Kriegszüge unter Beweis gestellt werden konnten; schließlich war die Kavallerie, zumindest ab dem 8. Jahrhundert, die am meisten beachtete Waffengattung im Reich. Und auch das berittene Postwesen war in erster Linie Teil der militärischen Infrastruktur. Entsprechend hoch waren denn die Strafen |30|, die bei illegaler Verwendung, übermäßiger Beanspruchung oder gar Tötung der Tiere verhängt wurden. Ein Gesetzeskommentar aus der Mitte des 7. Jahrhunderts listet eine ganze Reihe von Vergehen auf: darunter nicht nur das Überladen, Quälen, Stehlen und Schlachten von «Staats- und Poströssern», sondern auch die Fälschung der für die Nutzung nötigen Papiere, das Verlassen der vorgesehenen Wege und die Umgehung einer Poststation ohne Pferdewechsel. In ähnlicher Weise wurden die Gestütsaufseher belangt, wenn sich bei der Überprüfung der Herden herausstellte, daß nur ein einziges Tier fehlte.

Diese Regelungen waren freilich weniger auf das Mitleid mit der gequälten Kreatur gegründet denn auf die nüchterne Einschätzung materieller Schäden: vor allem angesichts der Tatsache, daß ein Großteil der Pferde nicht in China gezüchtet wurde, sondern aus den fruchtbaren Weideflächen Zentralasiens eingeführt werden mußte. Der Import aus Regionen, die nicht der direkten Kontrolle durch den Kaiser unterstanden, hat eine weit zurückreichende Tradition, und seit der Han-Dynastie sind die Informationen über die vom Hof oft als Darbringung von Tribut |37| wahrgenommenen Transaktionen relativ dicht. Welchen Stellenwert die Pferde hatten, läßt sich schließlich auch an der Entwicklung der Veterinärmedizin ablesen sowie an den Ritualen, die einen gesunden Bestand garantieren sollten.

Allerdings war die Wirksamkeit von Arznei und Gebet begrenzt: insbesondere dann, wenn Kriege, Unruhen und Epidemien für desolate Zustände in den Marställen führten. Dann galt es meist, riesige Einfuhrkontingente für die Ergänzung der dezimierten Herden zu beschaffen. Dies gelang zuweilen erstaunlich schnell. So führte das erste Jahrhundert der Tang-Herrschaft zu einer Vervielfachung der Bestände; alleine während der ersten Hälfte der Regierungszeit von Kaiser Xuanzong stieg die Zahl der Staatsrösser von 240 000 auf 430 000 Tiere.

Xuanzong veranlaßte im übrigen auch, daß einige seiner Lieblingspferde in höchst kraftvollen Tuschebildern |44| festgehalten wurden: darunter auch «Nachtklar», dessen Darstellung Han Gan, einem der bedeutendsten Maler seiner Zeit, zugeschrieben wird. Der Künstler führte damit offenkundig eine Tradition fort, an der unter anderem auch Yan Liben teilhatte, der – rund ein Jahrhundert zuvor – am Hofe des Kaisers Taizong tätig war; von diesem vielleicht berühmtesten Tang-Maler sollen auch die Entwürfe der Steinreliefs stammen, die sechs vom «Sohn des Himmels» besonders geschätzte Rösser wiedergaben und das Grab des 649 verstorbenen Herrschers zierten.

Das Faible für Pferde, deren Nutzung durch die Nobilität zeitweilig sogar gesetzlich geregelt war, fand seinen Ausdruck zuweilen auch in Musikstücken |54|, die einzelnen Tieren gewidmet waren. Weit bedeutsamer war indes der literarische Niederschlag, insbesondere in der Lyrik |45|. Mit besonderer Vorliebe pries Du Fu, einer der populärsten Dichter der Tang-Zeit, die Eigenschaften der Pferde:

Schlank, fast knochig,
mit bambusspitzen Ohren:
Den windgetragenen Hufen
ist keine Entfernung zu weit.
Seiner Schnelligkeit
vertraue dein Leben an
beim Queren
der zehntausend Meilen. [3]

Darstellung eines Knaben mit Hund auf einem Seidenbild
(Grab 187 von Astana, Xinjiang; 8. Jahrhundert)

Zur Zeit der Regierungsdevise wude *[618–626] der großen Tang-Dynastie brachte der Gesandte [des Königs von Kocho] Hunde als Tribut dar: einen Rüden und eine Hündin, jeweils sechs Zoll hoch und etwa einen Fuß lang. Diese waren äußerst zutraulich und konnten [sogar] Pferde an der Leine führen und Kerzen in ihrem Maul halten. Es wird behauptet, daß sie ursprünglich aus Fulin [Byzanz] stammten.* [1]

辛酉

58. Herr und Hund

Seit den 30er Jahren des 20. Jahrhunderts führen chinesische Archäologen systematische Ausgrabungen in Astana durch: einer in der Oase Turfan, dem Zentrum des einstigen Reiches Kocho (Gaochang), gelegenen Nekropole mit mehr als fünfhundert Gräbern, die in der Zeitspanne vom 3. bis zum 8. Jahrhundert angelegt wurden. Unter anderem sind hier mehrere Angehörige des Hauses Zhang beerdigt, das seit dem 6. Jahrhundert großen Einfluß auf die Geschicke der Region hatte. Der angesehenen chinesischen Familie ist auch eine 1972 freigelegte Doppelbestattung zuzuordnen, bei der der Mann, ein hoher Offizier, einige Jahrzehnte nach seiner Frau beigesetzt wurde. Ein Schriftstück, das im Grab gefunden wurde, geht auf das Jahr 744 zurück und kann als Anhaltspunkt für die Datierung etlicher Beigaben verwendet werden.

Dazu zählt auch das Fragment eines Seidenbilds (Höhe 58,8 cm, Breite 47,3 cm), welches zwei etwa gleichaltrige, mit gestreiften Trägerhosen bekleidete Knaben zeigt, von denen einer im linken Arm einen schwarz-weiß gescheckten Hund hält, der in Körperform und -größe an einen Malteser erinnert. Möglicherweise handelt es sich um einen entfernten «Vorfahren» jener hochgezüchteten Zwergformen, von denen in Ostasien insbesondere der Pekinese und der Japan-Chin bekannt sind.

Im 8. Jahrhundert erfreuten sich «Schoßhündchen», die wie andere Exotika über das weitverzweigte Verkehrsnetz der Seidenstraße an den chinesischen Hof gelangten, jedenfalls großer Beliebtheit. Dies zeigt eine Anekdote, die von Kaiser Xuanzong überliefert ist:

«Eines Sommertages saßen Seine Majestät beim Brettspiel mit einem Prinzen. [...] Als nun der Kaiser drauf und dran war, mehrere Steine zu verlieren, ließ eine Konkubine, die daneben stand und dies beobachtete, ihr Hündchen aus Samarkand frei. Es hüpfte auf das Spielbrett, brachte die Steine durcheinander und löste damit großes Wohlgefallen bei Seiner Majestät aus.»[2]

Der ungezwungene Umgang mit *Canis lupus familiaris* ist indes schon weit früher bezeugt. So soll Kaiser Ling in der zweiten Hälfte des 2. Jahrhunderts im Westpark seinen Schabernack mit Hunden getrieben haben und ihnen – möglicherweise unter dem unseligen Einfluß intoxinierender Getränke – Beamtenkappen |2, 25| aufgesetzt haben. Rassen, die ausschließlich für den Zeitvertreib gehalten wurden, gab es in der Han-Zeit freilich noch nicht, und für die Mehrzahl der Bevölkerung dürfte der «Unterhaltungswert» der Tiere bestenfalls ein Nebenaspekt gewesen sein. Selbst in der Oberschicht wurden vornehmlich Hunde geschätzt, die zu einem praktischen Verwendungszweck dienten: insbesondere für die Wache, die Jagd oder den Verzehr.

Eine gewisse Dominanz unter den Wachhunden kam – wie zahlreiche Darstellungen zeigen – doggenähnlichen Formen zu, die jedoch vermutlich aus ganz anderen Stämmen erzüchtet waren als die entsprechenden Rassen der Gegenwart. Zur Befestigung von Strick und Leine trugen sie entweder ein einfaches Halsband oder eine kombinierte Hals- und Brustschirrung, die im Nackenbereich häufig mit einer Ringöse versehen war.

Bei der Jagd verwendete man hingegen vornehmlich Formen, die an Vorstehhund, Bracke und Windhund erinnern. Die Kaiser |1| verfügten über größere Zwinger, für die ein eigener Beamtenapparat verantwortlich war, und das Weidwerk zählte zu den Privilegien der Nobilität. Der Umgang mit Jagdhunden gehörte somit zu den Erfordernissen des Mannes von Stand; für besonders prächtige Tiere wurden Unsummen ausgegeben, und die gelegentlich ausschweifende Liebhaberei war bis zum Überdruß Thema höfischer Konversation.

Hundefleisch war in China keineswegs nur Notverpflegung oder Nahrungsmittel für die Armen. |22| Der Überlieferung zufolge war es zu bestimmten Anlässen fester Bestandteil der kaiserlichen Menüfolge, und Darstellungen von «Großküchen», in denen der Hund als Abfallvertilger und Schlachttier gezeigt wird, geben gewiß nicht die Kochstätten des kleinen Mannes wieder; gut belegt ist überdies die Haltung in dafür reservierten Koben.

Die kulinarischen Verwendungsmöglichkeiten waren offenkundig recht vielfältig. Unter den Speiseresten, die im Grab der um 167 v. Chr. in Mawangdui (Hunan) bestatteten Witwe des Fürsten von Dai entdeckt wurden, fanden sich angekohlte Hundeknochen, die von einer Art «Grillplatte» übriggeblieben sein dürften, und in den Schriftquellen ist eine ganze Reihe verschiedener Gerichte aufgeführt: darunter «Hundesuppe mit Klebreis», «Hunderagout», «Eintopf mit Hundefleisch und Gänsedistel», «Hundefleisch mit Hanfsamen oder Hirse» und «im eigenen Fett geröstete Hundeleber». Ein relativ detailliertes Rezept findet sich in einem landwirtschaftlichen Handbuch des 6. Jahrhunderts:

«Man nehme dreißig Pfund Hundefleisch sowie jeweils sechs Pinten Weizen und klaren Alkohol. Diese Zutaten bringe man dreimal zum Aufkochen, um danach die [verbliebene] Flüssigkeit abzugießen und [in einem neuen Vorgang] jeweils drei Pinten Weizen und klaren Alkohol zuzufügen. Das Ganze wird nunmehr so lange gekocht, bis sich die Knochen aus dem Hundefleisch herauslösen lassen. Anschließend menge man dreißig aufgeschlagene Hühnereier bei und gebe die Mischung in einen Sack; darin dämpfe man diese dann, bis die Eimasse eine feste Konsistenz angenommen hat. Nachdem [die Restflüssigkeit] mit einem Stein ausgedrückt wurde, warte man noch eine Nacht, bis man sich an den Verzehr machen kann.»[3]

Derart aufwendige Rezepte spielen in der Küche der Gegenwart wohl keine Rolle mehr. Allerdings: Trotz einer weit zurückreichenden Kette gelegentlicher Verbote gibt es in China auch heute nicht wenige Menschen, für die «duftendes Fleisch» (so die euphemistische Benennung von Hundegerichten) zu den Leibspeisen zählt.

Bronzespiegel mit Fußballdarstellung
(Provenienz ungeklärt, wahrscheinlich Provinz Hunan; 13. Jahrhundert)

[Außerhalb von Kaifeng] wird [im Frühjahr] auf markierten Plätzen wild und unkontrolliert Fußball gespielt. [1]

壬戌

59. Kampf und Konzentration im Sport

Vermutlich mit Hilfe derselben Gußform wurden zwei Spiegel (Durchmesser knapp 11 cm) hergestellt, die heute zu den Beständen des Chinesischen Nationalmuseums in Beijing und des Provinzmuseums in Changsha zählen. Die lebendige Darstellung entspricht der ausgehenden Song-Zeit. Während im Hintergrund eine Balustrade und eine hoch aufragende Steinsetzung zu erkennen sind, lassen sich im Vordergrund vier Personen identifizieren: eine Dame, die mit dem rechten Fuß den Ball lupft, und ein durch die Form seiner Kappe als Beamter |2| ausgewiesener Herr, der offenkundig auf das Zuspiel wartet; sekundiert werden die beiden von einer Dienerin und einem Diener.

In der Überlieferung wird die Erfindung des Fußballspiels dem Huangdi (dem «Gelben Kaiser») zugeschrieben, einem legendären Herrscher, dessen Lebenszeit – in einer Melange von Mythologie und Historiographie – bevorzugt in das 3. Jahrtausend v. Chr. verlegt wird. Verläßliche Hinweise auf den Sport, bei dem eine «Lederkugel» mit dem Fuß getreten wird, sind hingegen nicht vor der Han-Zeit bezeugt; dann aber häufen sich die Schilderungen:

Der Ball ist rund, die [das Spielfeld umgebende] Mauer eckig.
Somit sind sie Abbilder von yin und yang.
Der Zahl der Monate entspricht [die Gesamtzahl der Spieler]
der beiden Teams, die mit jeweils sechs Personen antreten.
Wenn die Spielführer ernannt
und die Mannschaften aufgestellt sind,
muß mit aller Konsequenz auf die Einhaltung der Regeln geachtet werden:
ohne Bevorzugung der einen oder anderen Seite,
selbstbewußt, aber nicht selbstherrlich.
Geradlinigkeit und Unparteilichkeit [sind gefordert],
dann gibt es nichts zu kritisieren.
Wenn schon die Fußballregeln so [elaboriert] sind,
dann müßte dies erst recht für den Umgang
mit den [großen] Herausforderungen [des Lebens] gelten.» [2]

Wie die Regeln aussahen, lässt sich heute leider nicht mehr rekonstruieren. Klar ist lediglich, daß beide Mannschaften bestrebt waren, bestimmte Zonen des Spielfelds zu sichern, doch gewähren weder Darstellungen noch Texte Aufschluß darüber, wie man sich diese Raumaufteilung konkret vorzustellen hat. Ging es in der Han-Zeit wahrscheinlich noch darum, den Ball möglichst häufig in kleinen Gruben zu versenken, die hinter der gegnerischen Abwehrkette angelegt waren, wurden später – wahrscheinlich ab der Tang-Dynastie – Tore mit Netzen errichtet: zunächst jeweils eines an den beiden Grundlinien. In der Folge stellte man indes meist nur noch eine einzige Torwand im Zentrum des Spielfelds auf, deren «Augenloch» es von beiden Seiten aus zu treffen galt.

Im Falle eines Sieges wurden die Mannschaften gefeiert und belohnt, im Falle einer Niederlage verhöhnt und – zumindest unter den Song – zuweilen auch bestraft, wobei dem Kapitän des Verliererteams sogar die Peitsche drohte. Der rüde Umgang mit dem unterlegenen Team wirkt nicht gerade «sportlich», ist aber vermutlich durch den Umstand zu erklären, daß Fußball im alten China nicht nur Ablenkung und Vergnügen war, sondern auch militärische Übung |31|: ein Manöver also, das man ähnlich wie den Verlauf einer Schlacht beurteilte, bei der Mißerfolg und Rückzug üblicherweise gnadenlos geahndet wurden. Bei der Freizeitgestaltung gestattete die ansonsten eher prüde Etikette – parallel zum ebenfalls martialisch inspirierten Polo |57| mit vergleichbaren Möglichkeiten des Körperkontakts – aber sogar die Teilnahme von Frauen |11|, was zumindest insofern verwundert, als selbst gemischtgeschlechtliche Brettspiele |60| verpönt waren.

Eine reine Männerdomäne waren hingegen die Ringwettkämpfe, die sich, wenn die Verbreitung antiker Darstellungen mit der tatsächlichen Popularität des Sports korreliert, ursprünglich vor allem im Norden des Landes großer Beliebtheit erfreuten. Auch hier sind die Regeln nicht überliefert, doch ist es wohl kein Zufall, daß die Mehrzahl der Abbildungen Körpergriffe zeigt, die stark an das japanische *Sumo* erinnern.

Gleichermaßen verwehrt blieb Frauen im allgemeinen die Mitwirkung an Turnieren, bei denen Schwertkampf und Bogenschießen gepflegt wurden. Zudem zählte der Umgang mit den Waffen – neben dem Reiten – zu jenen höfischen Disziplinen, in denen die jungen Männer der Oberschicht unterwiesen wurden: nicht nur als Vorbereitung auf den möglichen Einsatz im Krieg, sondern auch als Training für die erfolgreiche Teilnahme an der Jagd, einem der wichtigsten gesellschaftlichen Ereignisse im Kalender der Nobilität. Überdies galt das Bogenschießen ebenso wie verschiedene Selbstverteidigungstechniken, welche teilweise in stark ritualisierter Form gepflegt wurden, als meditative Übung, die eine hohe Konzentration abforderte:

«[Voraussetzung für den] souveränen Umgang mit Bogen und Pfeil sind die richtige innere Einstellung und die korrekte Körperhaltung. Wer darüber verfügt, wird das Ziel treffen; denn beim Schuß zeigt sich der [wahre] Charakter. Das Bogenschießen weist den Weg [zur vollkommenen Tugend].»[3]

Zwar war auch der Kampf ohne Waffen bereits unter den Han Teil der militärischen Ausbildung, doch entbehren Versuche, die Entstehung der heute unter der Bezeichnung *wushu* («Kampfkünste») zusammengefaßten Sportarten in die frühe Kaiserzeit – oder gar noch ältere Epochen – zu verlegen, einer soliden historischen Grundlage.

Ähnliche Vorbehalte gelten für die geschichtliche Einordnung des heute auch in Europa beliebten Drachenbootrennens [561], dessen Ursprung angeblich auf die Suche nach dem Leichnam des Qu Yuan zurückzuführen ist: eines trotz seiner Loyalität in Ungnade gefallenen Ministers, der sich 295 v. Chr. im Milo ertränkt haben soll. Ganz abgesehen davon, daß die Wettkämpfe erst mit erheblicher zeitlicher Verzögerung auf diesen Vorfall Bezug nahmen, ist auch Skepsis gegenüber der Auffassung angebracht, daß die dabei ins Wasser gefallenen Männer einst als Opfer an den Flußgott gedeutet wurden.

Unzweifelhaft ist hingegen, daß der Sturz in die Fluten oftmals den Tod zur Folge hatte; denn das Schwimmen galt als besondere Fähigkeit, weshalb eine entsprechende Ausdauer dabei sogar in den ansonsten eher trockenen Biographien eigens erwähnt wird. Zudem wird dieser Sport bis heute mit besonderer Dynamik und Virilität verbunden. Man erinnere sich nur an Mao Zedong, der 1966 im Yangzi schwamm, um seinen Machtanspruch zu verdeutlichen. Das Signal wurde verstanden und ein Symbol für die Kulturrevolution geschaffen: ungeachtet der Tatsache, daß sich die Berichterstattung kaum um die Fakten scherte.

Darstellung einer Weiqi-Spielerin auf einem Seidenbild
(Grab 187 von Astana, Xinjiang; 8. Jahrhundert)

*Wer waren die zwei, die [hier] Weiqi spielten
und denen die Schuhe vor der Tür [gehörten]?
Keine menschliche Stimme war zu vernehmen,
nur dann und wann das Setzen der Spielsteine.
Wer vermag die Stimmung einzufangen, [die entsteht,]
wenn man sich am Spielbrett gegenübersitzt? [...]
Begeisternd ist fürwahr der Sieg,
doch auch die Niederlage kann vergnüglich sein.* ¹

癸亥

60. Den ganzen Tag lang wird gezockt

In der am Rande der Gobi gelegenen Nekropole von Astana (Oase Turfan, Xinjiang) sticht eine auf die Mitte des 8. Jahrhunderts zurückgehende Doppelbestattung (Grab 187) hervor, in welcher 1972 mehrere Überreste von Seidenbildern |58| angetroffen wurden: darunter ein Fragment (Höhe 63 cm, Breite 54,3 cm), auf dem eine Frau beim *Weiqi*-Spiel wiedergegeben ist.

Die von einem Haarknoten dominierte Frisur, das kräftig geschminkte Gesicht mit nachgezogenen Augenbrauen, roten Wangen, prallen Lippen und Doppelkinn sowie die füllige Figur entsprechen dem Ideal von Schönheit und Sinnlichkeit, an dem sich die Damen der chinesischen Oberschicht zu jener Zeit orientierten. Häufig ist zu lesen, daß Yang Guifei, die 756 hingerichtete Lieblingskonkubine Kaiser Xuanzongs, als Vorbild für dieses dralle Erscheinungsbild gedient haben soll, doch zeigen Grabfiguren aus dem ersten Drittel des 8. Jahrhunderts, daß mollige Konturen längst in Mode |25| waren, als die Femme fatale den «Sohn des Himmels» betörte. Im übrigen ist zu erwarten, daß auf dem kompletten Bild ursprünglich eine zweite Frau dargestellt war; der Kampf gegen sich selbst macht nämlich beim *Weiqi* keinen Sinn, und gemischtgeschlechtliche Darstellungen sind auch aus späterer Zeit nicht überliefert.

Schriftfunde zeigen, daß der Mann und die Frau, die in Grab 187 bestattet wurden, der in Turfan höchst einflußreichen Familie Zhang angehörten. Sie waren damit wohl – wenn auch vermutlich nicht in direkter Linie – Nachfahren des Generals Zhang Xiong (verst. 633) und seiner Frau (verst. 688), die im vorangegangenen Jahrhundert ihre letzte Ruhestätte in Astana (Grab 206) gefunden hatten. Zu den bei ihnen in großer Zahl hinterlegten Beigaben zählt auch ein kleines *Weiqi*-Spielbrett (Länge und Breite 18 cm, Höhe 7 cm), welches – anders als die spätere Darstellung – bereits über die in der Tang-Zeit allmählich dominierende Aufteilung verfügt: 19 vertikale und 19 horizontale Linien mit 361 Schnittpunkten.

Die Regeln des im Westen unter der japanischen Bezeichnung *Go* bekannten Spiels sind vergleichsweise einfach, die Ansprüche an strategisches Denken dafür um so höher. Analog zu militärischer Taktik |31| gilt es, die schwarzen bzw. weißen Steine geschickt auf die Schnittpunkte zu setzen, um dadurch möglichst große «Territorien» abzusichern und gleichzeitig den «Gegner» zu isolieren. *Weiqi*-Bretter sind archäologisch bereits aus der Han-Zeit belegt, und Schriftquellen lassen sogar eine noch weiter zurückreichende Geschichte vermuten. Die auch in seriösen Publikationen immer wieder kolportierte «Erfindung» des Spiels an der Wende zum 2. Jahrtausend v. Chr. ist indes vollkommen unhaltbar, wird dabei doch die fiktive zeitliche Zuordnung einer Mythengestalt mit der Datierung einer historisch faßbaren Person verwechselt.

Ähnliche Überlieferungen existieren auch für die Entstehung des ebenfalls von zwei Personen gespielten *Liubo,* bei dem die Züge der jeweils sechs Steine mit Hilfe von Würfeln oder Losstäbchen bestimmt wurden. Literarisch und archäologisch seit dem 4. Jahrhundert v. Chr. belegt, erreichte es den Höhepunkt seiner Beliebtheit unter der Han-Dynastie, doch lassen sich die Regeln – trotz zahlreicher Einzelhinweise in den Quellen – nicht mehr genau rekonstruieren. Anders als beim *Weiqi,* dessen Taktik an militärischen Strategien ausgerichtet war, ging es beim *Liubo* ursprünglich wohl um die Veranschaulichung und den Nachvollzug kosmischen Geschehens. Nach der Han-Zeit geriet das Spiel relativ rasch in Vergessenheit. Warum, ist bislang ungeklärt, doch mag es gut sein, daß mit der Verschiebung des Weltbilds und der Entwertung der Symbole, die auf das Ende der Dynastie folgten, auch das Interesse am darauf aufbauenden *Liubo* nachließ.

Ungebrochen ist hingegen die Begeisterung für das *Xiangqi*: die chinesische Variante des Schachs, deren Wurzeln mit großer Wahrscheinlichkeit bis in das 6. Jahrhundert zurückreichen. Zwar orientieren sich die Regeln des Spiels – ebenso wie die westlichen Ableitungen – unverkennbar am indischen Vorbild, doch gibt es eine ganze Reihe von Besonderheiten: So wird nicht auf Feldern, sondern, ähnlich dem *Weiqi,* auf Linienschnittpunkten gespielt, und der Feldherr (das Äquivalent des Königs) darf sich nur innerhalb eines bestimmten Bereichs bewegen; zudem sind die Steine nicht figürlich gestaltet, sondern durch Schriftzeichen markiert.

In Europa ist das Spiel, das unmittelbar mit China in Verbindung gebracht wird, vermutlich das *Majiang* (Mahjong). Auch ihm wird eine weit zurückreichende Geschichte nachgesagt, doch liegen die Ursprünge tatsächlich erst wenige Jahrhunderte zurück. Dafür hat sich die Literatur seither besonders intensiv damit auseinandergesetzt und ausführlich die Frustrationen beschrieben, die gegebenenfalls mit der Verpfändung von Freiheit und Besitz verbunden waren; denn oftmals wurden hohe Beträge eingesetzt und nicht selten Hab und Gut verspielt.

Neu war die geradezu pathologisch anmutende Spielleidenschaft freilich nicht; denn bereits in den antiken Quellen werden «Zockerschicksale» geschildert, die in die Vernachlässigung sozialer Bezüge und den wirtschaftlichen Ruin mündeten. Dieses Suchtverhalten wurde gerne auch von konfuzianisch argumentierenden Gelehrten |48| aufgegriffen, denen es jedoch häufig nicht nur um die Beschreibung des offenkundigen Mißstands ging, sondern auch um die Verurteilung daoistischen Gedankenguts |47|, welches sie für den «sittlichen Verfall» verantwortlich machten:

«Gegenwärtig pflegen viele Menschen nicht mehr die in den klassischen Schriften vermittelte Bildung, sondern vertändeln ihre Zeit lieber mit Brettspielen. Sie kümmern sich nicht um ihre Aufgaben, gehen keiner [sinnvollen] Beschäftigung mehr nach und vergessen gar zu schlafen und zu essen. Den ganzen Tag lang wird gezockt, und nach Einbruch der Dunkelheit geht es bei Lampenlicht weiter. [...] So verkümmern die menschlichen Beziehungen. [...] Statt dessen wird auch noch das [letzte] Hemd verwettet.»[2]

Nachweise und weiterführende Literatur

Vorwort
Zitat (1) Jiu Wudaishi (Kap. 98). 974 kompiliert von Xue Juzheng.

Einleitung
Zitate (1) Houhanshu (Kap. 118). 450 von Fan Ye kompiliert. (2) Hanshu (Kap. 96). Bis ca. 115 kompiliert von Ban Biao, Ban Gu und Fan Zhao. (3) Shiji (Kap. 6). Bis ca. 90 v. Chr. kompiliert von Sima Qian. (4) Yuanshi (Kap. 4). 1370 kompiliert von Song Lian. (5) Huainanzi (Kap. 1). Liu An zugeschrieben, vermutlich um 140 v. Chr. von Gelehrten aus seinem Umfeld kompiliert.
Weiterführende Literatur *Jacques Gernet:* Daily Life in China on the Eve of the Mongol Invasion 1250–1276. London 1962. *Werner Eichhorn:* Kulturgeschichte Chinas. Eine Einführung. Stuttgart 1964. *Michael Loewe:* Imperial China. The Historical Background to the Modern Age. New York 1966. *Herbert Franke & Rolf Trauzettel:* Das chinesische Kaiserreich. Frankfurt a. M. 1968. *John K. Fairbank (Hg.):* The Chinese World Order. Cambridge (Mass.) 1968. *Joseph R. Levenson & Franz Schurmann:* China. An Interpretive History. Berkeley 1969. *Joseph Needham et al. (Hg.):* Science and Civilisation in China. Cambridge 1970–2007. *Bodo Wiethoff:* Grundzüge der älteren chinesischen Geschichte. Darmstadt 1971. *Donald D. Leslie & Colin Mackerras & Wang Gungwu (Hg.):* Essays on the Sources for Chinese History. Canberra 1973. *John Meskill (Hg.):* An Introduction to Chinese Civilization. New York 1973. *Mark Elvin:* The Pattern of the Chinese Past. A Social and Economic Interpretation. Stanford 1973. *Charles O. Hucker:* China's Imperial Past. An Introduction to Chinese History and Culture. London 1975. *Walter Böttger:* Kultur im alten China. Leipzig 1977. *Denis Twitchett & John K. Fairbank (Hg.):* The Cambridge History of China. Cambridge 1978–2002. *Michèle Pirazzoli-t'Serstevens:* China zur Zeit der Han-Dynastie. Kultur und Geschichte. Stuttgart 1982. *Jacques Gernet:* Die chinesische Welt. Frankfurt a. M. 1985. *Dieter Kuhn:* Die Song-Dynastie (960 bis 1279). Eine neue Gesellschaft im Spiegel ihrer Kultur. Weinheim 1987. *Hans Bielenstein:* Chinese Historical Demography. Bulletin of the Museum of Far Eastern Antiquities 59 (1987), S. 1–258. *Michael Loewe:* Everyday Life in Early Imperial China. New York 1988. *Dieter Kuhn (Hg.):* Status und Ritus. Das China der Aristokraten von den Anfängen bis zum 10. Jh. n. Chr. Heidelberg 1991. *Michael Loewe (Hg.):* Early Chinese Texts. A Bibliographical Guide. Berkeley 1993. *Dieter Kuhn (Hg.):* Chinas goldenes Zeitalter. Die Tang-Dynastie und das kulturelle Erbe der Seidenstraße. Heidelberg 1993. *Arne Eggebrecht (Hg.):* China. Eine Wiege der Weltkultur. Mainz 1994. *Helwig Schmidt-Glintzer:* Das alte China. Von den Anfängen bis zum 19. Jahrhundert. München 1995. *Patricia Buckley Ebrey:* China. Eine illustrierte Geschichte. Frankfurt a. M. 1996. *Helwig Schmidt-Glintzer:* China: Vielvölkerstaat und Einheitsreich. München 1997. *Thomas Thilo:* Chang'an. Metropole Ostasiens und Weltstadt

des Mittelalters 583–904. 2 Bde., Wiesbaden 1997–2006. *Frederick W. Mote:* Imperial China. 900–1800. Cambridge (Mass.) 1999. *Helwig Schmidt-Glintzer:* Geschichte Chinas bis zur mongolischen Eroberung. München 1999. *Endymion Wilkinson:* Chinese History. A Manual. London 2000. *Valerie Hansen:* The Open Empire. A History of China to 1600. New York 2000. *Charles Benn:* Daily Life in Traditional China. The Tang Dynasty. Westport 2002. *Brunhild Staiger et al.* (Hg.): Das große China-Lexikon. Darmstadt 2003. *Charles Benn:* China's Golden Age. Everyday Life in the Tang Dynasty. Oxford 2004. *Monique Nagel-Angermann:* Das alte China. Stuttgart 2007. *Mark Edward Lewis:* The Early Chinese Empires. Qin and Han. Cambridge (Mass.) 2007. *Edward L. Shaughnessy* (Hg.): China. Köln 2007.

Kapitel

1

Abbildung *Anonymus:* Xin Zhongguo chutu wenwu. Beijing 1972, Abb. 135.

Zitate (1) Hanshu (Kap. 97). Bis ca. 115 kompiliert von Ban Biao, Ban Gu und Ban Zhao. (2) Chunqiu fanlu (Kap. 8 und 12, umgestellt). Um 135 v. Chr. verfaßt von Dong Zhongshu. (3) Nachwort zum Difan. Um 648 verfaßt von Kaiser Taizong.

Weiterführende Literatur *Howard S. Levy:* How a Prince Became Emperor. The Accession of Hsüan-tsung (713–755). Sinologica 6 (1961), S. 101–121. *Ch'ü T'ung-tsu:* Han Social Structure. Seattle 1972. *Rafe de Crespigny:* Portents of Protest in the Later Han Dynasty. Canberra 1976. *Penelope Ann Herbert:* Under the Brillant Emperor. Imperial Authority in T'ang China as Seen in the Writings of Chang Chiu-ling. Canberra 1978. *Michael Loewe:* The Authority of the Emperors of Ch'in and Han. In: Dieter Eikemeier & Herbert Franke (Hg.): State and Law in East Asia. Wiesbaden 1981. *Li Haoping:* Zhongguo lidai diwang zhi. Changchun 1988. *Yang Jianzi:* Zhongguo lidai diwang lu. Shanghai 1989. *Andrew Eisenberg:* Retired Emperorship in Medieval China. The Northern Wei. T'oung Pao 77 (1991), S. 49–87. *Frederick P. Brandauer & Huang Chun-Chieh (Hg.):* Imperial Rulership and Cultural Change in Traditional China. Seattle 1994. *Denis Twitchett:* How to Be an Emperor. T'ang T'ai-tsung's Vision of His Role. Asia Major III, 9, S. 1–102. *Liu Ts'un-yan:* On the Art of Ruling a Big Country. Views of Three Chinese Emperors. East Asian History 11 (1996), S. 75–90. *Joseph P. McDermott (Hg.):* State and Court Ritual in China. Cambridge 1998. *Tiziana Lippiello:* Auspicious Omens and Miracles in Ancient China: Han, Three Kingdoms and Six Dynasties. Nettetal 2001. *Shane McCausland (Hg.):* Gu Kaizhi and the Admonitions Scroll. London 2003. *Wang Jinglun:* Zuo yige huangdi dushulang. Cong taizi dao tianzi de xuexi zhi lu. Beijing 2004.

2

Abbildung *Jutta Frings (Hg.):* Xi'an. Kaiserliche Macht im Jenseits. Grabfunde und Tempelschätze aus Chinas alter Hauptstadt. Mainz 2006, S. 245.

Zitate (1) Memorandum des Wei Sili aus dem Jahre 709. Wiedergegeben im 961 abgeschlossenen Tang Huiyao (Kap. 67) des Wang Pu. (2) Shang huangdi wan yan shu. Memorandum des Wang Anshi aus dem Jahre 1058. Zit. n. Wang Anshi quanji. Shanghai 1999, S. 7. (3) Auf Bambustäfelchen geschriebener Rechtstext aus Grab 247 von Zhangjiashan. Wiedergegeben in Li Xueqin et al. (Hg.): Zhangjiashan ersiqi Han mu zhujian. Beijing 2001, Nr. 65–66, S. 143. (4) Yongming jiu nian ce xiucai wen wu shou des Wang Rong aus dem Jahre 493. Enthalten im 531 kompilierten Wenxuan (Kap. 36) des Xiao Tong.

Weiterführende Literatur Denis Twitchett: Financial Administration under the T'ang Dynasty. Cambridge 1963. *Deng Siyu:* Zhongguo kaoshi zhidu shi. Taibei 1967. *Penelope A. Herbert:* Civil Service Selection in China in the Latter Half of the Seventh Century. Papers on Far Eastern History 13 (1976), S. 1–40. *Miyazaki Ichisada:* China's Examination Hell. The Civil Service Examinations of Imperial China. New York 1976. *Denis Twitchett:* The Birth of Chinese Meritocracy: Bureaucrats and Examinations in T'ang China. Torquay 1976. *Liu Mau-tsai et al.:* Betrug und Fälschung im T'ang-Recht. Das 25. Kapitel des T'ang-lü shu-i. Oriens Extremus 25 (1978), S. 123–170. *Hans Bielenstein:* The Bureaucracy of Han Times. Cambridge 1980. *Thomas H. C. Lee:* Government Education and Examinations in Sung China. Hongkong 1985. *Penelope A. Herbert:* Examine the Honest, Appraise the Able. Contemporary Assessments of Civil Service Selection in Early Tang China. Canberra 1988. *Huang Lizhu:* Zhongguo gudai xuanguan zhidu shulüe. Xi'an 1989. *Penelope A. Herbert:* Perceptions of Provincial Officialdom in Early Tang China. Asia Major III: 2 (1989), S. 25–57. *Yang Xuewei (Hg.):* Zhongguo kaoshi zhidu shi ziliao xuanbian. Hefei 1992. *John W. Chaffee:* The Thorny Gates of Learning in Sung China. A Social History of Examinations. Albany 1995. *Xie Qing (Hg.):* Zhongguo kaoshi zhidu shi. Hefei 1995. *Nakajima Satoshi:* Sōshi senkyoshi yakuchū. Tokyo 1999. *Siegfried Klaschka:* Systemstabilisierung durch Korruption. Zur Funktionalität von Normenverletzungen im alten China. Oriens Extremus 41 (1999), S. 105–125. *Yang Xuewei (Hg.):* Zhongguo kaoshi shi. Wenxian jicheng. Beijing 2003.

3

Abbildung Wang Renbo (Hg.): Qin Han wenhua. Shanghai 2001, S. 67.
Zitate (1) Liu tao (Kap. 3). Um 250 v. Chr. kompiliert, fälschlich Lü Wang zugeschrieben. (2) Wu jing zongyao qianji (Kap. 14). 1044 von Zeng Gongliang & Ding Du kompiliert.
Weiterführende Literatur Zhou Wei: Zhongguo bingqi shigao. Beijing 1957. *Herbert Franke:* Zum Militärstrafrecht im chinesischen Mittelalter. München 1970. *Volker Strätz:* Luh-t'ao. Ein spätantiker Text zur Kriegskunst. Bad Honnef 1979. *Joseph Needham et al.:* Military Technology. Bd. 5.6 u. 5.7 von Joseph Needham (Hg.): Science and Civilisation in China. Cambridge 1986–1994. *Chen Qun:* Zhongguo bingzhi jianshi. Beijing 1989. *Lothar Ledderose & Adele Schlombs (Hg.):* Jenseits der großen Mauer. Der Erste Kaiser von China und seine Terrakotta-Armee. Gütersloh 1990. *Robert K. G. Temple:* Das Land der fliegenden Drachen. Chinesische Erfindungen aus vier Jahrtausenden. Bergisch Gladbach 1990. *Wang Xueli:* Qin Shihuang ling yanjiu. Shanghai 1994. *Karl Heinz Ranitzsch:* The Army of Tang China. Stockport 1995. *Chris J. Peers & Michael Perry:* Imperial Chinese Armies. 2 Bde., London 1995–1997. *Lothar Ledderose:* Ten Thousand Things. Module and Mass Production in Chinese Art. Princeton 2000. *Hans van de Ven (Hg.):* Warfare in Chinese History. Leiden 2000. *Wang Xueli:* Qin wenhua. Beijing 2001. *Catharina Blänsdorf & Erwin Emmerling & Michael Petzet (Hg.):* Die Terrakottaarmee des Ersten Chinesischen Kaisers. München 2001. *David A. Graff:* Medieval Chinese Warfare, 300–900. London 2002. *David. A. Graff & Robin Higham:* A Military History of China. Boulder 2002. *Wang Zhaochun:* Zhongguo gudai bingshu. Lantian 2003. *Liu Qiulin:* Zhongguo gudai bingqi tushuo. Tianjin 2003. *Alexander Koch:* Blankwaffen des frühen Mittelalters in China. Zeitschrift für Archäologie. Außereuropäischer Kulturen 1 (2006), S. 9–82.

4 **Abbildung** *Jutta Frings (Hg.):* Xi'an. Kaiserliche Macht im Jenseits. Grabfunde und Tempelschätze aus Chinas alter Hauptstadt. Mainz 2006, S. 209.
Zitate (1) Brief des 92 v. Chr. verstorbenen Historikers Sima Qian. Zit. in Kap. 62 des Hanshu (bis ca. 115 kompiliert von Ban Biao, Ban Gu und Ban Zhao). (2) Eingabe des Yang Ping aus dem Jahre 163 n. Chr. Zit. in Kap. 78 des Houhanshu (um 440 kompiliert von Fan Ye).
Weiterführende Literatur *J. K. Rideout:* The Rise of the Eunuchs during the T'ang Dynasty. Asia Major, New Series, 1 (1949), S. 53–72; 3 (1953), S. 42–58. *Ch'ü T'ung-tsu:* Han Social Structure. Seattle 1972. *Ulrike Jugel:* Politische Funktion und soziale Stellung der Eunuchen zur Späteren Hanzeit. Wiesbaden 1976. *Hans Bielenstein:* The Bureaucracy of Han Times. 1980. *Mary M. Anderson:* Hidden Power. The Palace Eunuchs of Imperial China. Buffalo 1990. *Yu Huajing:* Zhongguo huanguan zhidu shi. Shanghai 1993. *Ma Lianghuai:* Shiren huangdi huanguan. Changsha 2003. *Yu Yunhan:* Yanhuan. Tianjin 2004. *Ma Yongying & Li Gang:* Tantan Yangling chutu de huanzheyong. Kaogu yu wenwu 4 (2005), S. 71–72.

5 **Abbildung** *She Cheng:* Gugong renwuhua xuancui. Taibei 1984, S. 19.
Zitate (1) Dongjing meng Hua lu (Kap. 3). Um 1147 verfaßt von Meng Yuanlao. (2) Hanshu (Kap. 24). Bis ca. 115 kompiliert von Ban Biao, Ban Gu und Ban Zhao. (3) Guke le des Yuan Zhen, verfaßt um 810. Im Auszug zit. nach Yuan Zhen ji. Beijing 1982, Bd. 1, 268–269. (4) Xu zizhi tongjian changbian (Kap. 236). Bis 1174 kompiliert von Li Tao.
Weiterführende Literatur *Katō Shigeshī*: On the Hang or the Associations of Merchants in China. Memoirs of the Research Department of the Toyo Bunko 8 (1936), S. 45–83. *Robert Hartwell:* A Guide to Sources of Chinese Economic History, A. D. 618–1368. Chicago 1964. *Denis Twitchett:* Merchant, Trade and Government in Late T'ang. Asia Major II, 14 (1968), S. 63–95. *Shiba Yoshinobu:* Sōdai shōgyōshi kenkyū. Tokyo 1968. *Donald Holzman:* The Image of the Merchant in Medieval Chinese Poetry. In: Roderich Ptak & Siegfried Englert (Hg.): Ganz allmählich. Heidelberg 1986, S. 92–108. *Cao Erqin:* Tang Chang'an de shangren yu shangye. Tangshi luncong 2 (1987), S. 118–136. *Hugh R. Clark:* Community, Trade, and Networks. Southern Fujian Province from the 3rd to the 13th Century. Cambridge 1991. *Jiang Xidong:* Songdai shangye xinyong yanjiu. Shijiazhuang 1993. *Zhang Zexian:* Tangdai gongshangye. Beijing 1995. *Brigitte Kölla:* Der Traum von Hua in der Östlichen Hauptstadt. Meng Yuanlaos Erinnerungen an die Hauptstadt der Song. Bern 1996. *Wen C. Fong & James C. Y. Watt (Hg.):* Possessing the Past. Treasures from the National Palace Museum. Taipei. New York 1996. *Angela Schottenhammer (Hg.):* The Emporium of the World. Maritime Quanzhou, 1000–1400. Leiden 2000. *Dies.:* Das songzeitliche Quanzhou im Spannungsfeld zwischen Zentralregierung und maritimem Handel. Stuttgart 2002. *Étienne de la Vaissière:* Sogdian Traders. A History. Leiden 2005.

6 **Abbildung** *Qi Dongfang & Shen Qinyan (Hg.):* Hua wu da Tang chun. Hejiacun yibao jingcui. Beijing 2003, S. 240.
Zitate (1) Jiu Tangshu (Kap. 174). Bis 945 kompiliert von Liu Xu. (2) Mengliang lu (Kap. 13). 1274 verfaßt von Wu Zimu.

Weiterführende Literatur *Ju Qingyuan:* Tang Song guan si gongye. Shanghai 1934. *Kuwayama Shoshin:* Senkyūhyakugojūroku nenrai shutsudo no Tōdai kinginki to sono hennen. Shirin 60.6 (1977), S. 44–82. *Tong Shuye:* Zhongguo shougongye shangye fazhanshi. Jinan 1981. *Lu Jiugao & Han Wei:* Tangdai jin yin qi. Beijing 1985. *Dieter Kuhn:* Die Song-Dynastie (960 bis 1279). Eine neue Gesellschaft im Spiegel ihrer Kultur. Weinheim 1987. *Han Wei:* Hai nei wai Tangdai jin yin qi cuibian. Xi'an 1989. *Yeajen Kiang-Lee & François Louis:* An Index of Gold and Silver Artifacts Unearthed in the People's Republic of China. Zürich 1996. *François Louis:* Die Goldschmiede der Tang- und Song-Zeit. Archäologische, sozial- und wirtschaftsgeschichtliche Materialien zur Goldschmiedekunst Chinas vor 1279. Bern 1999. *Carol Michaelson:* Gilded Dragons. Buried Treasures from China's Golden Ages. London 1999. *Lothar Ledderose:* Ten Thousand Things: Module and Mass Production in Chinese Art. Princeton 2000. *Anthony J. Barbieri-Low:* The Organization of Imperial Workshops during the Han Dynasty. Ann Arbor 2001.

7

Abbildung *Roger Goepper:* Das alte China. Menschen und Götter im Reich der Mitte. München 1995, S. 429.
Zitate (1) Zhenglun (Kap. 1). Um 150 verfaßt von Cui Shi. (2) Simin yueling (Kap. 2). Um 160 verfaßt von Cui Shi. (3) Jiayou ji (Kap. 5). 1055 verfaßt von Su Xun.
Weiterführende Literatur *Shih Sheng-han:* A Preliminary Survey of the Book Ch'i Min Yao Shu. An Agricultural Encyclopaedia of the 6th Century. Beijing 1958. *Ders.:* On «Fan Sheng-Chih Shu». An Agricultural Book of China Written by Fan Sheng-chih in the First Century B.C. Beijing 1959. *William de Bary et al.:* Sources of Chinese Tradition. New York 1960. *Christine Herzer:* Das Szu-min yüeh-ling des Ts'ui Shi. Ein Bauern-Kalender aus der Späteren Han-Zeit. Hamburg 1963. *Hsu Cho-yun:* Han Agriculture. The Formation of Early Chinese Agrarian Economy. Seattle 1980. *Francesca Bray:* Agriculture. Bd. 6.2 von Joseph Needham (Hg.): Science and Civilisation in China. Cambridge 1984. *Zhongguo Nongye Bowuguan (Hg.):* Handai nongye huaxiang zhuanshi. Beijing 1996. *Lin Ganquan (Hg.):* Zhongguo jingji tongshi. Qin han jingji juan. 2 Bde., Beijing 1999. *Rolf Peter Sieferle & Helga Breuninger (Hg.):* Agriculture, Population and Economic Development in China and Europe. Stuttgart 2003. *Chen Yexin:* Zaihai yu liang Han shehui yanjiu. Shanghai 2004. *Wang Yong:* Dongzhou Qin Han Guanzhong nongye bianqian yanjiu. Changsha 2004.

8

Abbildung *Yang Xiaoneng:* The Golden Age of Chinese Archaeology. Celebrated Discoveries from the People's Republic of China. New Haven 1999, S. 409.
Zitate (1) Han jiu yi (Kap. 2), Wortlaut umgestellt. In der 1. Hälfte des 1. Jh. verfaßt von Wei Hong. (2) Hanshu (Kap. 72). Bis ca. 115 kompiliert von Ban Biao, Ban Gu und Ban Zhao. (3) Houhanshu (Kap. 5). Um 440 kompiliert von Fan Ye. (4) Tanglü shuyi (§ 414). Kompiliert von Changsun Wuji et al., 653 in Kraft gesetzt.
Weiterführende Literatur *Niida Noboru:* Chūgoku mibunhōshi. Tokyo 1942. *Martin Wilbur:* Slavery in China during the Former Han Dynasty. Chicago 1943. *Wang Yi-t'ung:* Slaves and Other Comparable Social Groups during the Northern Dynasties (386–618). Harvard Journal of Asiatic Studies 16 (1953), S. 293–364. *E-tu Zen*

Sun & John de Francis: Chinese Social History. Translations of Selected Studies. Washington 1956. *Ch'ü T'ung-tsu:* Han Social Structure. Seattle 1972. *Wu Bolun:* Tangdai Chang'an de nubi. Renwen zazhi 1 (1981), S. 7–15. *Thomas Thilo:* Das Bild der Sklaverei in der chinesischen Erzählungsliteratur der Tang-Zeit. Altorientalische Forschungen 10 (1983), S. 372–385. *Wallace Johnson:* The T'ang Code. 2 Bde., Princeton 1979–1997. *Thomas O. Höllmann:* Kamelkraniche für den Sohn des Himmels. Zur Wahrnehmung Afrikas in chinesischen Quellen. In: Alexander Röhreke (Hg.): Mundus Africanus, Rahden 2000, S. 75–80. *Julie Wilensy:* The Magical Kunlun and «Devil Slaves». Chinese Perceptions of Dark-skinned People and Africa before 1500. Philadelphia 2002.

9

Abbildung *Zhongguo Lishi Bowuguan & Xinjiang Weiwu'er Zizhiqu Wenwuju:* Tianshan gudao dong xi feng. Xinjiang sichou zhi lu wenwu teji. Beijing 2002, S. 54.
Zitate (1) Jinshu (Kap. 56). 635 kompiliert von Fang Xuanling et al. (2) Kommentar zum Hanshu (Kap. 48). 641 verfaßt von Yan Shigu.
Weiterführende Literatur *Qu Xuanying (Hg.):* Zhongguo shehui shiliao congchao. 3 Bde., Taibei 1965. *John K. Fairbank (Hg.):* The Chinese World Order: Traditional China's Foreign Relations. Cambridge (Mass.) 1968. *Xie Haiping:* Tangdai liu Hua waiguoren shenghuo kaoshu. Taibei 1978. *Wolfram Eberhard:* China und seine westlichen Nachbarn. Beiträge zur mittelalterlichen und neueren Geschichte Zentralasiens. Darmstadt 1978. *Wolfgang Bauer (Hg.):* China und die Fremden. 3000 Jahre Auseinandersetzung in Krieg und Frieden. München 1980. *Joachim Hildebrand:* Das Ausländerbild in der Kunst Chinas als Spiegel kultureller Beziehungen (Han–Tang). Stuttgart 1987. *Wang Ningsheng:* Minzu kaoguxue lunji. Beijing 1989. *Herbert Franke:* Die unterschiedlichen Formen der Eingliederung von Barbaren im Lauf der chinesischen Geschichte. In: Shmuel N. Eisenstadt (Hg.): Kulturen der Achsenzeit. Frankfurt a. M. 1992, Bd. 2, 25–70. *Frank Dikötter:* The Discourse of Race in Modern China. London 1994. *Helwig Schmidt-Glintzer:* China. Vielvölkerreich und Einheitsstaat. München 1997. *Justin John Rudelson:* Oasis Identities. Uyghur Nationalism along China's Silk Road. New York. *Wang Wenguang:* Zhongguo nanfang minzu shi. Beijing 1999. *Thomas O. Höllmann:* Unter dem Diktat des Vorurteils. China und seine ethnischen Minderheiten. München 2001. *Li Jian (Hg.):* The Glory of the Silk Road. Art from Ancient China. Dayton 2003.

10

Abbildung *Li Jian (Hg.):* The Glory of the Silk Road. Art from Ancient China. Dayton 2003, S. 206.
Zitate (1) Yanshi jiaxun (Kap. 5). 589 verfaßt von Yan Zhitui. (2) Nüjie verfaßt von Ban Zhao (verst. um 120). Zit. im 450 von Fan Ye kompilierten Houhanshu (Kap. 84). (3) Liji (Kap. Neice). Dai Sheng (1. Jh. v. Chr.) zugeschrieben, vermutlich aber erst gegen Ende des 2. Jh. n. Chr. kompiliert.
Weiterführende Literatur *Olga Lang:* Chinese Family and Society. New Haven 1946. *Teng Ssu-yü:* Family Instructions for the Yen Clan. Leiden 1968. *Chü T'ung-tsu:* Han Social Structure. Washington 1972. *David C. Buxbaum:* Chinese Family Law and Social Change in Historical and Comparative Perspective. Seattle 1978. *Dennis Grafflin:* The Great Family in Medieval South China. Harvard Journal of Asiatic Studies 41 (1981), S. 65–74. *Patricia Buckley Ebrey:* Family and Property in Sung China. Yuan Ts'ai's Precepts for Social Life. Princeton 1984. *Gudula Linck:*

Zur Sozialgeschichte der chinesischen Familie im 13. Jahrhundert. Stuttgart 1986. *Richard L. Davis:* Court and Family in Sung China. Bureaucratic Success and Kinship Fortunes for the Shih of Ming-chou. Durham 1986. *Patricia Buckley Ebrey:* Confucianism and Family Rituals in Imperial China. A Social History of Writing about Rites. Princeton 1991. *Dieter Kuhn:* Family Rituals. Monumenta Serica 40 (1992), S. 369–385. *Tao Yi:* Zhongguo hunyin jiating zhidu shi. Beijing 1994 *Denis Twitchett:* The T'ang Imperial Family. Asia Major III, 7 (1994), S. 1–61. *Zhu Zhenhua (Hg.):* Zhongguo jiapu zonghe mulu. Beijing 1997. *Ji Xiuqin:* Zhongguo xingshi yuanliu shi. Taibei 1997. *Walther H. Slote (Hg.):* Confucianism and the Family. Ithaca 1998. *Beverly J. Bossler:* Powerful Relations. Kinship, Status, and the State in Sung China (960–1279). Cambridge (Mass.) 1998. *Liao Qingliu:* Zupu wenxian xue. Taibei 2003. *Zhang Banwei (Hg.):* Songdai hunyin jiazu shilun. Beijing 2003.

Abbildung *James C. Y. Watt et al. (Hg.):* China. Dawn of a Golden Age 200–750 AD. New York 2004, S. 295.
Zitate (1) Jiu Tangshu (Kap. 183) über die 713 zum Selbstmord gezwungene Prinzessin von Taiping. Bis 945 kompiliert von Liu Xu et al. (2) Yanshi jiaxun (Kap. 5). 589 verfaßt von Yan Zhitui. (3) Dito.
Weiterführende Literatur *Teng Ssu-yü:* Family Instructions for the Yen Clan. Leiden 1968. *Robert W. L. Guisso:* Wu Tse-t'ien and the Politics of Legitimation in T'ang China. Bellington 1978. *Wallace Johnson:* The T'ang Code. 2 Bde., Princeton 1979–1997. *Diana Y. Paul:* Women in Buddhism. Images of the Feminine in Mahāyāna Tradition. Berkeley 1985. *Ute Fricker:* Schein und Wirklichkeit. Zur altchinesischen Frauenideologie aus männlicher und weiblicher Sicht im geschichtlichen Wandel. Hamburg 1988. *Monika Übelhör (Hg.):* Frauenleben im traditionellen China. Grenzen und Möglichkeiten einer Rekonstruktion. Marburg 1988. *Rubie Watson & Patricia Buckley Ebrey (Hg.):* Marriage and Inequality in Chinese Society. Berkeley 1991. *Li Yonghu (Hg.):* Lianshi xuanzhu. Zhongguo gudai funü shenghuo daguan. Beijing 1994. *Pan Yihong:* Marriage Alliances and Chinese Princesses in International Politics. Asia Major III, 10 (1997), S. 95–131. *Stephan Peter Bumbacher:* Abschied von Heim und Herd. Die Frau im mittelalterlichen Daoismus und Buddhismus. Asiatische Studien 52 (1998), S. 673–694. *Dennis Schilling & Jianfei Kralle (Hg):* Die Frau im alten China. Bild und Wirklichkeit. Stuttgart 2001. *Bret H. Hinsch:* Women in Early Imperial China. Lanham 2002. *Dora Shu-fang Dien:* Empress Wu Zetian in Fiction and in History. Hauppauge 2003. *Zhao Mengxiang (Hg.):* Zhongguo huanghou quanzhuan. 3 Bde., Beijing 2004. *Silvia Freiin Ebner von Eschenbach:* Prinzessinnen im Machtpoker zwischen Religion und Politik. In: Jianfei Kralle & Dennis Schilling (Hg.): Schreiben über Frauen in China. Wiesbaden 2004, S. 253–284. *Liu Lianyin:* Wu Zetian zhuan. Wuhan 2005.

Abbildung *Yu Weichao (Hg.):* Huaxia zhi lu. Beijing 1997, Bd. 3, S. 45.
Zitate (1) Dui jing yin, um 830 verfaßt von Bo Juyi. Zit. n. Bo Xiangshan ji, Shanghai 1934, Bd. 8, S. 26 (2) Shenxiang quanbian (Kap. 3). Chen Tuan (10. Jh.) zugeschrieben, aber später überarbeitet (3) Ling Shu (Kap. 64) im Huangdi neijing. Unbekannter Autor, vermutlich 1. Jahrhundert v. Chr. (4) Ba yue qi hao, vermutlich 1049 verfaßt von Mei Yaochen. Zit. n. Wanling xiansheng ji, Shanghai 1929, S. 35/12b.

Weiterführende Literatur *Alide & Wolfram Eberhard:* Die Mode der Han- und Chin-Zeit. Antwerpen 1946. *Howard S. Levy:* Translations from Po Chü-i's Collected Works. New York 1971–1978. *Zhang Daxia:* Guoju tushuo. Taibei 1977. *Paul U. Unschuld:* Medizin in China. Eine Ideengeschichte. München 1980. *Hsü Tao-ching:* The Chinese Conception of the Theatre. Seattle 1985. *Wang Weiti:* Yiguan guguo. Zhongguo fushi wenhua. Shanghai 1991. *Wolfgang G. A. Schmidt:* Der Klassiker des Gelben Kaisers zur Inneren Medizin. Freiburg 1993. *Wu Jing-nuan:* Ling Shu or The Spiritual Pivot. Washington 1993. *Li Ling:* Xiangshu juan. Beijing 1993. *Michael Godley:* The End of the Queue. Hair as Symbol in Chinese History. East Asian History 8 (1994), S. 53–72. *Ma Boying:* Zhongguo yixue wenhua shi. Shanghai 1994. *Thomas O. Höllmann:* Ein Zeichen von übernatürlicher Kraft und Tapferkeit. Vom Bart und seiner Bedeutung in China. In: Reinhard Emmerich und Hans Stumpfeldt (Hg.): Und folge nun dem, was mein Herz begehrt. Hamburg 2002, Bd. 1, S. 329–341. *Paul. U. Unschuld:* Huang Di Nei Jing Su Wen. Nature, Knowledge, Imagery in an Ancient Chinese Medical Text. Berkeley 2003.

13

Abbildung *Tan Chanxue (Hg.):* Dunhuang shiku quanji. Minsu hua juan. Hong Kong 1999, S. 55.
Zitate (1) Inschrift zur gezeigten Wandmalerei. (2) Liji (Kap. Neice). Dai Sheng (1. Jh. v. Chr.) zugeschrieben, vermutlich aber erst gegen Ende des 2. Jh. n. Chr. kompiliert.
Weiterführende Literatur *Philip Rawson:* China. In: Alex Comfort (Hg.): Weltgeschichte der erotischen Kunst. Der Osten. Hamburg 1969, S. 221–276. *Robert H. van Gulik:* Sexual Life in Ancient China. Leiden 1974. *Siegfried Englert:* Materialien zur Stellung der Frau und zur Sexualität im vormodernen und modernen China. Heidelberg 1980. *Donald Harper:* The Sexual Arts of Ancient China as Described in a Manuscript of the Second Century B. C. Harvard Journal of Asiatic Studies 47 (1987), S. 539–593. *Song Zhaolin:* Shengyushen yu xingwushu yanjiu. Beijing 1990. *Bret Hinsch:* The Male Homosexual Tradition in China. Berkeley 1990. *Li Ling:* The Contents and Terminology of the Mawangdui Texts on the Arts of the Bedchamber. Early China 17 (1992), S. 145–185. *Liu Dalin:* Zhongguo gudai xing wenhua. Yinchuan 1993. *Shi Fang:* Zhongguo xing wenhua shi. Harbin 1993. *Paul Rakita Goldin:* The Culture of Sex in Ancient China. Honolulu 2002. *Liu Dalin:* Zhongguo tonxinglian yanjiu. Beijing 2004.

14

Abbildung *Li Hong & Duan Shuan (Hg.):* Xianyang wenwu jinghua. Beijing 2002, S. 118.
Zitate (1) Xi'er xizuo. Um 1080 verfaßt von Su Shi. Wiedergegeben in Su Shi shiji, Beijing 1982, Bd. 8, S. 2535. (2) Nü Lunyu (Kap. 8). Um 780 verfaßt von Song Ruohua und Song Ruozhao. (3) Tanglü shuyi (§ 6). Kompiliert von Changsun Wuji et al., 653 in Kraft gesetzt. (4) Zitat aus dem Yili im Jiali (Kap. 2). Um 1170 verfaßt von Zhu Xi.
Weiterführende Literatur *Wolfgang Bauer:* Der chinesische Personenname. Die Bildungsgesetze und hauptsächlichsten Bedeutungsinhalte von Ming, Tzu und Hsiao-Ming. Wiesbaden 1959. *Tienchi Martin-Liao:* Frauenerziehung im alten China. Eine Analyse der Frauenbücher. Bochum 1984. *Lei Qiaoyun:* Dunhuang ertong wenxue. Taibei 1985. *Penelope A. Herbert:* Examine the Honest, Appraise the Able.

Contemporary Assessments of Civil Service Selection in Early Tang China. Canberra 1988. *W. Theodore de Bary (Hg.):* Neo-Confucian Education. The Formative Stage. Berkeley 1989. *Patricia Buckley Ebrey:* Chu Hsi's Family Rituals. A Twelfth-Century Chinese Manual for the Performance of Cappings, Weddings, Funerals, and Ancestral Rites. Princeton 1991. *Ronald C. Egan:* Word, Image, and Deed in the Life of Su Shi. Cambridge (Mass.) 1994. *Anne Behnke Kinney:* The Theme of the Precocious Child in Early Chinese Literature. T'oung Pao 81 (1995), S. 1–24. *John W. Chaffee:* The Thorny Gates of Learning in Sung China. A Social History of Examinations. New York 1995. *Anne Behnke Kinney:* Chinese Views of Childhood. Honolulu 1995. *Xiong Bingzhen:* Tongnian yiwang. Zhongguo haizi de lishi. Taibei 2000. *Bai Limin:* Shaping the Ideal Child: Children and their Primers in Late Imperial China. Hong Kong 2005. *Friedrich A. Bischoff:* San tzu ching Explicated. The Classical Initiation to Classic Chinese. Wien 2005.

15
Abbildung *Su Bai (Hg.):* Zhonghua renmin gongheguo zhongda kaogu faxian. Beijing 1999, S. 432.
Zitate (1) Jiang gui Weizun. 835 verfaßt von Bo Juyi. (2) Shi fan (Kap. 1). 1179 verfaßt von Yuan Cai. (3) Dito.
Weiterführende Literatur *Wang Gungwu:* The Structure of Power in North China during the Five Dynasties. Stanford 1963. *Kenneth Ch'en:* Filial Piety in Chinese Buddhism. Harvard Journal of Asiatic Studies 28 (1968), S. 81–97. *Howard S. Levy & Henry W. Wells:* Translations from Po Chü-I's Collected Works. The Later Years. San Francisco 1978. *Gudula Linck-Kesting:* Alt und Jung im vormodernen China. Saeculum 32 (1981), S. 347–408. *Patricia Buckley Ebrey:* Family and Property in Sung China. Yüan Ts'ai's Precepts for Social Life. Princeton 1984. *Michael Nylan:* Confucian Piety and Individualism in Han China. Journal of the American Oriental Society 116 (1996), S. 1–27. *Ingrid Plank & Cäcilie Hong-Chen:* Die 24 chinesischen Geschichten kindlicher Pietät. Bochum 1997. *Donald Holzman:* The Place of Filial Piety in Ancient China. Journal of the American Oriental Society 118 (1998), S. 185–199. *Gao Chunming (Hg.):* Zhongguo fushi mingwukao. Shanghai 2001. *Jan Assmann & Rolf Trauzettel (Hg.):* Tod, Jenseits und Identität. Perspektiven einer kulturwissenschaftlichen Thanatologie. Freiburg 2002. *Alan K. L. Chan:* Filial Piety in Chinese Thought and History. London 2004. *Cary Y. Liu et al. (Hg.):* Recarving China's Past. Art, Archaeology, and Architecture of the Wu Family Shrines. Princeton 2005.

16
Abbildung *Li Jianli et al. (Hg.):* Hebei sheng bowuguan wenwu jingpin i. Beijing 1999, Abb. 89.
Zitate (1) 182 verfaßte Ziegelinschrift aus Grab 2 von Wangdu (Hebei). Wiedergegeben in Ikeda On: Chūgoku rekidai boken ryakko. Tōyō bunka kenkyūsho kiyō 86 (1981), S. 221–222. (2) Liezi (Kap. 7) unter Verweis auf Yang Zhu. Lie Yukou zugeschrieben, von einem anonym verbliebenen Autor gegen Ende des 4. Jh. kompiliert. (3) Unbetiteltes Gedicht des Hanshan, vermutlich 7. Jh. Zit. nach Hanshanzi shiji. Beijing 1929, S. 45a.
Weiterführende Literatur *Yü Ying-shih:* Life and Immortality in the Mind of Han China. Harvard Journal of Asiatic Studies 25 (1964–1965), S. 80–122. *Joseph Needham:* Science and Civilisation in China. Bd. 2, Cambridge 1970. *Sofukawa Hiroshi:*

Konronzan he no shōsen. Kodai chūgokujin ga egaita shigo no sekai. Tokyo 1981. *Michael Loewe:* Chinese Ideas of Life and Death. London 1982. *Wu Hong:* From Temple to Tomb. Ancient Chinese Art and Religion in Transition. Early China 13 (1988), S. 78–115. *Patricia Buckley Ebrey:* Chu Hsi's Family Rituals. A Twelfth-Century Chinese Manual for the Performance of Cappings, Weddings, Funerals, and Ancestral Rites. Princeton 1991. *Pu Muzhou:* Muzang yu shengsi. Zhongguo gudai zongjiao zhi xingsi. Taibei 1993. *Li Rusen:* Handai sanzang zhidu. Changchun 1995. *K. E. Brashier:* Han Thanatology and the Division of Souls. Early China 21 (1996), S. 125–158. *Ding Lingua:* Zhongguo sangfu zhidu shi. Shanghai 2000. *Tonia Eckfeld:* Imperial Tombs in Tang China. The Politics of Paradise. London 2005. *Hermann-Josef Röllike:* Die «Als-ob»-Struktur der Riten. Ein Beitrag zur Ritualhermeneutik der Zhanguo- und Han-Zeit. In: Michael Friedrich (Hg.): Han-Zeit. Festschrift für Hans Stumpfeldt. Wiesbaden 2006, S. 517–533. *Constance A. Cook:* Death in Ancient China. The Tale of One Man's Journey. Leiden 2006.

17
Abbildung *Duan Weijie (Hg.):* Dunhuang shiku yishu. Mogao ku di 154 ku fu di 231 ku (Zhong Tang). Nanjing 1994, S. 90.
Zitate (1) Unbetiteltes Gedicht des Li Shimin (des Kaisers Taizong der Tang-Dynastie). Verfaßt um 635. Zitiert nach Quan Tang shi. Beijing 1960, Bd. 1, S. 1. (2) Tanglü shuji (§ 26). Kompiliert von Changsun Wuji et al., 653 in Kraft gesetzt.
Weiterführende Literatur *Arthur F. Wright:* Symbolism and Function. Reflections on Changan and Other Great Cities. Journal of Asian Studies 24 (1965), S. 667–679. *Paul Wheatley:* City as Symbol. London 1969. *Ders.:* The Pivot of the Four Quarters. A Preliminary Enquiry into the Origins and Character of the Ancient Chinese City. Edinburgh 1971. *Su Bai:* Sui Tang Chang'an cheng he Luoyang cheng. Kaogu 6 (1978), S. 409–425. *Nancy S. Steinhardt:* Chinese Imperial City Planning. Honolulu 1990. *Chung Saehyang:* Study of the Daming Palace. Documentary Sources and Recent Excavations. Artibus Asiae 50 (1990), S. 23–72. *Thomas Thilo:* Chang'an. Metropole Ostasiens und Weltstadt des Mittelalters 583–904. 2 Bde., Wiesbaden 1997–2006. *Heng Chye Kiang:* Cities of Aristocrats and Bureaucrats. The Development of Medieval Chinese Cityscapes. Honolulu 1999. *Victor Cunrui Xiong:* Sui – Tang Chang'an. A Study in the Urban History of Medieval China. Ann Arbor 2000. *Xu Yinong:* The Chinese City in Space and Time. The Development of Urban Form in Suzhou. Honolulu 2000. *Gideon S. Golany:* Urban Designs in Ancient China. Lampeter 2001. *Cheng Cunjie:* Tangdai chengshi yanjiu chupian. Beijing 2002. *He Yeju:* Zhongguo gudai chengshi guihua. Beijing 2002.

18
Abbildung *James C. Y. Watt et al. (Hg.):* China. Dawn of a Golden Age, 200–750 AD. New Haven 2004, S. 106.
Zitat Sandufu. Gegen Ende des 3. Jahrhunderts verfaßt von Zuo Si. Enthalten im 531 kompilierten Wenxuan (Kap. 4) des Xiao Tong.
Weiterführende Literatur *Paul Michaud:* The Yellow Turbans. Monumenta Serica 17 (1958), S. 47–127. *Rafe de Crespigny:* Northern Frontier. The Politics and Strategy of the Later Han Empire. Canberra 1984. *Gregory Young:* Three Generals of Later Han. Canberra 1994. *Luo Zhewen & Zhao Luo:* Chinas Große Mauer. Beijing 1986. *Sechin Jagchid & Van Jay Symons:* Peace, War, and Trade along the Great Wall. Nomadic-Chinese Interaction through Two Millenia. Bloomington 1989. *Arthur*

Waldron: The Great Wall of China. From History to Myth. Cambridge 1990. *Li Enjia & Chen Yingqi:* Hebei Fucheng Sangzhuang Donghan mu fajue baogao. Wenwu 1 (1990), S. 19–30. *Rafe de Crespigny:* Local Worthies. Provincial Gentry and the End of Later Han. In: Helwig Schmidt-Glintzer (Hg.): Das andere China. Festschrift für Wolfgang Bauer zum 65. Geburtstag. Wiesbaden 1995, S. 533–558. *Zhang Wenjun & Li Yanuo (Hg.):* Henan chutu Handai jianzhu mingqi. Zhengzhou 2002.

19 **Abbildung** *Zhang Wenjun & Li Yanuo (Hg.):* Henan chutu Handai jianzhu mingqi. Zhengzhou 2002, S. 48.
Zitat (1) Sandufu. Gegen Ende des 3. Jahrhunderts verfaßt von Zuo Si. Enthalten im 531 kompilierten Wenxuan (Kap. 4) des Xiao Tong.
Weiterführende Literatur *Rudolf Kelling:* Das chinesische Wohnhaus. Leipzig 1935. *Thomas Thilo:* Klassische chinesische Baukunst. Strukturprinzipien und soziale Funktion. Wien 1977. *Luo Chongli & Luo Ming:* Huaiyang Yuzhuang Han mu fajue jianbao. Zhongyuan wenwu 1 (1983), S. 1–3. *Liu Dunzhen:* Zhongguo gudai jianshu shi. Beijing 1984. *Luo Ming & Shi Lei:* Huaiyang chutu Xihan san jin yuanluo. Zhongyuan wenwu 4 (1987), S. 69–73. *Roger Goepper:* Das alte China. Menschen und Götter im Reich der Mitte. München 1995, S. 386–388. *Liu Zhiping:* Zhongguo juzhu jianzhu jianshi. Beijing 2000. *Xiao Mo:* Zhongguo jianzhu yishushi. Beijing 1999. *Ronald G. Knapp:* China's Old Dwellings. Honolulu 2000. *Zhang Yong:* Huaiyang caihui taoyuan de niandai wenti. Zhongyuan wenwu 1 (2001), S. 63–67. *Almut Bettels:* Traditionelle Baukunst in China. Wabern 2002. *Fu Xinian & Nancy Shatzman Steinhardt:* Chinese Architecture. New Haven 2002. *Thomas O. Höllmann:* Ruinen der Zuversicht. Bemerkungen zur Architektur in Guangzhou während der Han-Dynastie. In: Shing Müller, Thomas O. Höllmann, Putao Gui (Hg.): Guangdong. Archaeology and Early Texts. Wiesbaden 2004, 81–100.

20 **Abbildung** *Su Bai:* Baisha Song mu. Beijing 1957, Taf. 22.
Zitate (1) Eintrag vom 18. Tag des 11. Monats des 3. Jahres der Regierungsdevise kaicheng (838) im Nittō guhō junrei kōku von Jikakau Daishi (Ennin). (2) Dongjingfu des Zhang Heng. Um 110 verfaßt. Enthalten im 531 kompilierten Wenxuan (Kap. 3) des Xiao Tong.
Weiterführende Literatur *Patrick FitzGerald:* Barbarian Beds. The Origin of the Chair in China. London 1965. *Michel & Cécile Beurdeley:* Chinesische Möbel. Fribourg 1979. *Chen Zengbi:* Lun Handai wu zhuo. Kaogu yu wenwu 5 (1982), S. 91–97. *Franz Xaver Peintinger:* Die Entwicklung der chinesischen Kopfstütze bis in das 10. Jahrhundert aus kulturhistorischer Sicht. (Unveröffentlichte Magisterarbeit) München 1987. *Craig Clunas:* Chinese Furniture. London 1988. *Michèle Pirazzoli-t'Serstevens:* Chinese Furniture of the Han Dynasty. Journal of the Classical Chinese Furniture Society 1.3 (1991), S. 52–62. *Chen Ping:* Zhongguo juzhu wenhua. Jusuo de jiangxin. Jinan 1992. *Yang Hong:* Han Tang meishu kaogu he fojiao yishu. Beijing 2000. *John Kieschnick:* The Impact of Buddhism on Chinese Material Culture. Princeton 2003. *Mareile Flitsch:* Der Kang. Eine Studie zur materiellen Alltagskultur bäuerlicher Gehöfte in der Manjurei. Wiesbaden 2004. *Meng Sihui:* Yanshan si fozhuan bihua tuxiang neirong kaolü. Gugong xuekan 2 (2005), S. 320–365. *Susanne Schäffler-Gerken:* Eine Sitzmatte für Konfuzius. In: Michael Friedrich (Hg.): Han-Zeit. Festschrift für Hans Stumpfeldt. Wiesbaden 2006, S. 705–721.

Abbildung *Zhang Wenjun & Li Yanuo (Hg.):* Henan chutu Handai jianzhu mingqi. Zhengzhou 2002, S. 23.
Zitate (1) Hanshu (Kap. 5), bis ca. 115 kompiliert von Ban Biao, Ban Gu und Ban Zhao. (2) Zhenji lun. In der zweiten Hälfte des 11. Jh. verfaßt von Cheng Yi. Zit. n. Liang Chengzi chaoshi (Kap. 9). Taipei 1980.
Weiterführende Literatur *An Zhimin:* Ganlan shi jianzhu de kaogu yanjiu. Kaogu xuebao 2 (1963), S. 65–68, Taf. 1–8. *Mark Elvin:* The Pattern of the Chinese Past. Stanford 1973. *Wallace Johnson:* The T'ang Code. 2 Bde., Princeton 1979–1997. *Hsu Cho-yun & Jack. L. Dull:* Han Agriculture. Seattle 1980. *Thomas O. Höllmann:* Pfahlhäuser im alten China. Beiträge zur allgemeinen und vergleichenden Archäologie 3 (1981), S. 45–86. *Shaanxi sheng kaogu yanjiu suo:* Xihan jingshicang, Beijing 1990. *Raimund Th. Kolb:* Einige Texte zur Katastrophenhilfe im 11. Jahrhundert. Chinablätter 19 (1994), S. 41–62. *Suo Quanxing:* Henan Jiaozuo Baizhuang liuhao Hanmu. Kaogu 5 (1995), S. 296–402, Taf. 1. *Thomas O. Höllmann:* Ruinen der Zuversicht. Bemerkungen zur Architektur in Guangzhou während der Han-Dynastie. In: Shing Müller, Thomas O. Höllmann, Putao Gui (Hg.): Guangdong. Archaeology and Early Texts. Wiesbaden 2004, S. 81–100.

Abbildung *Hunan sheng bowuguan & Zhongguo kexueyuan kaogu yanjiusuo:* Changsha Mawangdui yihao Hanmu. Beijing 1973, Bd. 2, S. 151.
Zitat (1) Liji (Kap. Neice). Dai Sheng (1. Jh. v. Chr.) zugeschrieben, vermutlich aber erst gegen Ende des 2. Jh. n. Chr. kompiliert.
Weiterführende Literatur *Nancy Lee Swann:* Food and Money in Ancient China. The Earliest Economic History of China to A.D. 25. New York 1974. *Chang Kwang-chih (Hg.):* Food in Chinese Culture. Anthropological and Historical Perspectives. New Haven 1977. *Hunan Nongxueyuan et al.:* Changsha Mawangdui yihao Hanmu chutu dongzhiwu biaoben de yanjiu. Beijing 1978. *Hsu Cho-yun:* Han Agriculture. The Formation of Early Chinese Agrarian Economy. Seattle 1980. *Michèle Pirazzoli-t'Serstevens:* China zur Zeit der Han-Dynastie. Kultur und Geschichte. Stuttgart 1982. *David R. Knechtges:* A Literary Feast. Food in Early Chinese Literature. Journal of the American Oriental Society 106 (1986), S. 49–63. *Eugene N. Anderson:* The Food of China. New Haven 1988. *Fu Juyou & Chen Songchang:* Mawangdui Hanmu wenwu. Changsha 1991. *Li Hu:* Han Tang yinshi wenhuashi. Beijing 1997. *Huang Hsing-tsung:* Fermentations and Food Science. Bd. 6.5 von Joseph Needham (Hg.): Science and Civilisation in China. Cambridge 2000.

Abbildung *Hebei sheng wenwu yanjiusuo:* Xuanhua Liaomu. Beijing 2001, Bd. 2, Taf. 26.
Zitate (1) Chalu (Kap. 1). 1051 verfaßt von Cai Xiang. (2) Zoubi xie Meng yongyi xin cha des Lu Tong. Verfaßt 835 oder kurz davor. Zitiert nach Yuchuanzi shiji. Taibei 1967, S. 8.
Weiterführende Literatur *Rudolf F. Temming:* Vom Geheimnis des Tees. Dortmund 1983. *Zhu Chongsheng:* Beisong cha zhi shengchan yu jingying. Taibei 1985. *Zhang Hongyong:* Cha yi. Taibei 1987. *Henry Hobhouse:* Fünf Pflanzen verändern die Welt. Stuttgart 1987. *Liu Zhaorui:* Zhongguo gudai yincha yishu. Taibei 1989. *Wang Congren:* Yuquan qingming. Zhongguo cha wenhua. Shanghai 1991. *John C. Evans:* Tea in China. The History of China's National Drink. New York 1992. *Zhu Zizhen:*

Zhongguo cha wenhua shi. Taibei 1995. *Tsao Hsingyuan:* Differences Preserved. Reconstructed Tombs from the Liao and Song Dynasties. Seattle 2000. *Hebei sheng wenwu yanjiusuo:* Xuanhua Liaomu bihua. Beijing 2001. *Huang Hsing-tsung:* Fermentations and Food Science. Bd. 6.5 von Joseph Needham (Hg.): Science and Civilisation in China. Cambridge 2000. *Wang Ling:* Chinese Tea Culture. Beijing 2002. *John Kieschnick:* The Impact of Buddhism on Chinese Material Culture. Princeton 2003. *Liu Jingwen:* Zhongguo chashi. Taiyuan 2004.

24 Abbildung *Yu Weichao (Hg.):* Huaxia zhi lu. Beijing 1997, Bd. 3, S. 287.
Zitate (1) Heyin jiu des Su Shi. 1092 verfaßt. Zit. n. Songbo xuji. Shanghai 1936, S. 7b. (2) Yuexia duzhuo des Li Bo. Vermutlich 744 verfaßt. Zit. n. Li Taibo quanji. Beijing 1977, Bd. 2, S. 1062.
Weiterführende Literatur *Jacques Gernet:* Daily Life on the Eve of the Mongol Invasion 1250–1276. Stanford 1962. *Chang Kwang-chih (Hg.):* Food in Chinese Culture. Anthropological and Historical Perspectives. New Haven 1977. *Helwig Schmidt-Glintzer:* Zum Thema Wein und Trunkenheit in der chinesischen Literatur. Zeitschrift der Deutschen Morgenländischen Gesellschaft Supplement 5 (1982), S. 362–375. *Brigitte Kölla:* Weinhäuser in der Östlichen Hauptstadt. Übersetzung und Interpretation eines Kapitels aus Dongjing meng Hua lu von Meng Yuanlao. Asiatische Studien 39 (1985), S. 81–95. *Jochen Kandel:* Das chinesische Brevier vom weinseligen Leben. Heitere Gedichte, beschwingte Lieder und trunkene Balladen der großen Poeten aus dem Reich der Mitte. Bern 1985. *He Manzi:* Zuixiang riyue. Zhongguo jiu wenhua. Shanghai 1991. *Liu Liangyou:* Taoci. Song, Yuan, Ming, Qing. Taibei 1992. *Michael Fishlen:* Wine, Poetry and History. Du Mu's «Pouring Alone in the Prefectural Residence». T'oung Pao 80 (1994), S. 260–297. *Huang Hsin-tsung:* Fermentation and Food Science. Bd. 6.5 von Joseph Needham (Hg.): Science and Civilisation in China. Cambridge 2000. *Michael Yang:* Stringless Zithers and Wineless Cups. A Comparative Perspective on Tao Yuanming and Su Dongpo. Asiatische Studien 60 (2006), S. 209–242.

25 Abbildung *Yin Shengping & Han Wei (Hg.):* Tang mu bihua jijin. Xi'an 1991, S. 163 (Kopie von Zhang Hongxiu).
Zitat (1) Zhou yi zheng yi (Kap. 8). In der ersten Hälfte des 7. Jh. von Kong Yingda verfaßter Kommentar zum Yijing.
Weiterführende Literatur *Alide Eberhard:* Die Mode der Han- und Chin-Zeit. Antwerpen 1946. *Howard S. Levy:* Chinese Footbinding. The History of a Curious Erotic Custom. New York 1966. *Harada Yoshito:* Kan Rikuchō no fukushoku. Tokyo 1967. *Zhou Xun & Gao Chunming:* Zhongguo fushi wuqian nian. Hong Kong 1984. *Gao Chunming et al.:* Fünftausend Jahre chinesische Mode. Fribourg 1985. *Dieter Kuhn:* Textile Technology. Spinning and Reeling. Bd. 9.5 von Joseph Needham (Hg.): Science and Civilisation in China. Cambridge 1988. *Valery M. Garrett:* Chinese Clothing. An Illustrated Guide. Oxford 1994. *Wang Ping:* Aching for Beauty. Footbinding in China. Minneapolis 2000. *Dorothy Ko:* Bondage in Time. Footbinding and Fashion Theory. In: Rey Chow (Hg.): Modern Chinese Literary and Cultural Studies in the Age of Theory. Durham 2000, S. 199–226. *Gao Chunming (Hg.):* Zhongguo fushi mingwukao. Shanghai 2001. *Chang Shanuo:* Zhongguo zhixiu fushi quanji. Tianjin 2004. *Zhao Feng:* Zhongguo sichou tongshi. Su-

zhou 2005. *Chung Yong Yang:* Silken Threads: A History of Embroidery in China, Korea, Japan, and Vietnam. New York 2005. *Zhao Feng:* Zhongguo sichou yishushi. Beijing 2005.

26

Abbildung *Duan Weijie (Hg.):* Dunhuang shiku yishu. Mogao ku di 154 ku fu di 231 ku (Zhong Tang). Nanjing 1994, S. 158.

Zitate (1) Unbetiteltes Gedicht des Hanshan, vermutlich 7. Jh. Zit. n. Hanshanzi shiji. Beijing 1929, S. 23b. (2) Shanzaixing des Cao Pi. Um 210 verfaßt. Enthalten im 531 kompilierten Wenxuan (Kap. 27) des Xiao Tong. (3) Hanshu (Kap. 75). Bis ca. 115 kompiliert von Ban Biao, Ban Gu und Ban Zhao. (4) Huainanzi (Kap. 8). Liu An zugeschrieben, vermutlich um 140 v. Chr. von Gelehrten aus seinem Umfeld kompiliert.

Weiterführende Literatur *Anil de Silva:* Chinesische Landschaftsmalerei am Beispiel der Höhlen von Tun-huang. Baden-Baden 1964. *Stephan Schuhmacher:* Han Shan. 150 Gedichte vom Kalten Berg. Düsseldorf 1977. *Michael Sullivan:* Symbols of Eternity. The Art of Chinese Landscape Painting. Stanford 1979. *Ders.:* Chinese Landscape Painting. The Sui and T'ang-Dynasties. Berkeley 1980. *Herbert Franke:* Geschichte und Natur. Betrachtungen eines Asien-Historikers. In: Hubert Markl (Hg.): Natur und Geschichte. München 1983, S. 51–69. *Wolfgang Kubin:* Der durchsichtige Berg. Die Entwicklung der Naturanschauung in der chinesischen Literatur. Stuttgart 1985. *Han Pao-teh:* External Forms and Internal Visions. The Story of Chinese Landscape Design. Taibei 1992. *Donald Holzman:* Landscape Appreciation in Ancient and Early Medieval China. Taibei 1996. *Mark Elvin (Hg.):* Sediments of Time. Environment and Society in Chinese History. Cambridge 1998. *Gudula Linck:* Naturverständnis im vormodernen China. In: Rolf Peter Sieferle & Helga Breuninger (Hg.): Natur-Bilder. Wahrnehmungen von Natur und Umwelt in der Geschichte. Frankfurt a. M. 1999, S. 73–116. *Tong Yuzhe:* Zhongguo jingyuan jianzhu tujie. Beijing 2001. *Mark Elvin:* The Retreat of the Elephants. An Environmental History of China. Cambridge 2004.

27

Abbildung *Fu Juyou & Chen Songchang:* Mawangdui Hanmu wenwu. Changsha 1992, S. 152 (Ausschnitt).

Zitat Guanzi (Kap. 28). Guan Zhong (7. Jh. v. Chr.) zugeschrieben, vermutlich aber nicht vor dem 2. Jh. v. Chr. kompiliert.

Weiterführende Literatur *Shih Sheng-han:* A Preliminary Survey of the Book Ch'i Min Yao Shu. An Agricultural Encyclopaedia of the 6th Century. Beijing 1958. *Joseph Needham (Hg.):* Science and Civilisation in China. Cambridge 1970–2006. *Edward H. Schafer:* Pacing the Void. T'ang Approaches to the Stars. Berkeley 1977. *Qian Baozong:* Zhongguo shuxue shi. Beijing 1981. *Hermann Kogelschatz:* Bibliographische Daten zum frühen mathematischen Schrifttum Chinas im Umfeld der «Zehn mathematischen Klassiker». München 1981. *Du Shiran et al. (Hg.):* Ancient China's Technology and Science. Beijing 1983. *Li Yan & Du Shiran (Hg.):* Chinese Mathematics. A Concise History. Oxford 1987. *Robert K. G. Temple:* Das Land der fliegenden Drachen. Chinesische Erfindungen aus vier Jahrtausenden. Bergisch Gladbach 1990. *John Brian Harley & David Woodward (Hg.):* The History of Cartography. Traditional East and Southeast Asian Societies. Chicago 1994. *Nathan Sivin:* Science in Ancient China. Researches and Reflections. London 1995. *Richard J.*

Smith: Chinese Maps. Images of ‹All Under Heaven›. Hong Kong 1996. *Christopher Cullen:* Astronomy and Mathematics in Ancient China. The Zhou bi suanjing. Cambridge 1996. *Jean-Claude Martzloff:* Euclid in China. Monumenta Serica 47 (1999), S. 479–488. *Yoke Peng Ho:* Chinese Mathematical Astrology. Reaching out to the Stars. London 2003. *Zhou Hanguang:* Liuchao keji. Nanjing 2003. *Wu Qichang:* Jinwen lishuo shuzheng. Beijing 2004.

28 Abbildung *Dieter Kuhn:* Chinas goldenes Zeitalter. Die Tang-Dynastie (618–907 n. Chr.) und das kulturelle Erbe der Seidenstraße. Heidelberg 1993, S. 149.
Zitat (1) Vorwort des Li Qian zum Shoushi li, einem 1282 veröffentlichten Kalender. Enthalten im Guochao wenlei (Kap. 9) des Su Tianjue von 1337.
Weiterführende Literatur *Liu Shu-hsien:* Time and Temporality. The Chinese Perspective. Philosophy East and West 24 (1974), S. 145–153. *James T. C. Liu.* Time, Space, and Self in Chinese Poetry. Chinese Literature. Essays, Articles, Reviews 1 (1979), S. 137–156. *Philip Rawson:* Tao. The Chinese Philosophy of Time and Change. London 1979. *Helwig Schmidt-Glintzer:* Zeitbewußtsein im älteren China. In: Manfred Horvat (Hg.): Das Phänomen Zeit. Wien 1984, S. 123–141. *Joseph Needham:* Heavenly Clockwork. Cambridge 1986. *Robert M. Somers:* Time, Space, and Structure in the Consolidation of the T'ang Dynasty. Journal of Asian Studies 45 (1986), S. 971–994. *Antonio Forte:* Mingtang and Buddhist Utopias in the History of the Chinese Clock. The Tower, Statue and Armillary Sphere Constructed by Empress Wu. Rom 1988. *Günter Appoldt:* Zeit- und Lebenskonzepte in China. Eine Untersuchung lebenszeitbezogener Vorstellungen und Handlungsstrategien im vormodernen China anhand einiger ausgewählter autobiographischer Texte. Frankfurt a. M. 1992. *Endymion Wilkinson:* Chinese History. A Manual. Cambridge (Mass.) 1998. *Thomas O. Höllmann:* Vom rechten Augenblick. Zeitkonzepte in China. Universitas 654 (2000), S. 1191–1199. *Yuan Jin-mei:* The Role of Time in the Structure of Chinese Logic. Philosophy East and West 56 (2006), S. 136–152.

29 Abbildung *Jutta Frings (Hg.):* Xi'an. Kaiserliche Macht im Jenseits. Grabfunde und Tempelschätze aus Chinas alter Hauptstadt. Mainz 2006, S. 141.
Zitate (1) Auf die Jahre 221 und 210 v. Chr. zurückgehende Inschriften auf den abgebildeten Objekten. (2) Steleninschrift vom Berg Langye. Nach einer Abreibung in Martin Kern: The Stele Inscriptions of Ch'in Shi-huang. Text and Ritual in Early Chinese Imperial Representation. New Haven 2000, S. 24. (3) Eingabe des Jia Yi. Zit. in Kap. 24 des Hanshu (bis ca. 115 kompiliert von Ban Biao, Ban Gu und Ban Zhao).
Weiterführende Literatur *Michael Loewe:* The Measurement of Grain during the Han Period. T'oung Pao 49 (1961), S. 64–95. *Joseph Needham:* Science and Civilisation in China. Cambridge 1970, Bd. 2, 4.2. *Nancy Lee Swann:* Food and Money in Ancient China. The Earliest Economic History of China to A.D. 25. New York 1974, S. 235, 360–365. *A. F. P. Hulsewé:* Weights and Measures in Ch'in Law. In: Dieter Eikemeier & Herbert Franke: State and Law in East Asia. Wiesbaden 1981, S. 25–39. *Derk Bodde:* The State and Empire of Ch'in. In: Denis Twitchett & Michael Loewe (Hg.): The Cambridge History of China. Bd. 1, The Ch'in and Han Empires. Cambridge 1986, S. 20–102. *Yu Weichao:* Qin liang – Qin quan. In:

Xia Nai et al. (Hg.): Zhongguo da baike quanshu. Bd. 15, Kaoguxue. Shanghai 1986, S. 393–394. *Lothar Ledderose & Adele Schlombs (Hg.):* Jenseits der großen Mauer. Der Erste Kaiser von China und seine Terrakotta-Armee. Gütersloh 1990. *Qiu Guangming et al.:* Zhongguo gudai duliangheng lunwenji. Zhengzhou 1990. *William H. Nienhauser (Hg.):* The Grand Scribe's Records. Bloomington 1994. *Hans Ulrich Vogel:* Aspects of Metrosophy and Metrology during the Han Period. Extrême-Orient, Extrême-Occident 16 (1994), S. 135–151. *Yu Weichao (Hg.):* Huaxia zhi lu. Beijing 1997. *Qiu Guangming:* Jiliang shi. Changsha 2002. *Ulrich Theobald & Hans Ulrich Vogel:* Chinese, Japanese and Western Research in Chinese Historical Metrology. A Classified Bibliography (1925–2002). Tübingen 2004.

30

Abbildung *Yu Weichao (Hg.):* Huaxia zhi lu. Beijing 1997, Bd. 2, S. 83.

Zitate (1) Hanshu (Kap. 23), bis ca. 115 kompiliert von Ban Biao, Ban Gu und Ban Zhao. (2) Im ausgehenden 3. Jh. v. Chr. auf Bambustäfelchen geschriebener Rechtstext aus Shuihudi. Wiedergegeben in: Yu Haoliang et al (Hg.): Shuihudi Qinmu zhujian. Beijing 1990. Fengzhenshi 2, S. 69, 147–148. (3) Edikt des Kaisers Gaozu aus dem Jahre 200 v. Chr. Zit. in Hanshu (Kap. 23), vgl. (1).

Weiterführende Literatur *Noburu Niida:* Tōsō hōritsu bunsho no kenkyū. Tokyo 1938. *Karl Bünger:* Quellen zur Rechtsgeschichte der T'ang-Zeit. Beijing 1946. *Harro von Senger:* Kaufverträge im traditionellen China. Zürich 1970. *Wallace Johnson:* The T'ang Code. Princeton 1979–1997. *Oskar Weggel:* Chinesische Rechtsgeschichte. Leiden 1980. *Brian E. McKnight:* The Quality of Mercy. Amnesties and Traditional Chinese Justice. Honolulu 1981. *Peter Seidel:* Studien zur Rechtsgeschichte der Sung-Zeit. Übersetzung und Kommentierung des ersten Strafrechtskapitels aus den Sung-Annalen. Frankfurt a. M. 1983. *Antony F. P. Hulsewé:* Remnants of Ch'in Law. An Annotated Translation of the Ch'in Legal and Administrative Rules of the 3rd Century B.C. Discovered in Yün-meng Prefecture, Hu-pei Province, in 1975. Leiden 1985. *Robert Heuser:* Das Rechtskapitel im Jin-Shu. Ein Beitrag zur Kenntnis des Rechts im frühen chinesischen Kaiserreich. München 1987. *Zhang Jinfan:* Zhongguo gudai falü zhidu. Beijing 1992. *Gao Heng:* Qin Han fazhi lunkao. Xiamen 1994. *William P. Alford:* To Steal a Book Is an Elegant Offense. Intellectual Property Law in Chinese Civilization. Stanford 1995. *Liu Yongping:* Origins of Chinese Law. Penal and Administrative Law in its Early Development. Hong Kong 1998. *Ulrich Lau:* Die Rekonstruktion des Strafprozesses und die Prinzipien der Strafzumessung zu Beginn der Han-Zeit im Lichte des Zouyanshu. In: Reinhard Emmerich & Hans Stumpfeldt (Hg.): Und folge nun dem, was mein Herz begehrt. Hamburg 2002, S. 343–395. *Cao Lüning:* Zhangjiashan Han lü yanjiu. Beijing 2005.

31

Abbildung *Yang Xiaoneng:* New Perspectives on China's Past. Chinese Archaeology in the 20th Century. New Haven 2004, Bd. 2, S. 481.

Zitate (1) Yu jian zashu des Ye Mengde. Verfaßt im 11. Jh. (2) Huainanzi (Kap. 19). Liu An zugeschrieben, vermutlich um 140 v. Chr. von Gelehrten aus seinem Umfeld kompiliert. (3) Jie yao des Bo Juyi (Übersetzung mit Abweichung vom Reimschema). Verfaßt um 843. Zit. n. Bo Xiangshan ji. Shanghai 1933, Bd. 10, S. 77.

Weiterführende Literatur *Paul U. Unschuld:* Medizin in China. Eine Ideengeschichte. München 1980. *Paul U. Unschuld:* Introductory Readings in Classical

Chinese Medicine. Sixty Texts with Vocabulary and Translation, a Guide to Research Aids and a General Glossary. Dordrecht 1988. *He Zhiguo & Vivienne Lo:* The Channels. A Preliminary Examination of a Lacquered Figurine from the Western Han Period. Early China 21 (1996), S. 81–123. *Zeng Jinkun:* Zhongyi yu yangsheng. Taibei 1999. *Thomas O. Höllmann & He Zhiguo:* Die Eskorten der schwarzen Pferde. Zwei Gräber der früheren Han-Zeit aus der westchinesischen Provinz Sichuan. Antike Welt 6 (2000), S. 611–615. *Nathan Sivin:* Medicine. Bd. 6.6 von Joseph Needham (Hg.): Science and Civilisation in China. Cambridge 2000. *Zhang Yongfang:* Zhonghua yangsheng jingdian. Beijing 2005. *Vivienne Lo & Chrisopher Cullen:* Medieval Chinese Medicine. The Dunhuang Medical Manuscripts. London 2005. *Franz-Rudolph Schmidt:* The Textual History of the Materia Mediaca in the Han Period. T'oung Pao 92 (2006), S. 293–324.

32 **Abbildung** *Tan Chanxue (Hg.):* Dunhuang shiku quanji. Minsu hua juan. Hong Kong 1999, S. 74.
Zitate (1) Huayanjing (Kap. 11). Gegen Ende des 7. Jahrhunderts aus dem Sanskrit übertragen von Shikshananda et al. (2) Yezhongji (Kap. 1). Vermutlich um die Mitte des 4. Jh. verfaßt von Lu Hui. (3) Fayuan zhulin (Kap. 113). 668 verfaßt von Dao Shi. (4) Gui tian lu (Kap. 2). 1067 verfaßt von Ouyang Xiu.
Weiterführende Literatur *Edward H. Schafer:* The Development of Bathing Customs in Ancient and Medieval China and the History of the Floriate Palace. Journal of the American Oriental Society 76.2 (1956), S. 57–82. *Thomas Cleary:* The Flower Ornament Scripture. A Translation of the Avatamsaka Sutra. Boulder 1984. *Zhou Zuoren:* Übers Lesen auf dem Klo. Hefte für ostasiatische Literatur 11 (1991), S. 16–21. *Shing Müller:* Yehongji. Eine Quelle zur materiellen Kultur in der Stadt Ye im 4. Jahrhundert. München 1993. *Livia Kohn:* Daoist Monastic Discipline. Hygiene, Meals, and Etiquette. T'oung Pao 87 (2001), S. 153–193. *Zhao Shuangzhan & Zhao Linjuan:* Zhongguo gudai jianya yu yashua fazhan. Wenbo 3 (2005), S. 84–88. *Raimund Th. Kolb:* «Weder Laut noch Gestank und der Dämon verschwindet.» Ein kleiner historischer Blick auf den brauchtümlichen Umgang mit Latrinengöttern und -dämonen in China. In: Raimund Th. Kolb & Martina Siebert (Hg.): Über Himmel und Erde. Wiesbaden 2006, S. 229–259.

33 **Abbildung** *Yu Weichao (Hg.):* Huaxia zhi lu. Beijing 1997, Bd. 3, S. 67.
Zitate (1) Handschriftlicher Vertrag aus Dunhuang (Provinz Gansu) Vermutlich 9. Jh. Wiedergegeben in Jacques Gernet: Location de chameaux pour des voyages, à Touen-Houang. In: Yves Hervouet (Hg.), Mélanges de Sinologie offerts à Monsieur Paul Demiéville. Paris 1966–1974, Bd. 1, S. 48–49. (2) Fo guo ji (Kap. 1). Um 420 verfaßt von Faxian.
Weiterführende Literatur *James Legge:* A Record of Buddhist Kingdoms. Oxford 1886. *Edward H. Schafer:* The Camel in China down to the Mongol Dynasty. Sinologica 3 (1950), S. 165–194, 263–290. *Yang Fudou:* Shanxi Zhangzi Tang mu qingli jianbao. Kaogu tongxun 5 (1957), S. 53–57, Taf. 10. *Joseph Needham & Wang Ling & Lu Gwei-djen:* Civil Engineering and Nautics. Bd 4.3 von Joseph Needham (Hg.): Science and Civilisation in China. Cambridge 1971. *James M. Hargett:* On the Road in Twelfth Century China. The Travel Diaries of Fan Chengda (1126–1193). Stuttgart 1989. *Gerd Naundorf:* Die Seidenstraße und ihre historische Dimension. In:

Dieter Kuhn (Hg.): Chinas goldenes Zeitalter. Heidelberg 1993, S. 52–79. *Wang Zijin:* Qin Han jiaotong shigao. Beijing 1994. *Elfriede Knauer:* The Camel's Load in Life and Death. Zürich 1998. *Wu Xinhua:* Tulufan Tangdai jiaotong luxian de kaocha yu yanjiu. Qingdao 1999. *Bill Cooke:* Imperial China. The Art of the Horse in Chinese History. Lexington 2000. *Thomas O. Höllmann:* Die Seidenstraße. München 2004. *Rolf Peter Sieferle & Helga Breuninger (Hg.):* Transportgeschichte im internationalen Vergleich. Europa – China – Naher Osten. Stuttgart 2004.

34

Abbildung *Wang Renbo (Hg.):* Qin Han wenhua. Shanghai 2001, S. 275.

Zitate (1) Shiming (Kap. 25). Um 100 kompiliert von Liu Xi. (2) Pingzhou ketan (Kap. 2). 1119 verfaßt von Zhu Yu.

Weiterführende Literatur *Joseph Needham et al.:* Physics and Physical Technology. Bd. 4.1 (u. a. Kompaß) u. 4.2 (u. a. Nautik) von Joseph Needham: Science and Civilisation in China. Cambridge 1970/71. *Andrew Watson (Hg.):* Transport in Transition. The Evolution of Traditional Shipping in China. Ann Arbor 1972. *Hermann Müller-Karpe (Hg.):* Zur geschichtlichen Bedeutung der frühen Seefahrt. München 1982. *Peter Wieg:* Chinesische See-Dschunken. Bielefeld 1984. *Gert Koch (Hg.):* Boote aus aller Welt. Berlin 1984. *Wang Saishi:* Lun Tangdai de zaochuanye. Zhongguo shi yanjiu 78 (1988), S. 70–78. *Robert K. G. Temple:* Das Land der fliegenden Drachen. Chinesische Erfindungen aus vier Jahrtausenden. Bergisch Gladbach 1990. *Chen Xiyu:* Zhongguo fanchuan yu haiwai maoyi. Xiamen 1991. *Guo Songyi & Zhang Zexian:* Zhongguo hangyun shi. Taibei 1997. *Mai Yinghao et al. (Hg.):* Guangzhou Qin Han kaogu san da faxian. Guangzhou 1999. *Xi Longfei:* Zhongguo zaochuan shi. Wuhan 2000. *Mai Yinghao & Feng Yongqi (Hg.):* Guangzhou wenwu kaogu ji. Guangzhou 2001. *Angela Schottenhammer:* Das songzeitliche Quanzhou im Spannungsfeld zwischen Zentralregierung und maritimem Handel. Stuttgart 2002. *Rolf Peter Sieferle & Helga Breuninger (Hg.):* Transportgeschichte im internationalen Vergleich. Europa – China – Naher Osten. Stuttgart 2004.

35

Abbildung *Tan Chanxue:* Dunhuang shiku quanji. Minsu hua juan. Hong Kong 1999, S. 43.

Zitate (1) Liu Mengde ji (Kap. 25). 808 verfaßt von Liu Yuxi. (2) Tanglü shuyi (§ 26). Kompiliert von Changsun Wuji et al., 653 in Kraft gesetzt. (3) Caozhuang yunyi (Kap. 4). 1274 verfaßt von Zhou Mi.

Weiterführende Literatur *Zhuang Jinqing:* Tang Chang'an cheng xishi yizhi fajue. Kaogu 5 (1961), S. 248–250. *Ma Dezhi:* Tangdai Chang'an cheng kaogu jilue. Kaogu 11 (1963), S. 595–611. *Satō Taketoshi:* Tōdai no shisei to kō. Tokuni Chōan wo chūshin to shite. Tōyōshi kenkyū 25.3 (1966), S. 275–302. *Denis Twitchett:* The T'ang Market System. Asia Major II, 12 (1966), S. 202–248. *Shiba Yoshinobu:* Commerce and Society in Sung China. Ann Arbor 1970. *Mark Elvin:* The Pattern of the Chinese Past. Stanford 1973. *John Winthrop Haeger:* Crisis and Prosperity in Sung China. Tucson 1975. *Wallace Johnson:* The T'ang Code. 2 Bde., Princeton 1979–1997. *Fu Zongwen:* Songdai cao shi zhen yanjiu. Fuzhou 1988. *Thomas Thilo:* Chang'an. Metropole Ostasiens und Weltstadt des Mittelalters 583–904. 2 Bde., Wiesbaden 1997–2006. *Victor Cunrui Xiong:* Sui-Tang Chang'an. A Study in the Urban History of Medieval China. Ann Arbor 2000. *Étienne de la Vaissière:* Sogdian Traders. A History. Leiden 2005.

36   *Abbildung* Cheng Yisheng (Hg.): Anji wenwu jinghua. Beijing 2003, S. 109.
Zitat Songshi (Kap. 440). Bis 1345 kompiliert von Tuo Tuo.
Weiterführende Literatur Yang Lien-sheng: Money and Credit in China. A Short History. Cambridge (Mass.) 1952. *Volker Zedelius (Hg.):* Geld aus China. Köln 1982. *Liu Jucheng:* Zhongguo gu qian pu. Beijing 1989. *Hua Guangpu:* Zhongguo gudai qian mulu. Changsha 1993. *Liu Sen:* Song Jin zhibi shi. Beijing 1993. *Peng Xinwei:* A Monetary History of China. Bellingham 1994. *Susan N. Erickson:* Money Trees of the Eastern Han Dynasty. Bulletin of the Museum of Far Eastern Antiquities 66 (1994), S. 5–116. *Dieter Kuhn & Ina Asim (Hg.):* Beamtentum und Wirtschaftspolitik in der Song-Dynastie. Heidelberg 1995. *Richard von Glahn:* Fountain of Fortune. Money and Monetary Policy in China, 1000–1700. Berkeley 1996. *Zhang Hongming:* Qianbi. Hefei 1997. *Jonathan Karam Skaff:* Sasanian and Arab-Sasanian Silver Coins from Turfan. Asia Major III, 11.2 (1998), S. 67–116. *Du Weishan:* Banliang kao. 2 Bde., Shanghai 2000. *Wilfried Seipel (Hg.):* Geld aus China. Wien 2003. *François Thierry:* Monnaies chinoises. Des Qin aux Cinq Dynasties. Paris 2003. *Wu Shuguo:* Min zhi tonghuo. Lidai huobi liubian. Changchun 2004. *Joachim Krüger:* Streifzüge durch die Sinonumismatik und angrenzende Sammelgebiete. Berlin 2005.

37   *Abbildung* Yu Weichao (Hg.): Huaxia zhi lu. Beijing 1997, Bd. 3, S. 115 (Ausschnitt).
Zitate (1) Jiu Tangshu (Kap. 198). Bis 945 kompiliert von Liu Xu. (2) Qingyuan tiaofa shilei (Kap. 78). Bis 1202 kompiliert von Xie Shenfu et al.
Weiterführende Literatur Edward H. Schafer: The Golden Peaches of Samarkand. A Study of T'ang Exotics. Berkeley 1963. *Werner Eichhorn:* Bestimmungen für Tributgesandtschaften der Sung-Zeit. Zeitschrift der Deutschen Morgenländischen Gesellschaft 114 (1964), S. 382–390. *Yü Ying-shih:* Trade and Expansion in Han China. A Study of Sino-Barbarian Economic Relations. Berkeley 1967. *John King Fairbank (Hg.):* The Chinese World Order. Traditional China's Foreign Relations. Cambridge (Mass.) 1968. *Herbert Franke:* Diplomatic Missions of the Sung State. Canberra 1981. *Morris Rossabi (Hg.):* China among Equals. The Middle Kingdom and its Neighbors, 10th–14th Centuries. Berkeley 1983. *Hans Bielenstein:* The Six Dynasties. Embassies. Bulletin of the Museum of Far Eastern Antiquities 69 (1997), S. 79–124. *Sen Tansen:* Buddhism, Diplomacy, and Trade. The Realignment of Sino-Indian Relations, 600–1400. Honolulu 2003. *Hans Bielenstein:* Diplomacy and Trade in the Chinese World 589–1276. Leiden 2005.

38   *Abbildung* Sun Jianhua et al. (Hg.): Qidan wangchao. Nei Menggu Liaodai wenwu jinghua. Beijing 2002, S. 155.
Zitat (1) Song Huiyao (Kap. 9.44). Aus den überlieferten Dokumenten kompiliert von Xu Song et al. 1809.
Weiterführende Literatur Friedrich Hirth & William W. Rockhill: Chau Ju-kua. His Work on the Chinese and Arab Trade in the 12th and 13th Centuries, entitled Chu-fan-chi. St. Petersburg 1911. *Karl August Wittvogel & Feng Chia-sheng:* History of Chinese Society. Liao. Philadelphia 1949. *Sun Jianhua & Zhang Yu:* Liao Chenguo gongzhu fuma hezangmu fajue jianbao. Wenwu 11 (1987), S. 4–24, Taf. 1–8. *Ines Hennevogl:* Das Schiffahrtsamt in der Song-Zeit. In: Dieter Kuhn & Ina Asim (Hg.):

Beamtentum und Wirtschaftspolitik in der Song-Dynastie. Heidelberg 1995, S. 266–303. *Liu Yingsheng:* Silu wenhua. Haishang juan. Hangzhou 1995. *Dieter Kuhn:* Die Kunst des Grabbaus. Kuppelgräber der Liao-Zeit (907–1125). Heidelberg 1997. *Himanshu Prabha Ray:* The Archaeology of Seafaring in Ancient South Asia. Cambridge 2003. *Ralph Kauz:* Interaction on the Maritime Silk Road. From the Persian Gulf to the East China Sea. Wiesbaden 2006. *Roderich Ptak:* Die maritime Seidenstraße. München 2007.

39
Abbildung *Ma Chengyuan & Yue Feng:* Silu kaogu zhenpin. Shanghai 1998, S. 120.
Zitate (1) Jinshu (Kap. 113). 635 kompiliert von Fang Xuanling et al. (2) Lunheng (Kap. 12). 83 verfaßt von Wang Chong.
Weiterführende Literatur *Friedrich Hirth:* China and the Roman Orient. Researches into their Ancient and Medieval Relations as Presented in Old Chinese Records. Leipzig 1885. *Yü Ying-shih:* Trade and Expansion in Han China. A Study in the Structure of Sino-Barbarian Economic Relations. Berkeley 1967. *Xia Nai:* Jade and Silk of Han China. Kansas City 1983. *Dieter Kuhn:* Textile Technology. Spinning and Reeling. Bd. 9.5 von Joseph Needham (Hg.): Science and Civilisation in China. Cambridge 1988. *Zhang Tinghao (Hg.):* Famensi. Xi'an 1990. *Wilhelm Haussig:* Archäologie und Kunst der Seidenstraße. Darmstadt 1992. *Liu Yingsheng:* Silu wenhua. Caoyuan juan. Hangzhou 1995. *Feng Xianming et al.:* Zhongguo taoci shi. Beijing 1997. *Lu Jiaxi (Hg.):* Zhongguo kexue jishu shi. Taoci juan. Beijing 1998. *Zhao Feng & Yu Zhiyong (Hg.):* Legacy of the Desert King. Textiles and Treasures Excavated on the Silk Road. Hangzhou 2000. *Wang Binghua (Hg.):* The Ancient Corpses of Xinjiang. The Peoples of Ancient Xinjiang and their Culture. Urumqi 2002. *Zhao Feng (Hg.):* Recent Excavations of Textiles in China. Hangzhou 2002. *Rose Kerr & Nigel Wood:* Ceramic Technology. Bd. 5.12 von Joseph Needham (Hg.): Science and Civilisation in China. Cambridge 2004. *Thomas O. Höllmann:* Die Seidenstraße. München 2004. *Susan Whitfield & Ursula Sims-Williams (Hg.):* The Silk Road. Trade, Travel, War, and Faith. London 2004. *Lin Meicun:* Sichou zhi lu kaogu shiwu jiang. Beijing 2006.

40
Abbildung *Li Jian (Hg.):* The Glory of the Silk Road. Art from Ancient China. Dayton 2003, S. 116.
Zitate Zeilen 5 und 6 der abgebildeten Handschrift.
Weiterführende Literatur *David Pankenier (Hg.):* On Script and Writing in Ancient China. Stockholm 1974. *Roger Goepper:* Shu-p'u. Der Traktat zur Schriftkunst des Sun Kuo-t'ing. Wiesbaden 1974. *Shen G. Y. Fu:* Traces of the Brush. Studies in Chinese Calligraphy. Yale 1977. *Günther Debon:* Grundbegriffe der chinesischen Schrifttheorie und ihre Verbindung zu Dichtung und Malerei. Wiesbaden 1978. *Whalen Lai:* Sinitic Speculations on Buddha-Nature. The Nirvāṇa School (420–589). Philosophy East and West 32.2 (1982), S. 135–150. *Suzanne Wen-Pu Yao:* Ostasiatische Schriftkunst. Berlin 1982. *Paul Fu-mien Yang:* Chinese Lexicology and Lexicography. A Selected and Classified Bibliography. Hong Kong 1985. *David Chien:* Lexicography in China. Bibliography of Dictionaries and Related Literature. Exeter 1986. *Komatsu Shigemi et al.:* Chinesische und japanische Kalligraphie aus zwei Jahrtausenden. Die Sammlung Heinz Götze, Heidelberg. München 1987. *Ma Xulun:* Shuowen jiezi yanjiu fa. Beijing 1988. *Jean François Billeter:* L'art chinois de

l'écriture. Genève 1989. *Léon L. Chang & Peter Miller:* Four Thousand Years of Chinese Calligraphy. Chicago 1990. *Ji Changhong & Wang Peizeng (Hg.):* Zhongguo gudai yuyan xuejia pingzhuan. Jinan 1992. *William G. Boltz:* The Origin and Early Development of the Chinese Writing System. New Haven 1994. *Marc Winter:* «... und Cang Jie erfand die Schrift». Ein Handbuch für den Gebrauch des Shuo Wen Jie Zi. Bern 1998. *Rolf Trauzettel:* Bild und Schrift oder auf welche Weise sind chinesische Schriftzeichen Embleme. In: Werner Stegmaier (Hg.): Zeichen-Kunst. Frankfurt a.M. 1999. *Hua Rende et al.:* Zhongguo shufa shi. 7 Bde., Nanjing 1999–2002. *Peter Zieme (Hg.):* Turfanforschung. Berlin 2002. *Nathalie Monnet:* Chine, l'empire du trait. Calligraphies et dessins du Ve au XIXe siècle. Paris 2004.

41
Abbildung *Ma Jianhua (Hg.):* Hexi jiandu. Chongqing 2003, S. 34.
Zitate (1) Zhuzi yulei (Kap. 10). Zhu Xi zugeschrieben, posthum 1270 von Li Jingde kompiliert. (2) Unbetiteltes Gedicht des Hanshan, vermutlich 7. Jh. Zit. n. Hanshanzi shiji. Beijing 1929, S. 33b.
Weiterführende Literatur *Tsien Tsuen-hsuin:* Written on Bamboo and Silk. The Beginnings of Chinese Books and Inscriptions. Chicago 1962. *Chan Hok-lam:* Control of Publishing in China, Past and Present. Canberra 1983. *Sören Edgren et al.:* Chinese Rare Books in American Collections. New York 1985. *Liu Kuo-chün & Cheng Ju-szu:* Die Geschichte des chinesischen Buches. Beijing 1988. *Frederick Mote & Chu Hung-lam:* Calligraphy and the East Asian Book. Boston 1989. *Susan Cherniack:* Book Culture and Textual Transmission in Sung China. Harvard Journal of Asiatic Studies 54 (1994), S. 5–125. *Luo Weiguo:* Fozang yu daozang. Shanghai 2001. *Ren Jiyu:* Zhongguo banben wenhua congshu. Fojing banben. Nanjing 2002. *Bernhard Führer (Hg.):* Zensur. Text und Autorität in China in Geschichte und Gegenwart. Wiesbaden 2003. *Günter Grönbold & Renate Stephan:* Die Worte des Buddha in den Sprachen der Welt. München 2005. *Cynthia J. Brokaw:* Printing and Book Culture in Imperial China. Berkeley 2005.

42
Abbildung *Sherman Lee (Hg.):* China. 5000 Years Innovation and Transformation in the Arts. New York 1998, S. 187.
Zitat Zhuzi yulei (Kap. 10). Zhu Xi zugeschrieben, posthum 1270 von Li Jingde kompiliert.
Weiterführende Literatur *Paul Pelliot:* Les débuts de l'imprimerie en Chine. Paris 1953. *Thomas F. Carter:* The Invention of Printing in China and its Spread Westward. New York 1955. *Luther C. Goodrich:* The Development of Printing in China and its Effect on the Renaissance under the Sung Dynasty. Journal of the Royal Asiatic Society, Hong Kong Branch 3 (1963), S. 36–43. *Tsien Tsuen-hsuin:* Paper and Printing. Bd. 5.1 von Joseph Needham (Hg.): Science and Civilisation in China. Cambridge 1985. *Li Qingzhi:* Gushu banben jianding yanjiu. Taibei 1986. *Sören Edgren:* Southern Song Printing at Hangzhou. Bulletin of the Museum of Far Eastern Antiquities 61 (1989), S. 1–212. *Luo Shubao:* Zhongguo gudai yinshua shi. Beijing 1993. *Denis Twitchett:* Druckkunst und Verlagswesen im mittelalterlichen China. Wiesbaden 1994. *Peter Wiedehage:* Das Meihua xishen pu des Song Boren aus dem 13. Jahrhundert. Ein Handbuch zur Aprikosenblüte in Bildern und Gedichten. Nettetal 1995. *Li Zhizhong:* Gushu banben jianding. Beijing 1997. *Luo Shubao (Hg.):* An Illustrated History of Printing in Ancient China. Hong Kong 1998.

Su Bai: Tang Song shiqi de diaoban yinshua. Beijing 1999. *Qian Cunxun:* Zhongguo zhi he yinshua wenhua shi. Guilin 2004.

43

Abbildung *Margarete Prüch (Hg.):* Schätze für König Zhao Mo. Das Grab des Königs von Nan Yue. Heidelberg 1998, S. 215.
Zitate (1) Qimin yaoshu (Kap. 9–91). Um 540 kompiliert von Jia Sixie. (2) Dito: Kap. 9–90. (3) Mopu fashi (Kap. 1). Um 1095 verfaßt von Li Xiaomei. (4) Dito: 2. Vorwort.
Weiterführende Literatur *Berthold Laufer:* History of Ink in China. In: Frank B. Wiborg (Hg.): Printing Ink. A History. New York 1926, S. 1–52. *Shih Sheng-han:* A Preliminary Survey of the Book Ch'i min yao shu. An Agricultural Encyclopedia of the 6th Century. Beijing 1958. *Herbert Franke:* Kulturgeschichtliches über die chinesische Tusche. München 1962. *Tsien Tsuen-hsuin:* Written on Bamboo and Silk. The Beginnings of Chinese Books and Inscriptions. Chicago 1962. *J. Winter:* Preliminary Investigations on Chinese Ink in Far Eastern Paintings. Advances in Chemistry 138 (1975), S. 207–225. *Tsien Tsuen-hsuin:* Paper and Printing. Bd. 5.1 von Joseph Needham (Hg.): Science and Civilisation in China. Cambridge 1985. *Huang Guangnan (Hg.):* Lidai yantai zhan. Taibei 1997. *Chen Yan:* Tieyanzhai cang yan. Beijing 1998.

44

Abbildung *Han Wei & Zhang Jianling:* Shaanxi xin chutu Tang mu bihua. Zhongqing 1994, S. 112.
Zitate (1) Lidai minghua ji (Kap. 9) über den Maler Li Sixun. Angeblich 847 vollendet von Zhang Yanyuan, aber mit unklarer Überlieferungsgeschichte. (2) Shu Mojie shi Lantian yanyu tu. In der zweiten Hälfte des 11. Jh. verfaßt von Su Shi. Enthalten in dem um 1650 kompilierten Dongpo tiba (Kap. 5) des Mao Jin. (3) Tangchao minghua lu (Kap. 30). Um 845 kompiliert von Zhu Jingxuan.
Weiterführende Literatur *Otto Fischer:* Chinesische Landschaftsmalerei. Berlin 1943. *William R. B. Acker:* Some T'ang and Pre-T'ang Texts on Chinese Painting. 2 Bde., Leiden 1954–1974. *Michael Sullivan:* The Birth of Landscape Painting in China. London 1962. *Anil de Silva:* Chinesische Landschaftsmalerei am Beispiel der Höhlen von Tun-huang. Baden-Baden 1964. *Herbert Franke:* Die Geheimnisse der Landschaftsmalerei. Asiatische Studien 18–19 (1965), S. 19–30. *Sherman E. Lee:* Chinese Landscape Painting. New York 1977. *James Cahill:* Chinesische Malerei. Genf 1979. *Wang Bomin et al.:* Lidai huajia pingchuan. Bd. 1, Hong Kong 1979. *Michael Sullivan:* Symbols of Eternity. The Art of Landscape Painting in China. Stanford 1979. *James Cahill:* An Index of Early Chinese Painters and Paintings. T'ang, Sung, and Yüan. Berkeley 1980. *Michael Sullivan:* Chinese Landscape Painting. The Sui and T'ang Dynasties. Berkeley 1980. *Susan Bush:* Early Chinese Texts on Painting. Cambridge (Mass.) 1985. *Ge Lu:* Zhongguo gudai huihua lilun fazhanshi. Taibei 1987. *Jin Weinuo:* La peinture sous les Sui, les Tang et les Cinq Dynasties. Bruxelles 1988. *Yang Xin:* 3000 Years of Chinese Painting. New Haven 1997. *Li Hong (Hg.):* Zhongguo huihua quanji. Hangzhou 1997. *Valérie Melenfer Ortiz:* Dreaming the Southern Song Landscape. The Power of Illusion in Chinese Painting. Leiden 1999. *Minna Törmä:* Landscape Experience as Visual Narrative. Helsinki 2002. *Anna Pang:* Mountains and Streams. Chinese Landscape Painting. Victoria 2007.

45 **Abbildung** *James C. Y. Watt et al (Hg.):* China. Dawn of a Golden Age 200–750 AD. New York 2004, S. 333.
Zitate (1) Dianlun (Lunwen). Um 220 verfaßt von Cao Pi. Auszugsweise enthalten im 531 kompilierten Wenxuan (Kap. 42) des Xiao Tong. (2) Dito. (3) Wenxin diaolong (Kap. 40). Um 502 verfaßt von Liu Xie. (4) Dito (Kap. 48).
Weiterführende Literatur *David Knechtges:* Wen xuan, or Selections of Refined Literature. 3 Bde., Princeton 1982–1996. *Vincent Y. C. Shih:* The Literary Mind and the Carving of Dragons. A Study of Thought and Pattern in Chinese Literature. Hong Kong 1983. *Burton Watson:* The Columbia Book of Chinese Poetry From Early Times to the Thirteenth Century. New York 1984. *William H. Nienhauser (Hg.):* The Indiana Companion to Traditional Chinese Literature. 2 Bde, Bloomington 1986–1998. *Günther Debon:* Mein Haus liegt menschenfern, doch nah den Dingen. Dreitausend Jahre chinesische Poesie. München 1988. *Stephen Owen:* Readings in Chinese Literary Thought. Cambridge (Mass.) 1992. *Jens O. Petersen:* Which Books Did the First Emperor of Ch'in Burn? On the Meaning of Pai chia in Early Chinese Sources. Monumenta Serica 43 (1995), S. 1–52. *Wang Yunxi & Gu Yisheng (Hg.):* Zhongguo wenxue piping tongshi. 6 Bde., Shanghai 1996. *Helwig Schmidt-Glintzer:* Geschichte der chinesischen Literatur. München 1999. *Li Wenchu:* Han Wei Liuchao wenxue yanjiu. Guangzhou 2000. *Thomas Jansen:* Höfische Öffentlichkeit im frühmittelalterlichen China. Debatten im Salon des Prinzen Xiao Ziliang. Freiburg 2000. *Wolfgang Kubin (Hg.):* Geschichte der chinesischen Literatur. Bd. 1, 4, 5, München 2002–2006. *Zhou Jianzhong (Hg.):* Zhongguo gudai wenxueshi. 2 Bde., Nanjing 2003. *Volker Klöpsch & Eva Müller (Hg.):* Lexikon der chinesischen Literatur. München 2004. *Dong Zhi'an:* Liang Han wenxian yu liang Han wenxue. Shanghai 2005.

46 **Abbildung** *Fu Juyou & Chen Songchang:* Mawangdui Hanmu wenwu. Changsha 1991, S. 19.
Zitate (1) Epitaph des 184 verstorbenen Gao Biao. Zitiert im 1166 von Hong Gua kompilierten Li shi (Kap. 10). (2) Hanshu (Kap. 63). Bis ca. 115 kompiliert von Ban Biao, Ban Gu und Ban Zhao. (3) Shenxian zhuan (Kap. 2). Um 335 verfaßt, Ge Hong zugeschrieben.
Weiterführende Literatur *Michael Loewe:* Ways to Paradise. The Chinese Quest for Immortality. Boston 1979. *Ders.:* Chinese Ideas of Life and Death. London 1982. *Anna Seidel:* Geleitbrief an die Unterwelt. Jenseitsvorstellungen in den Graburkunden der späteren Han-Zeit. In: Gert Naundorf et al. (Hg.): Religion und Philosophie in Ostasien. Würzburg 1985. *Fu Juyou et al.:* Mawangdui Hanmu wenwu. Changsha 1991. *Wu Hung:* Art in a Ritual Context. Rethinking Mawangdui. Early China 17 (1992), S. 111–144. *K. E. Brashier:* Han Thanatology and the Division of «Souls». Early China 21 (1996), S. 125–158. *Yue Nan:* Xihan wang hun. Mawangdui Hanmu fajue zhi mi. Beijing 1998. *He Xiling:* Gu mu dan qing. Xi'an 2001. *Angela Schottenhammer (Hg.):* Auf den Spuren des Jenseits. Chinesische Grabkultur in den Facetten von Wirklichkeit, Geschichte und Totenkult. Frankfurt a. M. 2003.

47 *Abbildung* Stephen Little & Shawn Eichman: Taoism and the Arts of China. Chicago 2000, S. 170.
Zitate (1) Laozi bzw. Daodejing (Kap. 70). Lao Dan (angeblich 6. Jh. v. Chr.) zugeschrieben, aber frühestens im 4. Jh. kompiliert und später mehrfach überarbeitet. (2) Dito (Kap. 19). (3) Xuanmen shishi weiyi (Kap. 1). Von einem unbekannten Autor um die Mitte des 7. Jh. verfaßt.
Weiterführende Literatur *Richard Wilhelm:* Laotse. Tao te king. Düsseldorf 1957. *Gert Naundorf et al. (Hg.):* Religion und Philosophie in Ostasien. Würzburg 1985. *John Lagerwey:* Taoist Ritual in Chinese Society and History. New York 1987. *Claudius Müller & Wu Shun-chi (Hg.):* Wege der Götter und Menschen. Religionen im traditionellen China. Berlin 1989. *Yin Zhenhuan:* Boshu laozi shixi. Guiyang 1995. *Isabelle Robinet:* Geschichte des Taoismus. München 1995. *Thomas Cleary:* Practical Taoism. Boston 1996. *Stephen Bokenkamp:* Early Taoist Scriptures. Berkeley 1997. *Xu Dishan:* Daojiao shi. Shanghai 1999. *Livia Kohn:* Daoism Handbook. Leiden 2000. *Livia Kohn:* Daoist Monastic Discipline. Hygiene, Meals, and Etiquette. T'oung Pao 87 (2001), S. 153–193. *Wolfgang Bauer:* Geschichte der chinesischen Philosophie. Konfuzianismus, Daoismus, Buddhismus. München 2001. *Xiao Dengfu:* Daojiao yu minsu. Taibei 2002. *Hans Georg Möller:* Laozi. Freiburg 2003. *Russel Kirkland:* Taoism. The Enduring Tradition. New York 2004. *Glen Dudbridge:* Die Weitergabe religiöser Traditionen in China. München 2004. *Poul Anderson & Florian Reiter (Hg.):* Scriptures, Schools and Forms of Practice in Daoism. Wiesbaden 2005. *Qing Xitai & Tang Dahu:* Daojiao shi. Nanjing 2006.

48 *Abbildung* Xia Lu et al. (Hg.): Shanxi sheng bowuguan guancang wenwu jinghua. Taiyuan 1999, S. 66.
Zitate (1) Lunyu (Kap. 11). Konfuzius zugeschrieben. Vermutlich um 450, einige Jahrzehnte nach seinem Tod zusammengestellt, im 2. Jh. v. Chr. bearbeitet und ergänzt. (2) Shuoyuan (Kap. 17). Um 20 v. Chr. verfaßt von Liu Xiang. (3) Liji (Kap. Neice). Dai Sheng (1. Jh. v. Chr.) zugeschrieben, vermutlich aber erst gegen Ende des 2. Jh. n. Chr. kompiliert. (4) Eyu wen. 819 verfaßt von Han Yu. Zit. n. Han Changli quanji, Taibei 1963, Bd. 3, S. 748–749.
Weiterführende Literatur *Fung Yu-lan:* A Short History of Chinese Philosophy. Toronto 1948. *Werner Eichhorn:* Die alte chinesische Religion und das Staatskultwesen. Leiden 1976. *Richard Wilhelm:* Li Gi. Das Buch der Riten, Sitten und Gebräuche. Düsseldorf 1981. *Anne Cheng:* Etude sur le Confucianisme Han. L'élaboration d'une tradition exégétique sur les classiques. Paris 1985. *Rodney L. Taylor:* The Religious Dimensions of Confucianism. Albany 1990. *Ralf Moritz:* Die Philosophie im alten China. Berlin 1990. *Wang Baoxuan:* Xihan jingxue yuanliu. Taibei 1994. *Deborah Sommer (Hg.):* Chinese Religion. An Anthology of Sources. Oxford 1995. *Wu Yao-yü:* The Literati Tradition in Chinese Thought. Los Angeles 1995. *Heiner Roetz:* Konfuzius. München 1995. *Laurence G. Thompson:* Chinese Religion. An Introduction. Belmont 1996. *Wang Jian (Hg.):* Ruxue sanbai ti. Shanghai 2001. *Hans van Ess:* Der Konfuzianismus. München 2003. *Nicolas Zufferey:* To the Origins of Confucianism. The Ru in Pre-Qin Times and During the Early Han Dynasty. Bern 2003. *Lin Cunguang:* Lishi shang de Kongzi xingxiang. Jinan 2004. *Anthony C. Yu:* State and Religion in China. Historical and Textual Perspectives. Chicago 2005.

49 *Abbildung* Li Jian (Hg.): The Glory of the Silk Road. Art from Ancient China. Dayton 2003, S. 150.
Zitat Foguoji (Kap. 40 der später eingefügten Gliederung) des Faxian. Verfaßt um 420.
Weiterführende Literatur *Alexander C. Soper:* Literary Evidence for Early Buddhist Art in China. Ascona 1959. *Dietrich Seckel:* Kunst des Buddhismus: Werden, Wanderung und Wandlung. Baden Baden 1964. *Tsukamoto Zenryu:* A History of Early Chinese Buddhism. From its Introduction to the Death of Hui-yüan. Tokyo 1985. *Marsha Weidner (Hg.):* Latter Days of the Law: Images of Chinese Buddhism. Lawrence 1994. *Jacques Gernet:* Buddhism in Chinese Society: An Economic History from the 5th to the 10th Centuries. New York 1995. *Wang Changqi & Zhang Dahong:* Xi'an beijiao chutu Beizhou baishi Guanyin zaoxiang. Wenwu 11 (1997), S. 78–79. *Qi Zhixiang:* Fojiao meixue. Shanghai 1997. *Wu Feng (Hg.):* Han Tang zhijian de shijue wenhua yu wuzhi wenhua. Beijing 2003. *Jin Shen:* Fojiao meishu congkao. Beijing 2004.

50 *Abbildung* Luo Zhewen: Chinas alte Pagoden. Beijing 1994, S. 136.
Zitat Yu Gao Shi Xue Ju deng Ci'ensi futu [Gedicht über das Besteigen der Großen Wildganspagode]. 752 verfaßt von Cen Shen. Zit. n. Cen Shen ji jiaozhu, Shanghai 1979, S. 101.
Weiterführende Literatur *J. J. M. de Groot:* The Religious System of China. Leiden 1894–1910. *Ernst Boerschmann:* Die Baukunst und religiöse Kultur der Chinesen. Pagoden. Berlin 1931. *Stephan D. Feuchtwang:* An Anthropological Analysis of Chinese Geomancy. Vientiane 1974. *Heinrich Gerhard Franz:* Pagode, Turmtempel, Stupa. Studien zum Kultbau des Buddhismus in Indien und Ostasien. Graz 1978. *Stephen Skinner:* Chinesische Geomantie. Die gesamte Lehre des Feng-Shui. München 1983. *Kenneth J. de Woskin:* Doctors, Diviners, and Magicians of Ancient China. New York 1983. *Derek Walters:* Chinese Geomancy. Longmead 1989. *Achim Boßlet:* Fengshui. Tradition und Gegenwart. (Diss.) München 1999. *Yang Hong:* Han Tang kaogu he fojiao yishu. Beijing 2000. *Ru Jinghua (Hg.):* Ancient Chinese Architecture. Buddhist Buildings. Wien 2001. *Wu Hung (Hg.):* Han Tang zhijian de shijue wenhua yu wuzhi wenhua. Beijing 2003.

51 *Abbildung* Han Jinke (Hg.): Famensi. Xi'an 1994. S. 142.
Zitate (1) Manifest über die Knochen des Buddha. 819 verfaßt von Han Yu. Enthalten in Changli xiansheng ji (Kap. 39). (2) Song gaoseng zhuan (Kap. 11). 988 kompiliert von Zanning. (3) Eintrag vom 3. Monat des 4. Jahres der Regierungsdevise huichang (844) im Nittō guhō junrei kōku von Jikaku Daishi (Ennin).
Weiterführende Literatur *Jacques Gernet:* Les suicides par le feu chez les bouddhistes chinois du 5e au 10e siècle. Mélanges publiés par l'Institut des Hautes Etudes Chinoises 2 (1960), S. 527–558. *Edwin O. Reischauer:* Die Reisen des Mönchs Ennin. Neun Jahre im China des neunten Jahrhunderts. Stuttgart 1963. *Shi Xingbang:* Famensi digong zhenbao. Xi'an 1988. *Zhang Tinghao (Hg.):* Famensi. Xi'an 1990. *Nishiwaki Tsuneki:* Die Reliquienverehrung und ihre Beschreibung in den Mönchsbiographien. Monumenta Serica 40 (1992), S. 87–120. *François Louis:* Die Goldschmiede der Tang- und Song-Zeit. Bern 1999. *Silvia Ebner von Eschenbach:* Selbsttötung in China – eine ehrenvolle Todesart. Saeculum 52 (2001), S. 193–215 *John*

Kieschnick: The Impact of Buddhism on Chinese Material Culture. Princeton 2003. *John S. Strong:* Relics of the Buddha. Princeton 2004.

52

Abbildung *Rong Xinjiang & Zhang Zhiqing (Hg.):* Cong Samaergan dao Chang'an. Suteren zai Zhongguo de wenhua yiji. Beijing 2004, S. 64.
Zitat Auszug aus dem chinesischen Text des bilingualen Epitaphs, welcher an dem in einem Ausschnitt abgebildeten Sarkophag des Wirkak angebracht war.
Weiterführende Literatur *Chen Yuan:* Chen Yuan shixue lunzhuxuan. Shanghai 1981. *Donald Daniel Leslie:* Persian Temples in T'ang China. Monumenta Serica 35 (1983), S. 275–302. *Antonio Forte:* The Hostage An Shigao and His Offspring. Tokyo 1995. *Judith Lerner:* Central Asians in Sixth-Century China. A Zoroastrian Funerary Rite. Iranica Antiqua 30 (1995), S. 179–190. *Annette L. Juliano & Judith A. Lerner:* Monks and Merchants. Silk Road Treasures from Northwest China. New York 2000. *Xing Fulai et al.:* Xi'an Beizhou An Jia mu. Beijing 2003. *Frantz Grenet et al.:* Zoroastrian Scenes on a Newly Discovered Sogdian Tomb in Xi'an, Northern China. Studia Iranica 33 (2004), S. 273–284. *Étienne de la Vaissière & Éric Trombert (Hg.):* Les Sogdiens en Chine. Paris 2005. *Ning Lixin et al.:* Taiyuan Sui Yu Hong mu. Beijing 2005. *Judith Lerner:* The Funerary Practices and Furnishings of Central Asians in China. Philadelphia 2005.

53

Abbildung *Zhongguo Lishi Bowuguan & Xinjiang Weiwu'er Zizhiqu Wenwuju:* Tianshan gudao dong xi feng. Xinjiang sichou zhi lu wenwu teji. Beijing 2002, S. 101.
Zitate (1) Kitāb al-hayawān. Im 9. Jh. verfaßt von 'Amr ibn Bahr al-Jāhiz. Ausgabe Beirut 1969–1970, Bd. 1, S. 55. Zit. in Anlehnung an Konrad Kessler: Mani. Forschungen über die manichäische Religion. Berlin 1889, S. 366. (2) Xuting mishisuo jing. Entstanden um 638, Aluoben zugeschrieben.
Weiterführende Literatur *Saeki Yoshirō:* The Nestorian Documents and Relics in China. Tokyo 1951. *Samuel N. C. Lieu:* Manichaeism in the Later Roman Empire and Medieval China. A Historical Survey. Manchester 1985. *Helwig Schmidt-Glintzer:* Chinesische Manichaica. Mit textkritischen Anmerkungen und einem Glossar. Wiesbaden 1987. *Lin Wushu (Hg.):* Monijiao ji qi dongjian. Beijing 1987. *Chao Huashan:* New Evidence of Manichaeism in Asia: A Description of Some Recently Discovered Manichaean Temples in Turfan. Monumenta Serica 44 (1996), S. 267–315. *Ian Gillman & Hans-Joachim Klimkeit:* Christians in Asia before 1500. Ann Arbor 1999. *Richard C. Foltz:* Religions of the Silk Route: Overland Trade and Cultural Exchange from Antiquity to the 15th Century. Basingstoke 1999. *Wassilios Klein:* Das nestorianische Christentum an den Handelswegen durch Kyrgyzstan bis zum 14. Jahrhundert. Turnhout 2000. *Xinjiang Tulufan Diqu Wenwuju (Hg.):* Tulufan xinchu Monijiao wenxian yanjiu. Beijing 2000. *Nicolas Standaert (Hg.):* Handbook of Christianity in China. Bd. 1, Leiden 2001. *Li Tang:* A Study of the History of Nestorian Christianity in China and its Literature in Chinese. Frankfurt a. M. 2004. *Xu Longfei:* Die nestorianische Stele in Xi'an. Begegnung von Christentum und chinesischer Kultur. Bonn 2004.

54 **Abbildung** *Li Jian:* The Glory of the Silk Road. Art from Ancient China. Dayton 2003, S. 219.
Zitate (1) Pipa yin, 816 verfaßt von Bo Juyi. Zit. n. Bo Xiangshan ji. Shanghai 1934, Bd. 3, S. 49. (2) Jiu Tangshu (Kap. 199). Bis 945 kompiliert von Liu Xu. (3) Xunzi (Kap. 20). Um 240 v. Chr. verfaßt von Xun Qing.
Weiterführende Literatur *Martin Gimm:* Das Yüeh-fu Tsa-lu des Tuan An-chieh. Studien zur Geschichte von Musik, Schauspiel und Tanz in der T'ang-Dynastie. Wiesbaden 1966. *Laurence E. R. Picken:* T'ang Music and Musical Instruments. T'oung Pao 55 (1969), S. 74–122. *Burton Watson:* Courtier and Commoner in Ancient China. Selections from the History of the Former Han. New York 1974. *Helmut Wilhelm:* The Bureau of Music of Western Han. In: G. L. Ulmen (Hg.): Society and History. The Hague 1978. *Wu Zhao et al.:* Zhongguo gudai yuelu xuanji. Beijing 1981. *Yang Yinliu:* Zhongguo gudai yinyue shigao. Beijing 1981. *Kenneth J. DeWoskin:* A Song for One or Two. Music and the Concept of Art in Early China. Ann Arbor 1982. *Liao Fushu (Hg.):* Zhongguo gudai yinyue jianshi. Beijing 1982. *Liang Mingyue:* Music of the Billion. An Introduction to Chinese Musical Culture. New York 1985. *Fritz A. Kuttner:* The Archaeology of Music in Ancient China. New York 1990. *Käte Finsterbusch:* Darstellungen von Musikern auf Reliefs und Wandmalereien in Gräbern der Han- bis Sui-Zeit. Chinablätter 18 (1991), S. 3–64. *Lulu H. Chang:* From Confucius to Kublai Khan. Music and Poetics through the Centuries. Ottawa 1993. *Alan R. Thrasher:* Chinese Musical Instruments. Oxford 2000. *Jenny F. So (Hg.):* Music in the Age of Confucius. Seattle 2000. *Robert C. Provine et al. (Hg.):* The Garland Encyclopedia of World Music. Bd. 7, East Asia. China, Japan, and Korea. New York 2002. *François Picard:* La musique chinoise. Paris 2003. *Xiu Hailin:* Zhongguo gudai yinyue meixue. Fuzhou 2004. *Luciana Galliano:* Musiche dell'Asia orientale. Roma 2005. *Hans Bielenstein:* Diplomacy and Trade in the Chinese World, 589–1276. Leiden 2005.

55 **Abbildung** *Wang Renbo:* Qin Han wenhua. Shanghai 2001, S. 81.
Zitate (1) Brief des Cao Pi an Po Qin aus dem Jahre 217. Wiedergegeben im um 620 verfaßten Yiwen leiju (Kap. 43) des Ouyang Xun. (2) Jiu Tangshu (Kap. 29). Bis 945 kompiliert von Liu Xu. (3) Yuefu zalu (Kap. 12) des Duan Anjie. Verfaßt um 895.
Weiterführende Literatur *K. J. Hye-Kerkdal:* Tanz im alten China. Eine tanzkritische Untersuchung archäologischer Objekte aus der Prä-Han- bis T'angzeit. Archiv für Völkerkunde 16 (1961), S. 31–48. *Martin Gimm:* Das Yüeh-fu Tsa-lu des Tuan An-chieh. Studien zur Geschichte von Musik, Schauspiel und Tanz in der T'ang-Dynastie. Wiesbaden 1966. *Sun Jingzhen:* Zhongguo lidai wuzi. Shanghai 1982. *Peng Song & Wang Kefen & Dong Xijiu:* Zhongguo wudao shi. Beijing 1984. *Zhao Songguang (Hg.):* Zhongguo dabeike quanshu. Yinyue wudao. Beijing 1989. *Käte Finsterbusch:* Darstellungen von Musikern auf Reliefs und Wandmalereien in Gräbern der Han- bis Sui-Zeit. Chinablätter 18 (1991), S. 3–64. *Liu Enbo:* Zhongguo wudao wenwu tudian. Shanghai 2002. *Ulrike Middendorf:* Sängerinnen und Tänzerinnen der Han. Herkunft, Sozialstatus, Tätigkeiten. In: Jianfei Kralle & Dennis Schilling (Hg.): Schreiben über Frauen in China. Wiesbaden 2004, S. 149–252.

56   *Abbildung*   *Yu Weichao (Hg.):* Huaxia zhi lu. Beijing 1997, Bd. 2, S. 216.
Zitate (1) Xijingfu. Anfang des 2. Jh. verfaßt von Zhang Heng. Enthalten im 531 kompilierten Wenxuan (Kap. 2) des Xiao Tong. (2) Guliang zhuan (Kap. 19). Konfuzius zugeschrieben, vermutlich aber erst im 2. Jh. v. Chr. kompiliert. (3) Yinhua lu (Kap. 4) des Zhao Lin. Um 844 verfaßt.
Weiterführende Literatur *Wolfram Eberhard:* Chinese Festivals. London 1958. *Jacques Gernet:* Daily Life in China on the Eve of the Mongol Invasion. London 1962. *Patricia A. Berger:* Rites and Festivals in the Art of Eastern Han China. Berkeley 1980. *Wang Youpeng:* Sichuan Handai taoyong chulun. Sichuan wenwu 3 (1987), S. 4–10. *Derk Bodde:* Festivals in Classical China. Princeton 1975. *Donald Holzman:* The Cold Food Festival in Early Medieval China. Harvard Journal of Asiatic Studies 46 (1986), S. 51–80. *Li Shangyuan:* Zhongguo chuantong jieri qutan. Jinan 1989. *Lin Qingxuan:* Chuantong jieqing. Taibei 1999. *Stefan G. Möller:* Zur Rolle des Narren in der chinesischen Geschichte. Formen sublimer Herrscherkritik am Beispiel des Huang Fanchuo aus der Tang-Zeit. München 2000. *Julie Wilensky:* The Magical Kunlun and «Devil Slaves». Chinese Perceptions of Dark-skinned People and Africa before 1500. Philadelphia 2002. *Cui Mingxia:* Zhonghua nianjie. Beijing 2004. *Thomas Thilo:* Chang'an. Metropole Ostasiens und Weltstadt des Mittelalters. Bd. 2, Wiesbaden 2006.

57   *Abbildung*   *Yu Weichao (Hg.):* Huaxia zhi lu. Beijing 1997, Bd. 3, S. 182.
Zitate (1) Minghuang zalu (Kap. 1). 855 verfaßt von Zheng Chuhui. (2) Zizhi tongjian (Kap. 209). 1084 verfaßt von Sima Guang. (3) Fang bingcao huma shi. Vermutlich um 740 verfaßt von Du Fu. Zit. n. Qian zhu Du shi. Shanghai 1961, Bd. 1, S. 293.
Weiterführende Literatur *Eduard Erkes:* Das Pferd im alten China. T'oung Pao 36 (1942), S. 26–63. *Arthur Waley:* The Heavenly Horses of Ferghana. A New View. History Today 5 (1955), S. 95–103. *Edward H. Schafer:* The Golden Peaches of Samarkand. A Study of T'ang Exotics. Berkeley 1963. *Paul W. Kroll:* The Dancing Horses of T'ang. T'oung Pao 67 (1981), S. 240–269. *Wang Jindong:* Zhongguo gudai che ma. Kaifeng 1984. *James T. C. Liu:* Polo and Cultural Change. From T'ang to Sung China. Harvard Journal of Asiatic Studies 45 (1985), S. 203–224. *Madeleine K. Spring:* Fabulous Horses and Worthy Scholars in Ninth-Century China. T'oung Pao 74 (1988), S. 173–210. *Virginia L. Bower:* Polo in Tang China. Sport and Art, Asian Art 4.1 (1991), S. 22–45. *Roel Sterx:* An Ancient Chinese Horse Ritual. Early China 21 (1996), S. 47–79. *Robert E. Harris Jr.:* Power and Virtue. The Horse in Chinese Art. New York 1997. *Bill Cooke:* Imperial China. The Art of the Horse in Chinese History. Lexington 2000. *Liu Yonghua:* Zhongguo gudai che yu maju. Shanghai 2002. *Colin Mackenzie & Irving Finkel:* Asian Games. The Art of Contest. New York 2004.

58   *Abbildung*   *Zhongguo Lishi Bowuguan & Xinjiang Weiwu'er Zizhiqu Wenwuju:* Tianshan gudao dong xi feng. Xinjiang sichou zhi lu wenwu teji. Beijing 2002, S. 232.
Zitate (1) Tongdian (Kap. 191). Um 810 verfaßt von Du You. (2) Youyang zazu (Kap. 1). 863 verfaßt von Duan Chengshi. (3) Qimin Yaoshu (Kap. 9). Um 540 kompiliert von Jia Sixie.

Weiterführende Literatur *Berthold Laufer:* Chinese Pottery of the Han Dynasty. Leiden 1909. *V. W. F. Collier:* Dogs of China and Japan in Nature and Art. London 1921. *Eduard Erkes:* Der Hund im alten China. T'oung Pao 37 (1944), S. 186–227. *Edward H. Schafer:* The Golden Peaches of Samarkand. A Study of T'ang Exotics. Berkeley 1963. *Chang Kwang-chih (Hg.):* Food in Chinese Culture. Anthropological and Historical Perspectives. New Haven 1977. *Thomas O. Höllmann:* Die Stellung des Hundes im alten China. In: Hermann Müller-Karpe (Hg.): Zur frühen Mensch-Tier-Symbiose. München 1983, S. 157–175. *Victor H. Mair:* Canine Conundrums. Eurasian Dog Ancestor Myths in Historical and Ethnic Perspective. Sino-Platonic Papers 87 (1998), S. 1–74. *Yang Cangliang (Hg.):* Dongwu benzao. Beijing 2001. *Martin Gimm:* Chinesische Hunde und Hundenamen. Zu einer dreisprachigen Bilderfolge des Hofmalers Giuseppe Castiglione. In: Reinhard Emmerich & Hans Stumpfeldt (Hg.): Und folge nun dem, was mein Herz begehrt. Hamburg 2002, S. 93–136.

59 Abbildung *Shao Wenliang:* Sports in Ancient China. Hong Kong 1986, S. 115.
Zitate (1) Dongjing meng Hua lu (Kap. 6) des Meng Yuanlao. Verfaßt 1147. (2) Jucheng ming. Inschrift des Li You (um 55 bis 135). Zit. n. dem von Yan Kejun kompilierten Quan shanggu sandai Qin Han Sanguo Liuchao wen. Beijing 1991, S. 748. (3) Liji (Kap. Sheyi). Dai Sheng (1. Jh. n. Chr.) zugeschrieben, vermutlich aber erst gegen Ende des 2. Jh. kompiliert.
Weiterführende Literatur *Liu Bingguo:* Zhongguo gudai zuqiu shiliao zhuanji. Beijing 1987. *James Riordan & Robin Jones:* Sport and Physical Education in China. London 1999. *Cui Lequan:* Zhongguo gudai tiyu wenwu tulu. Beijing 2000. *Stephen Selby:* Chinese Archery. Hong Kong 2000. *Hans Ulrich Vogel:* Kick-ball (cu ju, ta ju) in Pre-Tang China. In: Lutz Bieg & Erling von Mende & Martina Siebert (Hg.): Ad Seres et Tungusos. Wiesbaden 2000, S. 409–422. *Hans Ulrich Vogel:* Fußball im alten China. Damals 2 (2000), S. 52–56. *Gudula Linck:* Leib und Körper. Zum Selbstverständnis im vormodernen China. Frankfurt a. M. 2001. *Cui Lequan:* Tushuo Zhongguo gudai youyi. Taibei 2002. *Colin Mackenzie & Irvin Finkel (Hg.):* Asian Games. The Art of Contest. New York 2004. *Jie Weijun (Hg.):* Zuqiu qiyuan di tansuo. Beijing 2004. *Helmut Brinker:* Laozi flankt, Konfuzius dribbelt. China scheinbar abseits. Vom Fussball und seiner heimlichen Wiege. Bern 2006.

60 Abbildung *Zhongguo Lishi Bowuguan & Xinjiang Weiwu'er Zizhiqu Wenwuju:* Tianshan gudao dong xi feng. Xinjiang sichou zhi lu wenwu teji. Beijing 2002, S. 208.
Zitate (1) Guan qi, um 1100 verfaßt von Su Shi. Zit. n. Su Shi shi ji. Beijing 1982, Bd. 7, S. 2310. (2) Poyi lun, um 260 verfaßt von Wei Yao. Enthalten im um 290 kompilierten Sanguozhi (Kap. 65) des Chen Shou.
Weiterführende Literatur *Yang Lien-sheng:* A Note on the So-Called TLV Mirrors and the Game Liu-po. Harvard Journal of Asiatic Studies 9 (1947), S. 202–206. *Yang Lien-sheng:* An Additional Note on the Ancient Game Liu-po. Harvard Journal of Asiatic Studies 15 (1952), S. 124–139. *Li Songfu:* Xiangqi shi hua. Beijing 1981. *Rainer Schmidt:* Das spielt das Volk in China. Frankfurt a. M. 1981. *Liu Shancheng (Hg.):* Zhongguo weiqi. Chengdu 1988. *Zhu Nanxian:* Zhongguo xiangqi shi congkao. Beijing 1987. *Andreas Szesny:* Das Liu-po-Spiel als sozial- und geistesgeschichtliches Phänomen. (Unveröffentlichte Magisterarbeit) München 1993.

Michael Koulen: Go, die Mitte des Himmels. Köln 1994. *Chen Zu-yan:* The Art of Black and White. The Wei-ch'i in Chinese Poetry. Journal of the American Oriental Society 117 (1997), S. 643–653. *Zhang Ru'an:* Zhongguo weiqi shi. Beijing 1998. *Zhang Ru'an:* Zhongguo xiangqi shi. Beijing 1998. *He Yunbo:* Weiqi yu Zhongguo wenhua. Beijing 2001. *Luo Tilun:* Weiqi. Vom Getöse der schwarzen und weißen Steine. Frankfurt a. M. 2002. *Colin Mackenzie & Irving Finkel (Hg.):* Asian Games. The Art of Contest. New York 2004.

Personenregister

An Lushan, Rebell *(verst. 757)* 61
An Qi, Salzhändler und Kunstsammler
 (1683–1744) 57
Anastasios I., byz. Kaiser *(reg. 491–518)*
 191
Ardashir II., sassan. Herrscher
 (reg. 379–383) 191
Augustinus, Aurelius, Kirchenlehrer
 (354–430) 262

Ban Jieyu, Hofdame *(1. Jh. v. Chr.)*
 40–41
Bo Juyi, Dichter *(772–846)* 169, 272
Boran, sassan. Herrscherin
 (reg. 629–631) 191

Cai Lun, Beamter *(verst. 114)* 215–216
Cao Pi, Staatsmann und Dichter
 *(187–226, reg. als Kaiser Wen der
 Wei-Dynastie 220–226)* 148, 228
Chang Bian, Maler *(7. bis 8. Jh.)* 223
Cheng, Kaiser der Han-Dynastie
 (reg. 33–7 v. Chr.) 40–41
Cheng Yi, Staatsmann und Philosoph,
 (1033–1107) 127

Dou Wan, Gemahlin des Liu Sheng
 (verst. gegen Ende des 1. Jh. v. Chr.)
 69, 102–103
Du Fu, Dichter *(712–770)* 148, 281

Ennin (Jikaku Daishi), jap. Mönch
 (794–864) 254

Faxian, buddh. Mönch *(reiste von
 399–414 nach Indien)* 244
Fu Jian, Herrscher, Früheres Qin-Reich
 (reg. 357–384) 200

Gaozong, Kaiser der Song-Dynastie
 (reg. 1127–1163) 196
Gaozong, Kaiser der Tang-Dynastie,
 (reg. 649–683) 84
Gaozu, Kaiser der Han-Dynastie,
 (reg. 206–195 v. Chr.) 57

Han Gan, Maler *(8. Jh.)* 281
Han Yu, Staatsmann und Dichter
 (768–825) 242–243, 255
Hanshan, Dichter *(7. Jh.)* 213
Harun ar-Raschid, abbasid. Kalif
 (reg 786–809) 202
Herakleios, byz. Kaiser *(reg. 610–641)*
 191
Hormizd, sassan. Herrscher
 (reg. 579–590) 191
Huang Fanchuo, Hofnarr unter Kaiser
 Xuanzong *(8. Jh.)* 272
Huizong Kaiser der Song-Dynastie
 (reg. 1101–1125) 224

Jia Sixie, Beamter und Agronom *(6. Jh.)*
 152
Jiemin, Sohn von Kaiser Zhongzong
 (verst. 710) 222–223
Jing, Kaiser der Han-Dynastie
 (reg. 156–141 v. Chr.) 52–53 69,
 124
Jing Fang, Beamter *(78–37 v. Chr.)* 148
Justin I., byz. Kaiser *(reg. 518–527)* 191
Justinian I., byz. Kaiser *(reg. 527–565)*
 191

Kavadh I., sassan. Herrscher
 (reg. 488–496, 499–531) 191
Khusrau I., sassan. Herrscher
 (reg. 531–579) 191

Khusrau II., sassan. Herrscher
 (reg. 590–628) 191
Konfuzius (Kongzi), Philosoph
 (vermutlich 551–479) 241–242
Konstans II., byz. Kaiser *(reg. 641–668)*
 191
Konstantinos V., byz. Kaiser
 (reg. 741–775) 191
Konstantios II., byz. Kaiser
 (reg. 337–361) 191
Kublai Khan (Shizu) *(reg. 1260–1294)*
 Kaiser der Yuan-Dynastie
 (ab 1280) 28

Laozi (Lao Dan), hist. nicht verbürgter
 Philosoph *(angeblich 6. Jh. v. Chr.)*
 236–239
Leo I., byz. Kaiser *(reg. 457–474)* 191
Li Bo, Dichter *(701–762)* 138–139
Li Cang, Fürst von Dai *(verst. 186 v. Chr.)*
 129, 151
Li Jingxun, Großnichte von Kaiser Wen
 (599–608) 82–83
Li Kang, Literat *(5. bis 6. Jh.)* 227
Li Sixun, General und Maler *(651–716)*
 223
Li Song, Maler *(verst. um 1230)* 56–57,
 224
Li Xian, Prinz *(679–741)* 44–45
Liang Xi, General *(4. Jh.)* 200
Ling, Kaiser der Han-Dynastie
 (reg. 168–189) 283
Liu An, Prinz und Philosoph
 (179–122 v. Chr.) 149
Liu He, Kronprinz *(ca. 92–59 v. Chr.)* 269
Liu Hua, Prinzessin *(verst. 930)* 99
Liu Sheng, König von Zhongshan,
 Bruder von Kaiser Wu
 (verst. 113 v. Chr.) 69, 92, 103,
 168, 275
Liu Xie, Literat *(ca. 467–522)* 228
Lu Guimeng, Dichter *(verst. 881)* 152
Lu Yu, Gelehrter *(733–804)* 133

Mani, Religionsstifter *(217–277)* 261
Mao Zedong, kommunist. Politiker
 (1893–1976) 149, 289

Marco Polo, venezianischer Kaufmann
 (1251–1324) 28
Marx, Karl, Philosoph und Ökonom
 (1818–1883) 31
Mengzi (Meng Ke), Philosoph
 (vermutlich 372–289 v. Chr.) 242

Nestorius, Patriarch *(ca. 380–450)* 263

Ouyang Xiu, Staatsmann und Gelehrter
 (1007–1072) 173

Pei Xiu, Kartograph *(223–271)* 151
Peroz, sassan. Herrscher *(reg. 459–484)*
 191

Qianlong, Kaiser der Qing-Dynastie
 (reg. 1736–1795) 57
Qin Shihuangdi, Kaiser der Qin-Dynastie *(reg. 221–210 v. Chr.)* 10,
 27, 48–49, 63, 105, 114, 158, 160,
 162–163, 229
Qu Yuan, Staatsmann und Dichter
 (332–295 v. Chr.) 289

Rong Qiqi *(hist. nicht verbürgter Zeitgenosse
 des Konfuzius)* 241
Ruizong, Kaiser der Tang-Dynastie
 (reg. 710–712) 280

Shapur II., sassan. Herrscher
 (reg. 309–379) 191
Shapur III., sassan. Herrscher
 (reg. 383–388) 191
Shi Hu, Herrscher, Späteres Zhao-Reich
 (reg. 337–363) 171
Siddharta Gautama (Shakyamuni, hist.
 Buddha) *(angeblich 6. bis 5. Jh.
 v. Chr.)* 245, 253–254
Sima Jinlong, Prinz *(verst. 484)* 40–41
Sima Qian, Geschichtsschreiber
 (ca. 145–85 v. Chr.) 33
Song Boren, Maler und Dichter *(13. Jh.)*
 215
Stein, Aurel, Forscher *(1862–1943)* 201
Su Song, Astronom und Erfinder
 (1020–1101) 157

Su Xun, Staatsmann und Gelehrter, *(1009–1066)* 67
Taizong, Kaiser der Tang-Dynastie *(reg. 626–649)* 42, 84, 192, 281
Theodosius II., byz. Kaiser *(reg. 408–450)* 191

Wang Anshi, Staatsmann *(1021–1086)* 46, 59
Wang Chen, Beamter *(verst. 679)* 176
Wang Mang, Kaiser der Xin-Dynastie *(reg. 9–23)* 29
Wang Mo, Maler *(verst. zu Beginn des 9. Jh.)* 225
Wang Wei, Maler und Dichter *(699–759)* 223–224
Wei Jiong, Bruder der Gemahlin Zhongzongs *(676–692)* 267
Wen, Kaiser der Sui-Dynastie *(reg. 581–601)* 83, 109
Wenzong, Kaiser der Tang-Dynastie *(reg. 827–840)* 142
Wirkak, zoroastr. Funktionär *(verst. 579)* 257
Wu, Kaiser der Han-Dynastie *(reg. 140–87 v. Chr.)* 69, 92, 103, 105, 125
Wu, Kaiser der Liang-Dynastie *(reg. 502–549)* 227
Wu Hui, Staatsmann und Gelehrter *(1. bis 2. Jh.)* 210
Wu Yu, Staatsmann und Gelehrter *(2. Jh.)* 210
Wu Zetian, Kaiserin der Zhou-Dynastie *(reg. 690–704)* 29, 84, 157, 267
Wuye, buddh. Mönch *(verst. 824)* 254

Xianzong, Kaiser der Tang-Dynastie *(reg. 806–820)* 243
Xiao Tong, Kronprinz und Literat *(501–531)* 227–228
Xijun, Prinzessin *(2. bis 1. Jh. v. Chr.)* 25
Xizong, Kaiser der Tang-Dynastie *(reg. 874–889)* 133, 203, 253
Xu Shen, Gelehrter *(58–148)* 208
Xuanzang, buddh. Mönch *(reiste von 629 bis 635 nach Indien)* 249

Xuanzong, Kaiser der Tang-Dynastie *(reg. 712–755)* 45, 61, 276, 278–281, 283, 291
Xunzi (Xun Qing), Philosoph *(vermutlich 313–235 v. Chr.)* 242

Yan Liben, Maler *(verst. 674)* 281
Yang Guifei, eigentlich Yang Yuhuan Konkubine des Kaisers Xuanzong *(verst. 756)* 291
Yang Xiong, Philosoph und Dichter *(53 v. Chr.–18 n. Chr.)* 221
Yezdegerd I., sassan. Herrscher *(reg. 438–457)* 191
Yezdegerd III., sassan Herrscher *(reg. 632–651)* 191
Yide, Sohn von Kaiser Zhongzong *(682–701)* 223
Yizong, Kaiser der Tang-Dynastie *(reg. 859–873)* 169, 253
Yu Hong, zoroastr. Funktionär *(verst. 592)* 257
Yu Shinan, Gelehrter *(558–638)* 192
Yuan Zhen, Staatsmann und Dichter *(779–831)* 58

Zamasp, sassan. Herrscher *(reg. 496–499)* 191
Zarathustra, Religionsstifter *(angeblich 7.–6. Jh. v. Chr.)* 257
Zhang Heng, Beamter und Erfinder *(78–139)* 152
Zhang L., Gelehrter *(10. Jh.)* 9
Zhang Wenzao, Beamter *(1029–1074)* 153
Zhang Xiong, General *(verst. 633)* 291
Zhao Mo, König von Nan Yue *(reg. 137–122 v. Chr.)* 103, 118, 218
Zhao Rugua, Hafeninspektor und Autor *(ca. 1170–1230)* 197–199
Zheng He, Admiral *(1371–1435)* 182
Zheng Rentai, General *(verst. 663)* 86–87
Zhongzong, Kaiser der Tang-Dynastie *(reg. 684, 705–710)* 223
Zhou Yu, Beamter und Gelehrter *(1222–1261)* 142

Mit 60 Abbildungen, 1 Kalligraphie
und 6 Karten (Peter Palm, Berlin)

© Verlag C. H. Beck oHG, München 2008
Gesetzt aus der Stempel Schneidler und der Carolina im Verlag
Druck und Bindung: Aprinta Druck, Wemding
Gedruckt auf säurefreiem, alterungsbeständigem Papier
(hergestellt aus chlorfrei gebleichtem Zellstoff)
Printed in Germany
ISBN 978 3 406 57071 1

www.beck.de